高等职业教育机电类专业系列教材

电工理论基础与实践

主　编　陈洪容　张锐丽　王　洪
副主编　曾　鹏　覃智广　曾　晗

中国轻工业出版社

图书在版编目（CIP）数据

电工理论基础与实践/陈洪容，张锐丽，王洪主编. —北京：中国轻工业出版社，2025.2
高等职业教育机电类专业系列教材
ISBN 978-7-5184-3254-7

Ⅰ.①电… Ⅱ.①陈…②张…③王… Ⅲ.①电工学-高等职业教育-教材 Ⅳ.①TM1

中国版本图书馆CIP数据核字（2020）第213485号

责任编辑：张文佳
文字编辑：宋　博　　责任终审：李建华　　封面设计：锋尚设计
版式设计：霸　州　　责任校对：吴大朋　　责任监印：张　可

出版发行：中国轻工业出版社（北京鲁谷东街5号，邮编：100040）
印　　刷：三河市国英印务有限公司
经　　销：各地新华书店
版　　次：2025年2月第1版第2次印刷
开　　本：787×1092　1/16　印张：11.5
字　　数：260千字
书　　号：ISBN 978-7-5184-3254-7　定价：35.00元
邮购电话：010-85119873
发行电话：010-85119832　　010-85119912
网　　址：http://www.chlip.com.cn
Email：club@chlip.com.cn
版权所有　侵权必究
如发现图书残缺请与我社邮购联系调换
250210J2C102ZBW

前言

本书主要针对获取电工国家职业资格证书所需的电工理论和实践知识进行讲解。本教材结合近几年增加的新技术、新器件应用对电工提出的新要求，以及电工职业技能标准在理论和实践考试方面的变化编写，较好地体现了当前新的实用知识与操作技能，对于提高从业人员的电工基本素质、掌握中高级维修电工的核心知识与技能能起到较好的辅导作用。

全书主要内容有：电工基础、电子技术基础、电力电子技术、供配电技术、电动机与驱动、典型设备电气控制电路的分析与检修。这六部分内容除讲述必要的理论知识，还对各章中电工涉及的操作技能进行实例分析，部分技能作为一个独立的小节列入章中。每章均附有技能鉴定对应测试题及参考答案，全书简明扼要，通俗易懂，实用性强。

本书由陈洪容、张锐丽、王洪担任主编，曾鹏、覃智广、曾晗担任副主编。参加本教材编写的具体分工为：第一章由张锐丽编写，第二章由王洪、张锐丽编写，第三章由陈洪容、曾晗编写，第四章、第五章由曾鹏编写，第六章由毛羽、王洪编写，陈琪、胡蓉、鲁庆东、张怀宇、朱兴文参与了本教材的编写与资料整理工作。

本教材可作为高职院校机电一体化、工业机器人、电气自动化等专业的学生电工学习用书，也可作为参加中高级电工技能考级人员参考用书。限于编者水平，本书难免有不妥之处，恳请各位同仁和读者批评指正，以便在修订时更正。

编者

目 录

第一章　电工基础 1
第一节　直流电路 1
第二节　交流电路 10
第三节　电路中的过渡过程 18
练习题 24

第二章　电子技术基础 27
第一节　放大电路 27
第二节　正弦波振荡电路 35
第三节　直流稳压电源 40
第四节　逻辑门电路 54
第五节　负反馈放大电路 56
第六节　集成运算放大器 58
第七节　数字电路基础 61
第八节　集成逻辑门电路和组合逻辑电路 68
第九节　触发器与时序逻辑电路 71
第十节　脉冲电路 78
第十一节　仪表与仪器应用 81
练习题 89

第三章　电力电子技术 92
第一节　电力电子器件 92
第二节　晶闸管可控整流电路 95
第三节　三相可控整流电路 98
第四节　晶闸管触发电路 103
第五节　晶闸管有源逆变电路 105
第六节　电力电子技术技能操作实例 107
练习题 110

第四章　供配电技术 113
第一节　供电系统基本知识 113
第二节　电力系统的中性点运行方式 116
第三节　接地电阻的测试 118

练习题 ··· 120

第五章　电动机与驱动 ·· 122
　　第一节　直流电动机 ·· 122
　　第二节　三相异步电动机 ·· 129
　　第三节　控制电机及特种电机 ·· 138
　　第四节　交、直流电焊机 ·· 140
　　第五节　三相异步电动机的绝缘电阻测试 ································· 142
　　练习题 ··· 144

第六章　典型设备电气控制电路的分析与检修 ································ 149
　　第一节　低压电器 ·· 149
　　第二节　典型电气控制电路的分析与检修 ································· 154
　　第三节　典型车床电气控制电路的分析与检修 ··························· 165
　　第四节　VMC850/1立式加工中心电气控制电路分析与检修 ········ 170
　　练习题 ··· 172

参考文献 ·· 177

第一章

电工基础

电与人们的生产、生活密切相关，但电本身是摸不着和看不见的，只能通过转换和检测人们才能感知到电的存在。通过转换，电能被转换成光能、热能、机械能等；通过仪表检测，人们能够知道电的有无、电流大小或电压高低、有无危害等。日常生产和生活中，直流电因大小和方向不变，通常用于电子行业，如手机、电子仪器、电脑等；从设备设施和电力输送角度来看，使用的电能都是正弦交流电，而在生活和生产辅助设施方面，较多的是使用单相正弦交流电。一般电气设备的设计和性能指标都是按正弦量考虑的。为了安全、正确、规范地使用电能，需要掌握正弦交流电的基本知识，认识在不同负载下电路的性质和状态，掌握必要的日常电路的安装技能。

第一节 直流电路

一、电路组成和基本物理量

（一）电路组成

电荷有规律的移动就形成了电流，电路是电流流经的路径。实际电路是由电器设备和元件组成的。电路的作用是实现电能的传输、分配及信号的传递和处理。随着电流的通过，进行着将其他形式的能量转换成电能，以及把电能转换成其他形式能量的过程。用抽象的元件代替实际元件，从而构成了与实际电路相对应的电路模型，我们生活中所用的手电筒电路就是一个典型的基本电路，如图1-1所示。

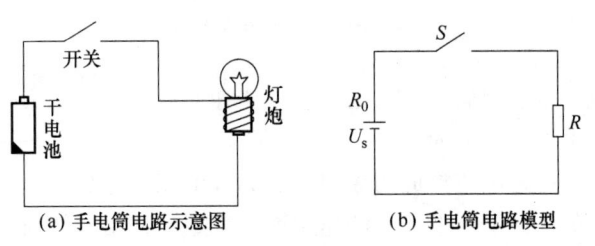

图1-1 手电筒电路

电路一般由三个部分组成：电源、负载和中间环节。

电源是将其他形式的能量转换成电能的设备。例如发电机和蓄电池等。

负载是利用电流来工作、将电能转换成其他形式能量的设备。例如电动机和电灯等。

中间环节由输电线路、变压器和开关等设备组成。中间环节将电源和负载连接起来，对电能进行输送和分配，对信号进行传递和处理，对电路进行保护等。

无论是简单的还是复杂的实际电路都可以抽象成理想电路元件组成的电路模型。理想电路元件包括电阻、电感、电容和理想电源等。

电路的三种状态为通路、短路、断路。

(二) 电路的主要物理量

电路的主要物理量包括电流、电压、电位、电动势等，其定义在高中物理学中描述得很清楚，在此仅简要地说明它们的基本概念及参考方向（正方向）设定的意义。

1. 电流

（1）电流的大小和方向。在电路中电荷的定向有规则运动形成电流。把正电荷运动的方向规定为电流的实际方向。

描述电流强弱的物理量称为电流强度，简称电流。电流强度以单位时间通过导体横截面的电量表示，即

$$i = \frac{dq}{dt} \tag{1-1}$$

如果电流强度不随时间变化，即 $\frac{dq}{dt}$ = 常数，则这种电流称为恒定电流，简称直流。用大写 I 表示，其大小为

$$I = \frac{q}{t} \tag{1-2}$$

电流强度的国际单位是安培（A），有时还常用毫安（mA）、微安（μA）等单位，大电流用千安（kA）表示，它们的关系为

$$1A = 10^3 mA = 10^6 \mu A \quad 1kA = 10^3 A$$

在一段电路中，电流有两个可能的方向，为便于分析计算，把其中的一个方向假定为正，称为正方向或参考方向。当电流的正方向与实际方向一致时，电流的值为正；反之，电流的值为负，如图 1-2 所示。这样，在电路中设定电流的正方向，结合代数式，

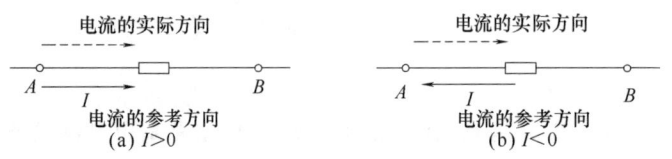

图 1-2 电流方向规定

就基本能明确地表示出该段电路任何时刻的电流大小和实际方向。在电路中一般用箭头表示电流的正方向。

（2）电流形成的原因。因为有电压（电势差）的存在，所以产生了电力场强，使电路中的电荷受到电场力的作用而产生定向移动，从而形成了电路中的电流。

（3）电流的三大效应。

① 热效应：导体通电时会发热，这种现象称为电流的热效应。

② 磁效应：任何通有电流的导线都可以在其周围产生磁场的现象，称为电流的磁效应。

③ 化学效应：电流的化学效应主要是电流中的带电粒子（电子或离子）参与而使得物质发生了化学变化，如化学中的电解水或电镀等都是电流的化学效应。

（4）电流密度。电流密度是描述电路中某点电流强弱和流动方向的物理量，它是矢量，其大小等于单位时间内通过垂直于电流方向单位面积的电量，以正电荷流动的方向为矢量的正方向。它一般用 J 表示，单位为安培每平方米（A/m²）。

$$J = \frac{I}{S} \tag{1-3}$$

式中：J——电流的密度，A/mm²；

I——流过的电流，A；

S——导线的截面积，mm²。

在变压器设计中，不同的铁芯大小、不同的温升、不同的压降要求及不同的散热条件，其绕组电流密度都会不同，不能认为多大的线径允许多大的电流密度是一个常数。

（5）电流强度和电流密度之间的关系。选择合适的导线横截面积就是考虑导线的电流密度在允许的范围内，保证用电量和用电安全。导线允许的电流密度随导体横截面积的不同而不同。例如，1mm² 及 2.5mm² 铜导线的 J 取 6A/mm²；而 120mm² 铜导线的 J 取 2.3A/mm²，当导线中通过的电流超过允许值时，导线将过热、冒火，甚至出现电气设备事故。

【例 1-1】 某照明电路需要通过 15A 的电流，问应采用多粗的铜导线（设 $J = 6A/mm^2$）？

解：$S = \dfrac{I}{J} = \dfrac{15}{6} = 2.5$（mm²）

以上为例题，实际应用还可以通过查《导线安全流量表》来选择导线的横截面积。

2. 电压

（1）电压的大小和方向。电压是描述电场力移动电荷做功本领的物理量，并定义：电场力把单位正电荷从 A 点移到 B 点所做的功，称为 A 点到 B 点的电压，用 U_{AB} 表示，即

$$U_{AB} = \frac{dW}{dq} \tag{1-4}$$

式中，dW 表示电场力将 dq 正电荷从 A 点移到 B 点所做的功，功的单位为焦耳（J）、电荷的单位为库仑（C）、电压的单位为伏特，简称伏（V），有时还用（kV）、毫伏（mV）和微伏（μV）等单位，它们的关系为

$$1V = 10^3 mV = 10^6 \mu V \quad 1kV = 10^3 V$$

电压的实际方向规定为电场力移动正电荷做功的方向，即电位（或电压）降低的方向。在电路图上所标的电压方向是任意设定的，当电压 U 的方向（极性）与实际方向一致时，U 为正值，反之，U 为负值。

对于同一个元件或同一段电路上的电压和电流的参考方向，习惯上常将电压和电流的参考方向标为同一方向，称其为关联的参考方向，简称关联方向。

对于电阻负载而言，没有电流就没有电压，有电流就一定有电压。电阻两端的电压称为电压降。

（2）常见的电压值。

① 在电路中提供电压的装置是电源。

② 电视信号在天线上感应的电压约为 0.1mV。

③ 维持人体生物电流的电压约为 1.2mV。

④ 干电池的标称电压为 1.5V。

⑤ 电子手表用氧化银电池两极之间的电压为 1.5V。

⑥ 一节蓄电池的电压为2V。
⑦ 手机的电池两极之间的电压为3.6V。
⑧ 对人体安全的电压，干燥情况下不高于36V。
⑨ 家用电的电网电压为220V（日本和一些欧洲国家的家用电压为110V）。
⑩ 动力电路电压为380V。
⑪ 地铁接触网的电压为750V或1500V。
⑫ 发生闪电的云层间电压可达$1×10^3$kV。

3. 电位

在电路中任选一点O作为参考点，则该电路中A到参考点O的电压就称为A点的电位，也就是电场力把单位正电荷从A点移动到参考点O点所做的功，用φ_A表示。

$$\varphi_A = U_{AO}$$

电路参考点本身的电位为零，即$\varphi_O=0$，也称为零电位点。电路中除了参考点外，其他各点的电位可能是正值，也可能是负值，某点电位比参考点高，则该点电位就是正值，反之，则为负值。

某两点的电压，就等于该两点的电位之差，因此，电压也称为电位差，可以说电压的实际方向是由高电位指向低电位的。

$$U_{AB}=\varphi_A-\varphi_B \quad U_{AB}=-U_{BA}$$

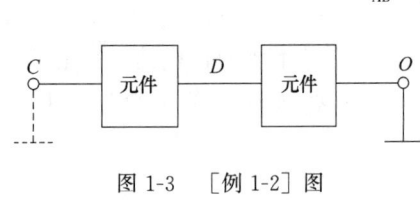

图1-3　[例1-2]图

【例1-2】 在图1-3所示电路中，已知：$U_{CO}=5$V，$U_{CD}=2$V，若分别以"O"和"C"点作参考点，求φ_C、φ_D、φ_O及U_{OD}。

解：(1) 若取"O"为电位的参考点，即
$$\varphi_O=0$$
$$U_{CO}=\varphi_C-\varphi_O \quad 5=\varphi_C-0 \quad \varphi_C=5（V）$$
$$U_{CD}=\varphi_C-\varphi_D \quad 2=5-\varphi_D \quad \varphi_D=3（V）$$
$$U_{OD}=\varphi_O-\varphi_D=0-3=-3（V）$$

(2) 若取"C"为电位的参考点，即$\varphi_C=0$
$$U_{CD}=\varphi_C-\varphi_D \quad 2=0-\varphi_D \quad \varphi_D=-2（V）$$
$$U_{CO}=\varphi_C-\varphi_O \quad 5=0-\varphi_O \quad \varphi_O=-5（V）$$
$$U_{OD}=\varphi_O-\varphi_D=-5-(-2)=-3（V）$$

由【例1-2】可知，参考点是可以任意选定的，一经选定，电路中其他各点的电位也就确定了，参考点选择的不同，电路中同一点的电位会随之而变，但两点之间的电压（即电位差）是不变的。在电路中不指明参考点而谈某点的电位是没有意义的。在一个电路中只能选一个参考点，至于选哪点为参考点，要根据分析问题的方便而定。在实际电路中常选一条（或一点）特定的公共线或公共点作为参考点，这条公共线（点）常是诸多元件的汇集处，常用接地符号表示，该点的电位等于零。

4. 电动势

如图1-4所示，为了在电路中保持持续的电流，就必须使正电荷从电源负极，经过电源内部，移动到电源正极。由于电源内部存在某种非电场力，例如电池内部因化学作用而产生的化学力，发电机内部因电磁感应作用而产生的电磁力等，这些非电场力称为电源

力,它能够把正电荷从电源的负极移到正极。在这个过程中,电源力所做的功转换为电能。为了表征电源内部电源力对正电荷做功的能力,或者说,电源将其他形式能量转换为电能的本领,引入电动势的概念。电源力将单位正电荷由负极移到正极所做的功称为电源的电动势,用 E 表示。

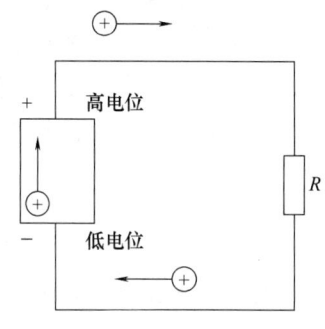

图 1-4 电动势方向

电动势在数值上等于电源将单位正电荷从低电位端(电源负极)经电源内部移到高电位端(电源正极)所做的功,电动势的单位也是伏(V)。

从电位概念可知,电压的实际方向是从高电位指向低电位,即电位是降的,而电动势的作用是使正电荷从低电位移到高电位,所以规定电动势的实际方向是从低电位指向高电位,即电位升的方向刚好与端电压实际方向相反。

$$E = W/q \tag{1-5}$$

5. 电功率

根据 $P = \dfrac{dW}{dt}$ 可以推导出电功率等于电压和电流的乘积,直流时为

$$P = UI \tag{1-6}$$

由此式又可以推出

$$P = I^2 R = U^2/R \tag{1-7}$$

功率的单位为瓦(W),大的功率亦可以用千瓦(kW)和兆瓦(MW)表示,其关系为

$$1kW = 10^3 W \quad 1MW = 10^6 W$$

一段电路,在 U 和 I 的关联方向下,若 $P > 0$,说明这段电路上的电压和电流的实际方向是一致的,正电荷在电场力作用下做了功,电路吸收了功率;若 $P < 0$,则说明这段电路上电压和电流的实际方向不一致,一定有外力克服电场力做了功,电路发出功率。

6. 电能

电能等于电功率乘以时间,即

$$W = Pt \tag{1-8}$$

电能的单位为焦(J),它表示功率为 1W 的用电设备在 1s 时间内所消耗的电能,实际生活中测量电能的电度表的单位是千瓦[小]时(kW·h),也称为度。

$$1 度电 = 1kW \cdot h = 1 \times 10^3 \times 3600 = 3.6 \times 10^6 (J)$$

(三)电阻元件

1. 电阻与电阻定律

电荷在电场力作用下运动,通常要受到阻碍作用。例如,在金属导体中,电荷在作定向运动时,会相互碰撞、摩擦,受到阻碍作用(即阻碍电流的作用),表现为"电阻",我们用电阻元件集中表示这种阻碍作用。

对于金属导体的电阻,通过实验发现,在一定的温度下,电阻除了和导体的材料有关,还与导体的长度 L 和横截面积 S 有关,其表达式为

$$R = \rho \dfrac{L}{S} \tag{1-9}$$

式中,L 为导体长度(m),S 为导体截面积(m²),ρ 为电阻系数(Ωm),R 为电阻(Ω)。

2. 线性电阻及其伏安特性

电阻元件是反映电路元件消耗电能这一物理性能的理想元件。它有两个端钮与电路相连接,这样的元件称为二端元件。

在电压与电流的关联方向下,欧姆定律表达式为

$$u = iR \tag{1-10}$$

直流电路中为

$$U = IR \tag{1-11}$$

上两式中,R 为电阻元件的电阻值,常用单位有欧（Ω）、千欧（kΩ）、兆欧（MΩ）等。

若电阻 R 值与其工作电压或电流无关,是一个常数,那么这样的电阻元件称为线性电阻元件。

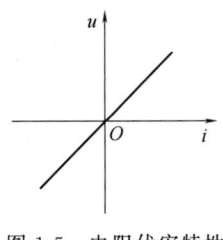

图 1-5 电阻伏安特性

在 u-i 坐标平面上画出电阻元件的电压与电流的关系曲线称为该元件的伏安特性曲线,简称伏安特性,线性电阻的伏安特性是一条通过原点的直线,如图 1-5 所示。

如果电阻元件的电阻值不是一个常数,也就是说,它的数值会随着其工作电压或电流的变化而变化,那么这样的电阻元件称为非线性元件,它的伏安特性就不再是一条通过原点的直线,如以后学习的二极管伏安特性曲线。

应用欧姆定律时要注意电压和电流的参考方向,在电阻元件中,电压及电流为非关联方向,欧姆定律应表达为

$$u = -iR$$

二、电阻的连接和计算

（一）电阻的串联

1. 串联电路的特点

总电阻等于各个电阻之和：$R = R_1 + R_2 + \cdots + R_n$；

串联电阻中流过的电流相等：$I = I_2 = I_2 = \cdots = I_n$；

总电压等于各电阻两端的电压之和：$U = U_1 + U_2 + \cdots + U_n$。

2. 串联电阻分压公式

以三只电阻串联为例,如图 1-6 所示。

$$U_1 = R_1 I = R_1 \frac{U}{R_1 + R_2 + R_3}$$

$$U_2 = R_2 I = R_2 \frac{U}{R_1 + R_2 + R_3}$$

$$U_3 = R_3 I = R_3 \frac{U}{R_1 + R_2 + R_3}$$

在万用表电压测量中,常常用到电阻串联的特性进行量程扩大。

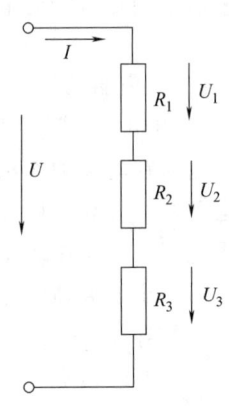

图 1-6 电阻串联分压

【例 1-3】 有一只电流表头,内阻 $R_g = 1\text{k}\Omega$,满偏电流为

$I_g=100\mu A$,要把它改成量程为 $U_n=3V$ 的电压表,应该串联一只多大的分压电阻 R?

解:表头电路如图 1-7 所示。

该电流表的电压量程为 $U_g=R_gI_g=0.1V$,与分压电阻 R 串联后的总电压 $U_n=3V$,即将电压量程扩大到 $n=U_n/U_g=30$ 倍。

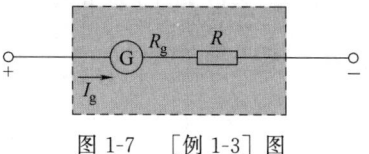

图 1-7　[例 1-3]图

利用两只电阻串联的分压公式,可得 $U_g=\dfrac{R_g}{R_g+R}U_n$,则

$$R=\dfrac{U_n-U_g}{U_g}R_g=\left(\dfrac{U_n}{U_g}-1\right)R_g=(n-1)R_g=29(k\Omega)$$

上例表明,将一只量程为 U_g、内阻为 R_g 的表头扩大到量程为 U_n,所需要的分压电阻为 $R=(n-1)R_g$,其中 $n=(U_n/U_g)$ 称为电压量程扩大倍数。

(二)电阻的并联

1. 并联电路的特点

总电阻倒数等于各电阻倒数之和,即 $\dfrac{1}{R}=\dfrac{1}{R_1}+\dfrac{1}{R_2}+\cdots+\dfrac{1}{R_n}$(电阻倒数也称为电导,用字母 G 表示,单位为西门子(S),所以也可以表示为 $G=G_1+G_2+\cdots+G_n$);

各电阻两端的电压相等:$U=U_1=U_2=\cdots=U_n$;

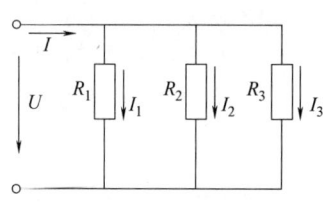

图 1-8　电阻并联分流

总电流等于各电阻流过的电流之和:$I=I_1+I_2+\cdots+I_n$。

2. 并联电阻分流公式

以三只电阻并联为例,如图 1-8 所示。

在万用表电流测量中,常常用到电阻并联的特性进行量程扩大。

【例 1-4】 有一只微安表,满偏电流为 $I_g=100\mu A$,内阻 $R_g=1k\Omega$,要改装成量程为 $I_n=100mA$ 的电流表,试求所需分流电阻 R。

解:如图 1-9 所示,设 $n=I_n/I_g$(称为电流量程扩大倍数),根据分流公式可得 $I_g=\dfrac{R}{R_g+R}I_n$,则:

$$R=\dfrac{R_g}{n-1}$$

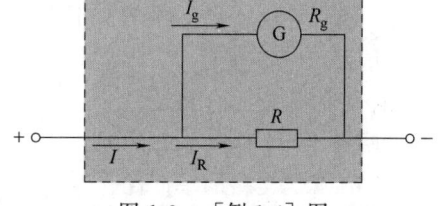

图 1-9　[例 1-4]图

本题中 $n=I_n/I_g=1000$,

$$R=\dfrac{R_g}{n-1}=\dfrac{1k\Omega}{1000-1}\approx 1(\Omega)$$

上例表明,将一只量程为 I_g、内阻为 R_g 的表头扩大到量程为 I_n,所需要的分流电阻为 $R=R_g/(n-1)$,其中 $n=(I_n/I_g)$ 称为电流量程扩大倍数。

(三)电阻的混联

电路中既有电阻的串联,又有电阻的并联,称为电阻的混联。电阻混联通常需要求等效电阻。

电阻混联的分析方法和步骤:

（1）标注点。对要求的混联电阻的各个节点进行标注，导线直接连接的点用相同字母表示，没有直接连接的点用不同字母标注。

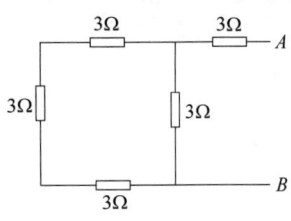

图1-10 电阻混联电路图

（2）画等效图。将所求两端字母写在两端，其余字母依次写在中间，画出电阻之间的等效连接关系。

（3）计算等效电阻。根据等效电路图进行电阻连接关系分析，计算出等效电阻值。

【例1-5】 如图1-10所示，求混联电路的等效电阻R_{AB}。

解：标注点如图1-11所示。

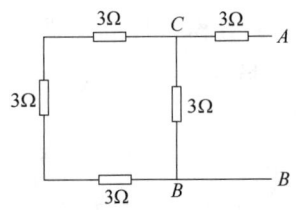

图1-11 电阻混联电路点的标注

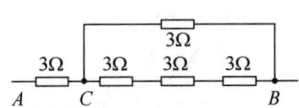

图1-12 电阻混联等效电路图

$$R_{AB}=3+\cfrac{1}{\cfrac{1}{3+3+3}+\cfrac{1}{3}}=5.25(\Omega)$$

电阻混联等效电路图如图1-12所示。

三、主要计算方式方法

（一）有关的几个概念

1. 支路

电路中至少有一个电路元件且通过同一电流的分支。

2. 节点

三个或三个以上的支路的交汇点。

3. 回路

电路中的任意闭合路径。

4. 网孔

不含有其他支路的单回路。

【例1-6】 对照图1-13，根据概念说出节点数、支路数、回路数和网孔数。

对照电路图，可知图1-13中的节点数为2，支路数为3，回路数为3，网孔数为2。

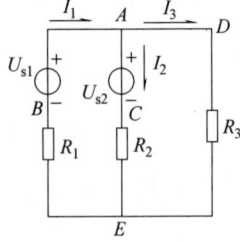

图1-13 复杂电路

（二）基尔霍夫定律

1. 基尔霍夫第一定律（KCL）

基尔霍夫第一定律也叫节点电流定律。

定律含义：在任意时刻，任一节点上流进节点的电流之和$\sum I_i$等于流出节点的电流之和$\sum I_o$，即：

$$\sum I_i = \sum I_o \qquad (1-12)$$

基尔霍夫第一定律体现了电流的连续性。

【例 1-7】 如图 1-14 所示电路中，$I_1=5\text{A}$，$I_2=3\text{A}$，$I_4=2\text{A}$，求 $I_5=?$

分析：根据 KCL 定律，对于节点 a，$I_1=I_2+I_3$，故 $I_3=2\text{A}$。对于节点 b，$I_3=I_4+I_5$，故 $I_5=0\text{A}$。

若将流入某节点的电流视为正，流出则为负，反之亦可，则

$$\sum I = 0 \qquad (1-13)$$

基尔霍夫节点电流定律也适用于封闭面。

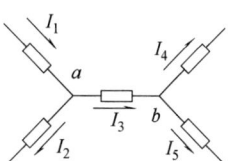

图 1-14 节点电流定律应用举例

2. 基尔霍夫第二定律（KVL）

基尔霍夫第二定律也称为回路电压定律。

定律含义：在任意时刻，任意回路电压的代数和等于零，即：

$$\sum U = 0 \qquad (1-14)$$

如果规定电位升取为正，则电位降就取为负，反之亦可。

基尔霍夫第二定律体现了电压与路径无关这一性质。

【例 1-8】 列出图 1-15 所示电路中回路的方程。

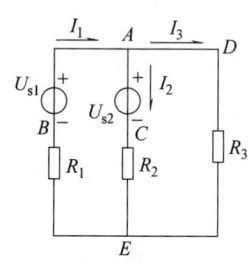

图 1-15 回路电压定律应用举例

解：回路方程为：

$$U_{s1}-U_{s2}-I_2R_2-I_1R_1=0$$
$$U_{s2}-I_3R_3+I_2R_2=0$$
$$U_{s1}-I_3R_3-I_1R_1=0$$

若将电阻压降写在等式的一边，电动势写在等式的另一边，则

$$\sum IR = \sum E \qquad (1-15)$$

这是 KVL 的另一种表达式，即回路中电动势（电位升）的代数和等于电阻上电压降（电位降）的代数和。

在应用此表达方式时，应遵循以下几点规定：

① 首先要在图中标明各支路电压、电流的参考方向，然后规定一个计算的绕行方向。

② 将电阻压降写在等式的一边，当支路电流的参考方向与绕向一致时，电阻压降取为正，反之取为负。

③ 将电动势写在等式的另一边，当电动势的参考方向与绕向一致时取为正，反之为负。

（三）支路电流法

支路电流法就是运用基尔霍夫第一和第二定律列出方程来求解和分析复杂电路。

具体解题步骤如下：

① 选取各支路电流的参考方向，各支路电流为待求未知数；

② 如果节点数为 n，列出（$n-1$）个节点电流方程；

③ 列出补充的回路方程；

④ 将列出的方程联立求解，计算出各支路电流。

【例 1-9】 如图 1-16 所示，已知 $U_{s1}=15\text{V}$，$U_{s2}=30\text{V}$，$R_1=3\Omega$，$R_2=6\Omega$，$R_3=3\Omega$，试计算电路中各支路电流。

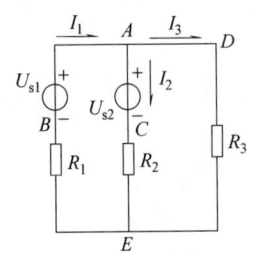

图 1-16 支路电流法举例

解：由题意可知，该电路共有 2 个节点，3 条支路，要求出 3 个未知电流，分别为 I_1，I_2，I_3。

（1）标出电流的参考方向，如图 1-16 所示。

（2）由于有 2 个节点，最多只能列出 1 个电流方程，方程如下：

$$I_1 = I_2 + I_3 \qquad ①$$

（3）要求出 3 个未知数，还需补充 2 个回路方程，故选取任意 2 个回路，如图中的 I_1，I_2。列出回路方程如下：

$$U_{s1} - I_3 R_3 - I_1 R_1 = 0 \qquad ②$$

$$U_{s2} - I_3 R_3 + I_2 R_2 = 0 \qquad ③$$

以上 3 个方程代入数据，联立求解，可得：

$$I_1 = 1 \text{A}$$

$$I_2 = -3 \text{A}$$

$$I_3 = 4 \text{A}$$

第二节 交流电路

一、交流电的基本知识

以正弦电流为例：

$$i = I_m \sin(\omega t + \theta_i) \qquad (1\text{-}16)$$

式中：I_m——振幅；

ω——角频率；

θ_i——初相角，简称初相；

$\omega t + \theta_i$——初相位。

振幅、角频率和初相称为正弦量的三要素。

1. 周期与频率、角频率的关系

周期 T：正弦量完整变化一周所需要的时间。

频率 f：正弦量在单位时间内变化的周数。周期与频率的关系：

$$f = \frac{1}{T} \qquad (1\text{-}17)$$

角频率 ω：正弦量在单位时间内变化的弧度数。角频率与周期及频率的关系：

$$\omega = \frac{2\pi}{T} = 2\pi f$$

2. 相位、初相、振幅与有效值

相位：t 时刻线圈平面与中性面的夹角。

初相：$t = 0$ 时线圈平面与中性面的夹角。

振幅：正弦量的最大值。

有效值：振幅除以 $\sqrt{2}$。

3. 相位差

两个同频率正弦量的相位之差（超前、滞后、同相、反相），其值等于它们的初相之差。如：

$$u = U_m\sin(\omega t + \theta_u) \quad i = I_m\sin(\omega t + \theta_i)$$

相位差为：

$$\varphi = (\omega t + \theta_u) - (\omega t + \theta_i) = \theta_u - \theta_i$$

$\varphi = 0$，u 与 i 同相；

$\varphi = \pi$，u 与 i 反相；

$\varphi = \dfrac{\pi}{2}$，u 与 i 正交。

4. 举例

【例 1-10】 在选定的参考方向下，已知两正弦量的解析式为 $u = 200\sin(1000t + 200°)$ V，$i = -5\sin(314t + 30°)$ A，试指出两个正弦量的三要素。

解：（1）因为 $u = 200\sin(1000t + 200°) = 200\sin(1000t - 160°)$ （V）

所以电压的振幅值 $U_m = 200$V，角频率 $\omega = 1000$rad/s，初相 $\theta_u = -160°$。

（2）因为 $i = -5\sin(314t + 30°) = 5\sin(314t + 30° - 180°) = 5\sin(314t - 150°)$ （A）

所以电流的振幅值 $I_m = 5$A，角频率 $\omega = 314$rad/s，初相 $\theta_i = -150°$。

（一）向量表示

复数的代数式：$A = a + jb$

复数的三角形式：$A = |A|\cos\psi + j|A|\sin\psi = |A|(\cos\psi + j\sin\psi)$

根据数学中的欧拉公式 $\cos\psi + j\sin\psi = e^{j\psi}$

复数可写成指数形式：$A = |A|e^{j\psi}$

电工技术中常把复数写成更简单的极坐标形式：$A = |A|\angle\psi$

（二）正弦交流电的向量表示

设有一正弦量为 $u = U_m\sin(\omega t + \psi)$，在图 1-17（a）所示复平面中作一矢量，矢量的长度表示最大值 U_m；矢量的初始位置与正实轴的夹角为初相 ψ；该矢量以 ω 角速度逆时

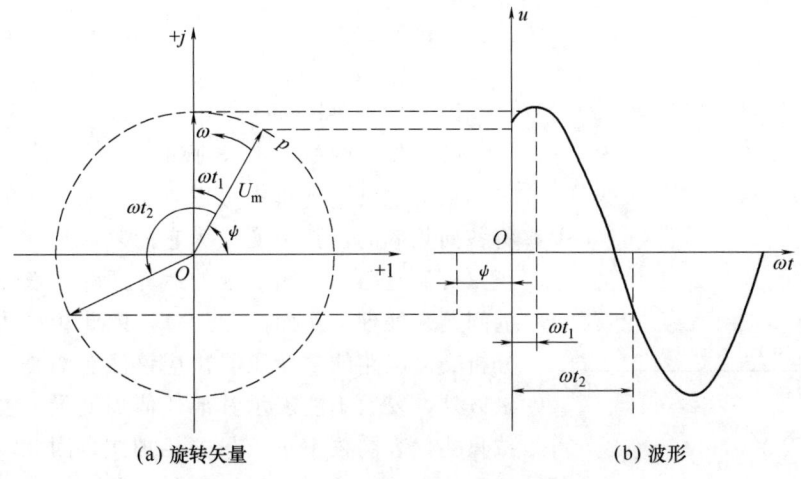

(a) 旋转矢量 (b) 波形

图 1-17 正弦量与旋转矢量的对应关系

针旋转，则任一瞬间该矢量在虚轴上的投影为 $U_m\sin(\omega t+\psi)$，波形如图 1-17（b）所示，正好与交流电的表达式和波形相同。因而，如果用一个旋转矢量来表示正弦交流电，就是用矢量的长度、旋转角速度和初始角分别代表正弦交流电的最大值、角频率和初相位，所以，复平面上的一个旋转矢量可以完整地表示一个正弦量。

复平面中的任一矢量都可以用复数表示。上述矢量在起始位置时，对应的复数为 $U_m\angle\psi$。而在任意时刻所对应的复数为 $U_m\angle(\omega t+\psi)$，该复数的虚部对应地表示了正弦量 $u=U_m\sin(\omega t+\psi)$，因此，正弦量也可以用它所对应的复数来表示。

应当注意，正弦量既不是矢量，也不是复数，但复数和它对应的矢量可以表示一个正弦量。

在正弦稳态交流电路中，因为所有的激励和响应都是同频率的正弦量，因而角频率都是相同的。所以，可以用起始位置的矢量和它对应的复数来表示正弦量。这种与正弦量相对应的复数就称为正弦量的相量。如上述正弦交流电压，其相量形式为

$$\dot{U}_m=U_m\angle\psi \tag{1-18}$$

式中，U_m 称为正弦量的最大值相量。

电路分析时，应用较多的是有效值相量，其表示形式为

$$\dot{U}=U\angle\psi \tag{1-19}$$

上述正弦量的相量在复平面上所做的图形称为该正弦量对应的相量图。只有同频率的正弦量，其相量才可以画在同一复平面上。

【例 1-11】 已知正弦电流 $i_1=20\sin(\omega t+60°)$ A，$i_2=10\sin(\omega t-45°)$ A，求：（1）$i=i_1+i_2$；（2）画出相量图。

解：（1）采用相量运算，先将 i_1 和 i_2 用它们的最大值相量表示，即

$$\dot{I}_{m1}=20\angle 60°(A)$$
$$\dot{I}_{m2}=10\angle -45°(A)$$

所以

$$\begin{aligned}\dot{I}_m&=\dot{I}_{m1}+\dot{I}_{m2}=20\angle 60°+10\angle -45°\\&\approx 10+17.3j+7.07-7.07j\\&=17.07+10.23j\\&=19.9\angle 30.9°(A)\end{aligned}$$

即 $i=19.9\sin(\omega t+30.9°)$（A）

（2）相量图如图 1-18 所示。

从上述例题分析中可以看出，相量法的实质，是将各同频率的正弦量变换为它的复数形式，这样便把正弦交流电路的三角函数的运算问题变换成复数运算的问题来处理，从而简化运算。因此相量法只是一种分析交流电路的数学工具。应该注意的是：除了正弦量以外，复数不能表示其他任何周期量。复数的相加减只能代表同频率正弦量的相加减，因此，只有在正弦交流电路中才能应用复数来计算。

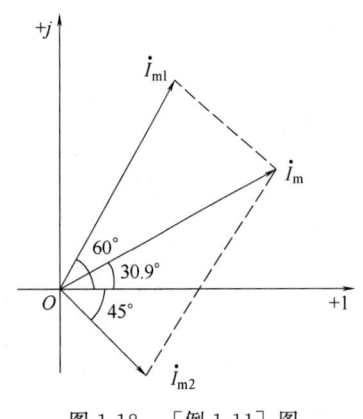

图 1-18 ［例 1-11］图

(三) 复数中代数式和极坐标式的相互转换

$$A = a + jb \Leftrightarrow A = |A| \angle \psi$$

$$|A| = \sqrt{a^2 + b^2} \quad \psi = \arctan \frac{b}{a} \Leftrightarrow a = |A|\cos\psi \quad b = |A|\sin\psi$$

复数的四则混合运算

$$A_1 \pm A_2 = a_1 \pm a_2 + j(b_1 \pm b_2) \tag{1-20}$$

$$A_1 \times A_2 = |A_1| \times |A_2| \angle(\psi_1 + \psi_2) \tag{1-21}$$

$$A_1 \div A_2 = \frac{|A_1|}{|A_2|} \angle(\psi_1 - \psi_2) \tag{1-22}$$

二、交流电路中的单一元件

(一) 纯电阻

1. 电流与电压的关系

一般关系：u 与 i 仍符合欧姆定律，有 $u = iR$

大小关系：

设 $u_R = \sqrt{2} U_R \sin\omega t$

则
$$i_R = \frac{u_R}{R} = \sqrt{2} \frac{U_R}{R} \sin\omega t = \sqrt{2} I_R \sin\omega t \tag{1-23}$$

相位关系：$\varphi_u - \varphi_i = 0$

有效值相量关系：
$$\dot{U}_R = R\dot{I}_R \tag{1-24}$$

2. 功率关系

瞬时功率及意义：
$$p_R = u_R i_R = U_{Rm} I_{Rm} \sin^2\omega t = U_R I_R (1 - \cos 2\omega t) \tag{1-25}$$

平均功率即有功功率：
$$P_R = U_R I_R = I_R^2 R = U_R^2 / R \tag{1-26}$$

无功功率，电阻元件是耗能元件，不储存电能，$Q = 0$

(二) 纯电感

感抗：$X_L = \omega L$，单位是 Ω。

1. 电压和电流的关系

大小关系：

设 $i_L = \sqrt{2} I_L \sin\omega t$，则
$$u_L = \sqrt{2} X_L I_L \sin(\omega t + 90°) \tag{1-27}$$

相位关系：$\varphi_u - \varphi_i = 90°$

有效值相量关系：
$$\dot{U}_L = jX_L \dot{I}_L \tag{1-28}$$

2. 功率关系

瞬时功率及意义：
$$\begin{aligned} p &= u_L i_L = \sqrt{2} U_L \sin(\omega t + 90°) \sqrt{2} I_L \sin\omega t \\ &= \sqrt{2} U_L \cos\omega t \sqrt{2} I_L \sin\omega t = U_L I_L \sin 2\omega t \end{aligned} \tag{1-29}$$

平均功率即有功功率：电感元件不消耗电能，故平均功率为零，它是一种储能元件。

无功功率：电感线圈不消耗电源的能量，但是电感元件与电源之间在不断地进行周期性的能量交换。为了反映电感元件与电源之间进行能量交换的规模，把瞬时功率的最大值

称为电感元件的无功功率，用符号 Q 表示，其数学表达式为：

$$Q = U_L \times I_L \tag{1-30}$$

【例 1-12】 有一电感线圈，已知其电感 $L=6$（mH），把它分别接到电压是 10V 的直流电源和电压是 10V、频率分别为 50Hz、5kHz 的交流电源上，问其感抗和电流有效值分别是多大？

解：直流电源的频率可视为零，因此

$$X_{L0} = \omega L = 0$$

$$I = \infty$$

即电感线圈在直流电路中相当于短路。

当接到 50Hz、10V 交流电源上时

$$X_{L1} = \omega_1 L = 2\pi f_1 L = 2\pi \times 50 \times 6 \times 10^{-3} \approx 1.89 \, (\Omega)$$

$$I_1 = \frac{U_L}{X_{L1}} = \frac{10}{1.89} \approx 5.29 \, (A)$$

若接在 5kHz、10V 交流电源上

$$X_{L2} = \omega_2 L = 2\pi f_2 L = 2\pi \times 5 \times 10^3 \times 6 \times 10^{-3} \approx 189 \, (\Omega)$$

$$I_2 = \frac{U_L}{X_{L2}} = \frac{10}{189} \approx 0.0529 \, (A)$$

由本例可知，当电感量一定时，X_L 与 ω 成正比，f 越高，对交流电的阻碍作用越大。

（三）纯电容

感抗：$X_C = \dfrac{1}{\omega C}$，单位是 Ω。

1. 电流与电压的关系

大小关系：

设：$u_C = \sqrt{2} U_C \sin\omega t$

$$\begin{aligned} i &= C\frac{du_c}{dt} \approx C\frac{d\sqrt{2}U_C\sin\omega t}{dt} \\ &= \sqrt{2}\,\omega C U_C \cos\omega t \\ &= \sqrt{2}\,I\sin(\omega t + 90°) \end{aligned} \tag{1-31}$$

相位关系：$\varphi_u - \varphi_i = -90°$

有效值相量关系：

$$\dot{U}_C = -jX_C \dot{I}_C \tag{1-32}$$

2. 功率关系

瞬时功率：

$$p = u_C i_C = \sqrt{2} U_C \sqrt{2} I_L \sin\omega t \cdot \cos\omega t = U_C I_C \sin 2\omega t \tag{1-33}$$

平均功率即有功功率：电容元件不消耗电能，故平均功率为零，它是一种储能元件。

无功功率

$$Q = U_C \times I_C \tag{1-34}$$

【例 1-13】 一个电容器的电容量 $C = 20\mu F$，接于 50Hz、220V 的交流电源上，求容抗及电路中电流。若改接到 500Hz、220V 的交流电源上，再求容抗和电路中的电流。

解：(1) 当 $f = 50$Hz 时，

$$X_{C1} = \frac{1}{\omega_1 C} = \frac{1}{2\pi f_1 C} = \frac{1}{2\pi \times 50 \times 20 \times 10^{-6}} \approx 159 \, (\Omega) \quad I_1 = \frac{U_C}{X_{C1}} = \frac{220}{159} \approx 1.38 \, (A)$$

(2) 当 $f=500\text{Hz}$ 时，

$$X_{C2}=\frac{1}{\omega_2 C}=\frac{1}{2\pi f_2 C}=\frac{1}{2\pi\times 500\times 20\times 10^{-6}}\approx 15.9\,(\Omega) \quad I_2=\frac{U_C}{X_{C2}}=\frac{220}{15.9}\approx 13.8\,(\text{A})$$

可见，在电容元件组成的电路中，当电源电压和电容的容量一定时，频率越高，容抗越小，则电流越大。

三、电容的串联、并联

1. 电容元件的结构

电容元件由极板和介质构成。

电容器可以储存电荷，成为储存电能的容器，所以称作电容器。

电容的符号表示：—||—

2. 电容的容量

如果将电容器的两个极板分别连接到直流电源正负极上，两极板间便有电压 U，这时，在电场力的作用下，自由电子定向运动，使与电源正极相连的 A 极板带正电荷，与电源负极相连的 B 极板带等量的负电荷。

两极板的电量与极板间的电压成正比。

$$C=q/U_C$$

电容的单位：法（F）、微法（μF）、皮法（pF）。

电容器性能指标：电容量、允许误差、额定工作电压、介质损耗、额定工作电压和稳定性等。

额定工作电压：电容工作时，所加的电压不能超过一定值，否则会击穿介质。

3. 电容的充电和放电

根据 $i=\mathrm{d}q/\mathrm{d}t$，$q=CU_C$ 则 $i=\dfrac{\mathrm{d}q}{\mathrm{d}t}=\dfrac{\mathrm{d}CU_C}{\mathrm{d}t}=C\dfrac{\mathrm{d}U_C}{\mathrm{d}t}$，说明：

① 某一时刻电容的电流取决于电容电压的变化率；
② 电压升高时，电流为正，电容充电，反之放电；
③ 电压不变化，电流为0，相当于开路；
④ 电压变化越快，电流越大。

4. 电容产生的功率

$$P=UI=UC\frac{\mathrm{d}U}{\mathrm{d}t}$$

$P>0$ 时，电容吸收功率，处于充电状态；

$P<0$ 时，电容释放功率，处于放电状态。

能量：$W_C=1/2CU_C^2$

电容在某一时刻的储能，只与此时的电压有关，而与电流无关。

【例 1-14】 已知 $C=0.5\mu\text{F}$ 电容上的电压波形如图 1-19 所示，试求电压，电流采用关联参考方向时的电流 I，并画出电流波形图。

(1) 当 $t=0\sim 1\text{s}$ 时，

$$I_C(t)=C\frac{\mathrm{d}U_C}{\mathrm{d}t}=0.5\times 10^{-6}\frac{2}{1}=1\times 10^{-6}\,(\text{A})=1\,(\mu\text{A})$$

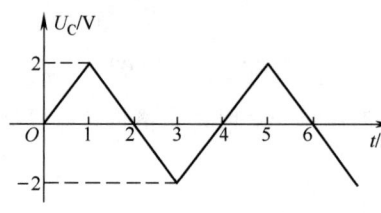

图 1-19 [例 1-14] 电压波形图

(2) 当 $t=1\sim3\text{s}$ 时，

$$I_C(t)=C\frac{dU_C}{dt}=0.5\times10^{-6}\frac{-2-2}{2}=-1\times10^{-6}(\text{A})=-1\ (\mu\text{A})$$

(3) 当 $t=3\sim5\text{s}$ 时，

$$I_C(t)=C\frac{dU_C}{dt}=0.5\times10^{-6}\frac{2-(-2)}{2}=1\times10^{-6}(\text{A})=1\ (\mu\text{A})$$

(4) 当 $t=5\sim7\text{s}$ 时，

$$I_C(t)=C\frac{dU_C}{dt}=0.5\times10^{-6}\frac{-2-2}{2}=1\times10^{-6}(\text{A})=-1\ (\mu\text{A})$$

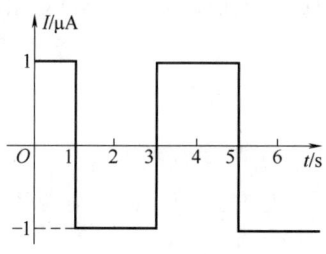

例 1-14 电流波形图

四、RLC 串联电路

（一）电压与电流的关系

如图 1-20 所示为 R、L、C 组成的串联电路模型。串联电路的特点是流过各元件的电流为同一电流，串联电路总电压等于各部分电压之和。设

$$\dot{I}=I\angle0°$$

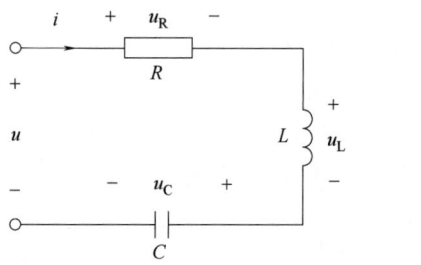
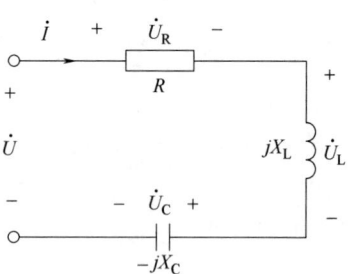

图 1-20 RLC 串联电路

则

$$\dot{U}_R=R\dot{I}_R \quad \dot{U}_L=jX_L\dot{I}_L \quad \dot{U}_C=-jX_C\dot{I}_C$$

由 KVL 得

$$\begin{aligned}\dot{U}&=\dot{U}_R+\dot{U}_L+\dot{U}_C=R\dot{I}_R+jX_L\dot{I}_L-jX_C\dot{I}_C\\&=R\dot{I}+j(X_L-X_C)\dot{I}\\&=(R+jX)\dot{I}\\&=Z\dot{I}\end{aligned} \quad (1\text{-}35)$$

上式说明通过阻抗 Z 的电流与外加电压成正比，与复阻抗成反比。

式中 $Z=R+jX$，$X=X_L-X_C$，且

$$|Z|=\sqrt{R^2+(X_L-X_C)^2} \tag{1-36}$$

$$\varphi=\arctan\frac{X_L-X_C}{R} \tag{1-37}$$

（二）RLC 串联电路的性质

根据阻抗角可以判断电路有以下三种不同的性质：

（1）当 $X_L>X_C$ 时，$\varphi>0$，电路中电流滞后于电压 φ 角，这时电路呈电感性质，相量关系如图 1-21（a）所示。

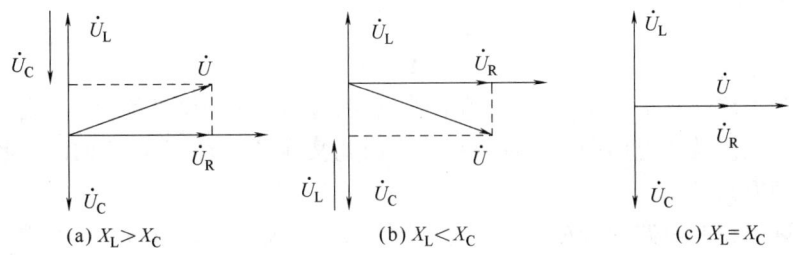

(a) $X_L>X_C$　　　　(b) $X_L<X_C$　　　　(c) $X_L=X_C$

图 1-21　RLC 串联电路的性质

（2）当 $X_L<X_C$ 时，$\varphi<0$，电路中电压滞后于电流 φ 角，这时电路呈电容性质，相量关系如图 2-21（b）所示。

（3）当 $X_L=X_C$ 时，$\varphi=0$，电路中电流与电压同相，电路呈电阻性质，为串联谐振状态，相量关系如图 1-21（c）所示。

（三）谐振

在一般情况下，电路中的电流和电压间都有一个相位差，也就是电流与电压相位不同。我们分析交流电路的一种特殊现象，即谐振现象。我们把在既有电容又有电感的电路中，当满足一定条件时，电路总电压与总电流的相位相同，整个电路呈电阻性的现象称为谐振。

谐振一方面在工业生产中有着广泛的应用，例如，用于高频淬火、高频加热以及收音机、电视机中；另一方面，谐振时会在电路的某些元件中产生较大的电压或电流，致使元件受损，在这种情况下又要注意避免工作在谐振状态。

由于谐振电路的基本模型有串联和并联两种。因此，谐振也分为串联谐振和并联谐振两种。

1. 串联谐振

在 R、L、C 串联电路中，其等效复阻抗为

$$Z=R+j(X_L-X_C)$$

阻抗角（即电压与电流的相位差）为

$$\varphi=\arctan\frac{X_L-X_C}{R}$$

（1）谐振条件。根据谐振的定义，$\varphi=0$ 时，电路产生谐振，因而产生串联谐振的条件是

即

$$X_L - X_C = 0 \text{ 或 } X_L = X_C$$

$$\omega L = \frac{1}{\omega C}$$

可见，改变 ω、L 或 C 可以使电路发生谐振或消除谐振。

当电路参数一定时，改变电源的频率可使电路发生谐振，此时的角频率称为谐振角频率，用 ω_0 表示，即

$$\omega_0 = \frac{1}{\sqrt{LC}}$$

相应的谐振频率为

$$f_0 = \frac{1}{2\pi\sqrt{LC}} \tag{1-38}$$

显然，当电路参数 L 和 C 为一定值时，电路产生的谐振频率就为一定值，与电阻 R 无关。所以，它反映了电路的一种固有性质，因此又称 f_0 为谐振电路的固有频率，ω_0 为谐振电路的固有角频率。

(2) 串联谐振时电路的特征。谐振时，因为 $X_L - X_C = 0$，阻抗 $Z = R$ 最小，且呈电阻性；谐振时，在一定的电源电压作用下，电路中的电流达到最大值；谐振时电感与电容两端的电压大小相等，相位相反，电阻上的电压等于电源电压；总无功功率等于零。

串联谐振时，由于 $X_L = X_C$，电感元件的瞬时功率和电容元件的瞬时功率数值相等，符号相反，所以电路总的无功功率为零，即电感的无功功率和电容的无功功率互相交换，互相补偿，这时电源不向电路提供无功功率，因此，电路只向电源吸取有功功率，并通过电阻转换成热能消耗掉。

2. 并联谐振

(1) 谐振条件。产生并联谐振的条件是复导纳的虚部为零，即

$$\omega C = \frac{1}{\omega L}$$

即

$$\omega_0 = \frac{1}{\sqrt{LC}} \tag{1-39}$$

(2) 并联谐振的特征。谐振时，电路的总阻抗 Z 最大，且为电阻性；当电源电压一定时，谐振时电路的总电流最小，且与端电压同相位；谐振时，电感支路和电容支路的电流远大于端口总电流，且大小近似相等、相位相反，均为总电流的 Q 倍。

Q 一般远大于1，并联谐振时由于 L 和 C 支路的电流远大于总电流，因而并联谐振又称电流谐振。

在无线电工程和工业电子技术中，常用并联谐振时阻抗高的特点来选择信号或消除干扰。

第三节　电路中的过渡过程

此前所讨论的电路，不论是直流还是交流，电路的连接方式和参数值是不变的，电源

的输出是恒定的或周期性变化的，电路中的各部分电压也是恒定的或周期性变化的。电路的这种状态称之为稳定状态，简称稳态。

当电路接通、断开或电路各元件的参数变化时，电路中的电压、电流等都在发生改变，从原来的稳定状态变化到另一个新的稳定状态，这个过程称过渡过程。它不能瞬间完成，需要一定的时间（尽管往往是极短暂的），又称为暂态过程。电路在过渡过程中的工作状态称暂态。

一、过渡过程的产生与换路定律

（一）电路中产生过渡过程的原因

电路中之所以出现过渡过程，是因为电路中有电感、电容这类储能元件的存在。

图 1-22（a）中，当接通电源的瞬间，电容 C 两端的电压并不能即刻达到稳定值 U，而是有一个从合闸前的 $U_C=0$ 逐渐增大到 $U_C=U$ [图 1-22（b）] 的过渡过程。否则，合闸后的电压将有跃变，电容电流 $i_C=CdU/dt$ 将为无穷大，这是不可能的。

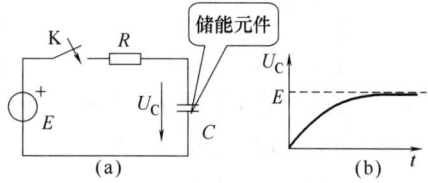

图 1-22 RC 串联电路

同样，对于电感电路，图 1-23（a）中，当电源接通后，电路的电流也不可能立即跃变到 U/R，而是从 $I_L=0$ 逐渐增大到 $I_L=U/R$ [图 1-23（b）] 这样一个过渡过程。否则，电感内产生的感生电动势 $e_L=-LdI/dt$ 将为无穷大，也是不可能的。

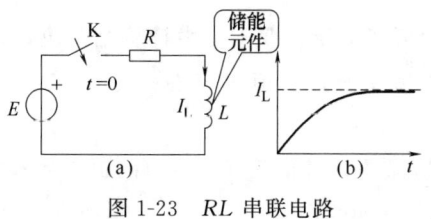

图 1-23 RL 串联电路

过渡过程产生的实质是由于电感、电容元件是储能元件，能量的变化是逐渐的，不能发生突变，需要一个过程。而电容元件储有的电场能 $W_C=CU_C^2/2$，电感元件储有的磁场能 $W_L=LI_L^2/2$，所以电容两端电压 U_C 和通过电感的电流 I_L 只能是连续变化的。

因为能量的存储和释放需要一个过程，所以有电容或电感的电路存在过渡过程。

产生过渡过程的内因：电路中存在储能元件 U_C，I_L；

产生过渡过程的外因：电路出现换路时，储能元件能量发生变化。

（二）换路定律

电路工作状态的改变如电路的接通、断开、短路、改路及电路元件参数值发生变化等称换路。由以上分析可知，换路瞬间，电容两端的电压 U_C 不能跃变，流过电感的电流 I_L 不能跃变，这即为换路定律。用 $t=0_-$ 表示换路前的终了瞬间，$t=0_+$ 表示换路后的初始瞬间，则换路定律表示为

$$\left.\begin{array}{l}U_C(0_+)=U_C(0_-)\\ I_L(0_+)=I_L(0_-)\end{array}\right\} \tag{1-40}$$

注意，换路定律只说明电容上电压和电感中的电流不能发生跃变，而流过电容的电流、电感上的电压以及电阻元件的电流和电压均可以发生跃变。

换路定律的解释如下：

自然界物体所具有的能量不能突变，能量的积累或释放需要一定的时间，所以电容 C 存储的电场能量 $W_C = \frac{1}{2}CU^2$ 不能突变使得 U_C 不能突变；同样，电感 L 存储的磁场能量 $W_L = \frac{1}{2}LI_L^2$ 不能突变使得 I_L 不能突变。

从电路关系分析（以图 1-22 为例）：

$$E = i_C R + U_C = RC\frac{dU_C}{dt} + U_C$$

若 U_C 发生突变，$\frac{dU_C}{dt} = \infty \Rightarrow I = \infty$，这是不可能的。

根据换路定律可以确定换路后过渡过程的初始值，其步骤如下：
(1) 分析换路前（$t = 0_-$）电路，求出电容电压、电感电流，即 $U_C(0_-)$、$I_L(0_-)$。
(2) 由换路定律确定 $U_C(0_+)$ 及 $I_L(0_+)$。
(3) 进而计算出换路后（$t = 0_+$）电路的各参数即过渡过程的初始值。

【例 1-15】 图 1-23（a）中，已知：$R = 1\mathrm{k}\Omega$，$L = 1\mathrm{H}$，$E = 20\mathrm{V}$，开关闭合前 $I_L = 0\mathrm{A}$，设 $t = 0$ 时开关闭合，求 $I_L(0_+)$，$U_L(0_+)$。

解：根据换路定律 $I_L(0_+) = I_L(0_-) = 0\mathrm{A}$

换路时电压方程 $E = I(0_+)R + U_L(0_+)$

所以 $U_L(0_+) = 20 - 0 = 20$（V）

小结：
(1) 换路瞬间，U_C、I_L 不能突变，其他电量均可能突变，变不变由计算结果决定。
(2) 换路瞬间，$U_C(0^-) = U_0 \neq 0$，电容相当于恒压源，其值等于 U_0；$U_C(0^-) = 0$，电容相当于短路。
(3) 换路瞬间，$I_L(0^-) = I_0 \neq 0$，电感相当于恒流源，其值等于 I_0；$I_L(0^-) = 0$，电感相当于断路。

二、一阶 RC、RL 电路的过渡过程分析

根据电路规律列写电压、电流的微分方程，若微分方程是一阶的，则该电路为一阶电路（一阶电路中一般仅含一个储能元件）。

电子电路中广泛应用由电阻 R、电容 C 构成的电路，掌握 RC 电路过渡过程的规律，对分析这些电子电路很有帮助。

（一）RC 电路的过渡过程分析

1. RC 电路的零输入响应

零输入是指无电源激励，输入信号为零。在零输入时，由电容的初始状态 $U_C(0_+)$ 所产生的电路响应称为零输入响应。

分析 RC 电路的零输入响应实际上就是分析它的放电过程。以图 1-24 为例，换路前开关 K 在位置 1，电源对电容充电。在 $t = 0$ 时将开关转到位置 2，使电容脱离电源，电容器

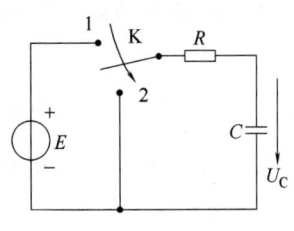

图 1-24 RC 放电电路

通过 R 放电。由于电容电压不能跃变，$U_C(0_+)=U_C(0_-)=E$，此时充电电流 $I_C(0_+)=E/R$。随着放电过程的进行，电容储存的电荷越来越少，R 两端的电压 U_C 越来越小，电路电流 $i=U_C/R$ 越来越小。电容两端的电压 U_C 随时间的变化如图 1-25 所示。

根据基尔霍夫电压定律

$$RC=\frac{dU_C}{dt}+U_C=0$$

其通解形式为　　$U_C=Ae^{pt}$

将其代入上式，得出特征方程

$$RC_p+1=0$$

从而方程的解为 $U_C=Ae^{-\frac{t}{RC}}$

根据初始条件　　　　$U_C(0_+)=U_C(0_-)=E$

解得　$U_C=Ee^{-\frac{t}{RC}}=Ee^{-\frac{t}{\tau}}$

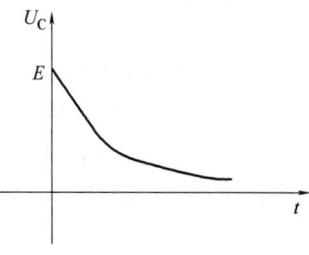

图 1-25　RC 放电曲线

式中 $\tau=RC$ 称为 RC 电路的时间常数，表示电容放电的快慢。可以认为 $t=5\tau$ 时，过渡过程结束。

2. RC 电路的零状态响应

零状态是指换路前电容元件没有储能，$U_C(0_-)=0$。在此条件下，由电源激励所产生的电路响应称为零状态响应。

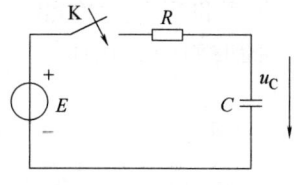

图 1-26　RC 充电电路

RC 电路的零状态响应实际上就是它的充电过程。图 1-26 为 RC 充电电路。设开关 K 合上前，电路处于稳态，电容两端电压 $U_C(0_-)=0$，电容元件的两极板上无电荷。在 $t=0$ 时刻合上开关 K，电源经电阻 R 对电容充电，由于电容两端电压不能突变，$U_C(0_+)=0$，此时电路中的充电电流 $I_C(0_+)=E/R$。

随着电容积累的电荷逐渐增多，电容两端的电压 U_C 也随之升高。电阻分压 U_R 减少，电路充电电流 $I_C=U_R/R=(E-U_C)/R$ 也不断下降，充电速度越来越慢。经过一段时间后，电容两端电压 $U_C=E$，电路中电流 $I_C=0$，充电的过渡过程结束，电路处于新的稳态。电容两端的电压 U_C 随时间的变化如图 1-27 所示。

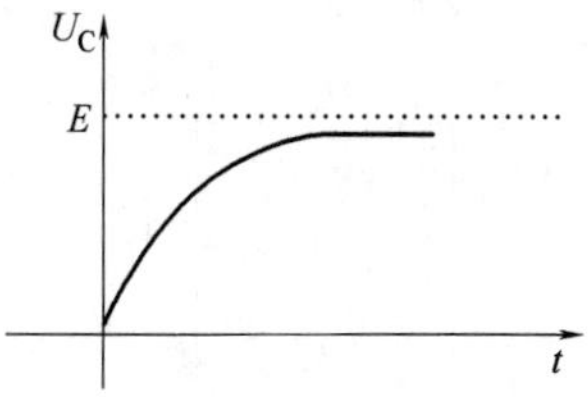

根据基尔霍夫电压定律：

$$RC=\frac{dU_C}{dt}+U_C=E$$

图 1-27　RC 充电曲线

其特解即电路的稳态分量为　　$U'_C=E$

而其通解即电路的暂态分量为　　$U''_C=-Ee^{-\frac{t}{RC}}=-Ee^{-\frac{t}{\tau}}$

解得　$U_C=U'_C+U''_C=E(1-e^{-\frac{t}{\tau}})$

式中 $\tau=RC$ 称为 RC 电路的时间常数，表示电容充电的快慢。时间常数 $\tau=RC$ 越大，充电时间越长。这是因为，C 越大，一定电压 U 之下电容储能越大，电荷越多；而 R 越大，则充电电流越小，所以需要更长的充电时间。

3. RC 电路的全响应

RC 电路的全响应是指电源激励 E、电容元件的初始状态 $U_C(0_+)$ 均不为零时电路的响应，也就是零输入响应和零状态响应的叠加。

图 1-28 所示电路中，在 $t=0$ 时刻，开关 K 由位置 1 扳向位置 2。此过渡过程中，电容初始电压 $U_C(0_+)$ 不为 0，输入信号也不为 0，此时的电路响应称全响应。

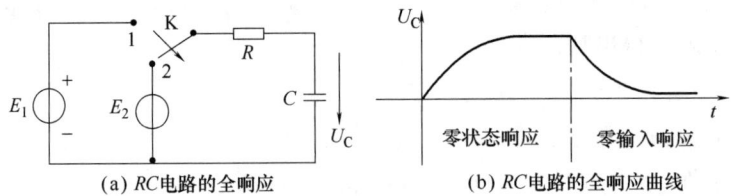

(a) RC 电路的全响应　　　　　　(b) RC 电路的全响应曲线

图 1-28　RC 电路

在 $t \geqslant 0$ 时，电路方程为：$E_2 = Ri + U_C = RC\dfrac{dU_C}{dt} + U_C$

它的解为：$U_C(t) = E' e^{-\frac{t}{\tau}} + E_2(1 - e^{-\frac{t}{\tau}})$

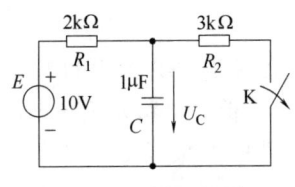

图 1-29　例 1-16 图

我们可以看出：全响应=零输入响应+零状态响应，这也是叠加定理在电路过渡过程中的体现和运用。RC 电路的全响应过程，电容两端的电压 U_C 随时间的变化如图 1-29 所示。

【例 1-16】 已知：开关 K 原处于闭合状态，$t=0$ 时打开，求 $U_C(t)$。

解：$U_C(0_-) = \dfrac{R_2}{R_1+R_2} E = 6$（V）

零状态解和零输入解叠加

① 零状态解　　　　　　　　　　② 零输入解

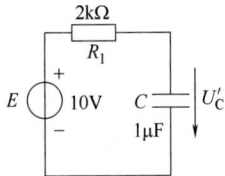　　　　　　　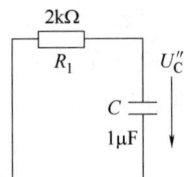

[例 1-16] 零状态图　　　　　　　[例 1-16] 零输入图

$U'_C(0_+) = 0$（V）　　　　　　　$U''_C(0_+) = 6$（V）

$U'_C(t) = 10 + (0-10) \cdot e^{-t/R_1 C}$　　$U''_C(t) = 6 \cdot e^{-t/\tau}$（V）

$= 10 - 10 \cdot e^{-t/\tau}$（V）

全解为：

$$U_C(t) = U'_C(t) + U''_C(t)$$
$$= [10 + (-10 \cdot e^{-t/\tau})] + [6e^{-t/\tau}]$$

$$=10-4\mathrm{e}^{-t/\tau}(\mathrm{V})$$

(二) RL 串联电路的过渡过程

对于 RL 串联电路，其过渡过程分析与 RC 串联电路类似，只不过电感元件中电流不能跃变，一阶电路的分析方法同样适用于 RL 串联电路。

1. RL 零状态响应

图 1-30 中，换路前，电感中无电流通过，$I_L(0_-)=0$，没有储能，为零状态；换路后，$I_1(0_+)=I_L(0_-)=0$，但此时，电流相对时间变化率最大，电感中产生感生电动势最大。随着时间的推移，电流越来越大，电感储存的磁场能越来越大，但电流变化越来越慢，电感分压逐渐减小。

根据基尔霍夫定律，列出 $t \geqslant 0$ 时的电路方程

$$RI+L\frac{\mathrm{d}I}{\mathrm{d}t}=E$$

与电容电路相似，电路电流的解为

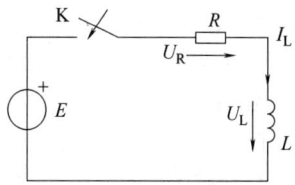

图 1-30　RL 零状态响应电路

$$I(t)=\frac{E}{R}(1-\mathrm{e}^{-\frac{t}{\tau}})$$

式中，$\tau=L/R$ 为时间常数。L 越大，电感储有磁场能越多，产生阻碍电流变化的感生电动势越来越大，阻碍作用越强；R 越小，在同样电压下电感所得电流 U/R 越大，储能越多，所以过渡过程时间越长，变化越缓慢。

2. RL 零输入响应

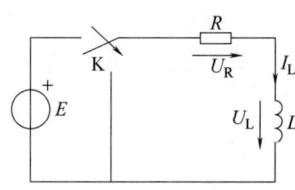

图 1-31　RL 零输入响应电路

图 1-31 中换路前，电感中有电流通过，$I_L(0_-)=I_0=E/R$；换路后，$I_L(0_+)=I_L(0_-)=I_0$，此时，电流相对时间变化率最大，电感中产生感生电动势最大。随着时间的推移，电流越来越小，电感存储的磁场能越来越少。

根据基尔霍夫定律，列出 $t \geqslant 0$ 时的电路方程

$$RI+L\frac{\mathrm{d}I}{\mathrm{d}t}=0$$

图 1-32 中与电容电路相似，电路电流的解为

$$I(t)=I_0\mathrm{e}^{-\frac{t}{\tau}}$$

3. RL 电路的全响应

与电容电路相似，电感电路的全响应为零输入响应和零状态响应的叠加：

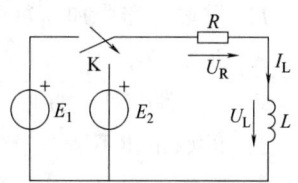

图 1-32　RL 全响应电路

$$I(t)=\frac{E}{R}(1-\mathrm{e}^{-\frac{t}{\tau}})+I_0\mathrm{e}^{-\frac{t}{\tau}}$$

> **总结：**
> RC 电路和 RL 电路接通直流电路的过程也就是对阶跃激励的响应。可以先分别求零状态响应和零输入响应，再求全响应。求解方法用解常系数微分方程的经典方法求解，方程的解由稳态分量和暂态分量组成。

练 习 题

1. 电路的作用是实现能量的（　　）和转换、信号的传递和处理。
   A. 连接　　　　　　B. 传输　　　　　　C. 控制　　　　　　D. 传送
2. 一般电路由（　　）、负载和中间环节三个基本部分组成。
   A. 电线　　　　　　B. 电压　　　　　　C. 电流　　　　　　D. 电源
3. （　　）的方向规定由该点指向参考点。
   A. 电压　　　　　　B. 电位　　　　　　C. 能量　　　　　　D. 电能
4. （　　）的方向规定由高电位点指向低电位点。
   A. 电压　　　　　　B. 电位　　　　　　C. 能量　　　　　　D. 电能
5. （　　）反映导体对电流起阻碍作用的大小。
   A. 电动势　　　　　B. 功率　　　　　　C. 电阻率　　　　　D. 电阻
6. 伏安法测电阻根据（　　）来算出数值。
   A. 欧姆定律　　　　B. 直接测量法　　　C. 焦耳定律　　　　D. 基尔霍夫定律
7. 线性电阻与所加（　　）、流过的电流以及温度无关。
   A. 电压　　　　　　B. 功率　　　　　　C. 电阻率　　　　　D. 电动势
8. 电功率的常用单位有（　　）。
   A. 焦耳　　　　　　B. 伏安　　　　　　C. 欧姆　　　　　　D. 瓦、千瓦、毫瓦
9. 电功的常用单位有（　　）。
   A. 焦耳　　　　　　B. 伏安　　　　　　C. 度　　　　　　　D. 瓦
10. 串联电阻的分压作用是阻值越大，电压越（　　）。
    A. 小　　　　　　　B. 大　　　　　　　C. 增大　　　　　　D. 成小
11. 并联电路中加在每个电阻两端的电压都（　　）。
    A. 不等　　　　　　　　　　　　　　　　B. 相等
    C. 等于各电阻上的电压之和　　　　　　　D. 分配的电流与各电阻值成正比
12. 欧姆定律不适合于分析计算（　　）。
    A. 简单电路　　　　B. 复杂电路　　　　C. 线性电路　　　　D. 直流电路
13. 部分电路欧姆定律反映了在（　　）的一段电路中，电流与这段电路两端的电压及电阻的关系。
    A. 含电源　　　　　B. 不含电源　　　　C. 含电源和负载　　D. 不含电源和负载
14. 全电路欧姆定律指出：电路中的电流由电源、（　　）、内阻和负载电阻决定。
    A. 功率　　　　　　B. 电压　　　　　　C. 电阻　　　　　　D. 电动势
15. 基尔霍夫定律的节点电流定律也适合任意（　　）。
    A. 封闭面　　　　　B. 短路　　　　　　C. 开路　　　　　　D. 连接点
16. 如图所示，忽略电压表和电流表的内阻，开关接1时，电流表中流过的短路电流为（　　）。

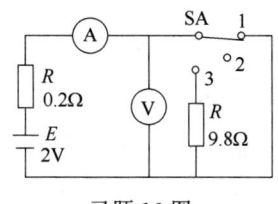

习题 16 图

A. 0A B. 10A C. 0.2A D. 约等于 0.2A

17. 测量直流电流时要注意电流表的（　　）。
 A. 量程 B. 极性 C. 量程及极性 D. 误差

18. 测量交流电流时要注意电流表的（　　）。
 A. 量程 B. 极性 C. 量程及极性 D. 误差

19. 非正弦周期信号作用下的线性电路分析，电路响应等于它的各次谐波单独作用时产生的响应的（　　）的叠加。
 A. 有效值 B. 瞬时值 C. 相量 D. 最大值

20. 一个含有直流分量的非正弦波作用于线性电路，其电路响应电流中（　　）。
 A. 含有直流分量 B. 不含有直流分量
 C. 含有交流分量 D. 不含有交流分量

21. 一根粗细均匀的电阻丝，阻值为 25Ω，将其等分成五段，然后并联使用，则其等效电阻是（　　）。
 A. 1/25Ω B. 1/5Ω C. 1Ω D. 5Ω

22. 两个同频率正弦交流电流 i_1、i_2 的有效值各为 40A 和 30A。当 i_1+i_2 的有效值为 10A 时，i_1 与 i_2 的相位差是（　　）。
 A. 0° B. 180° C. 90° D. 270°

23. 在 R、L、C 串联电路中，当总电流与总电压同相时，下列关系式正确的是（　　）。
 A. $\omega L^2 C=1$ B. $\omega LC=1$ C. $\omega^2 LC=1$ D. $\omega LC^2=1$

24. 在换路瞬间，下列说法中正确的是（　　）。
 A. 电感电流不能跃变 B. 电感电压必然跃变
 C. 电容电流必然跃变 D. 无法确定

25. 图示电路中电阻 R 吸收的平均功率 P 等于（　　）。

$$U_S(t)=10\sqrt{2}\cos(2t)\,\text{V}$$

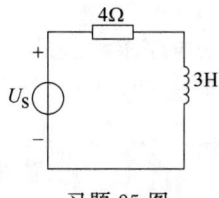

习题 25 图

A. 12.5W B. 16W C. 32W D. 25W

26. 图示电路中电压 U 等于（　　）。

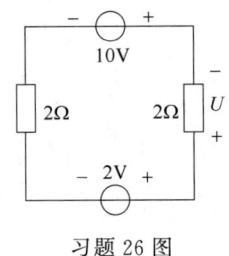

习题 26 图

A. 4V B. −4V C. 6V D. −6V

27. 某对称三相电源绕组为 Y 接，已知 $\dot{U}_{AB}=380\angle 15°$V，当 $t=10$s 时，三个线电压之和为（　　）。

A. 380V B. 0V C. $380/\sqrt{3}$ V D. $380\sqrt{3}$ V

28. 图中所示电路在开关 S 断开之前电路已达稳态，若在 $t=0$ 时将开关 S 断开，则电路中 L 上通过的电流 $i_L(0_+)$ 为（　　）。

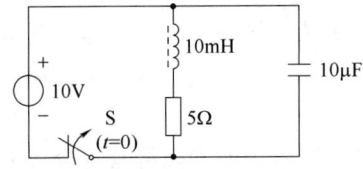

A. 2A B. 0A C. −2A D. −4A

29. 工程上认为 $R=25\Omega$、$L=50$mH 的串联电路中发生暂态过程时将持续（　　）。

A. 30~50ms B. 37.5~62.5ms C. 6~10ms D. 20~30ms

30. 图中电路换路前已达稳态，在 $t=0$ 时断开开关 S，则（　　）。

A. 电路有储能元件 L，要产生过渡过程
B. 电路有储能元件且发生换路，要产生过渡过程
C. 因为换路时元件 L 的电流储能不发生变化，所以该电路不产生过渡过程
D. 因为换路时元件 L 的电流储能要发生变化，所以该电路要产生过渡过程

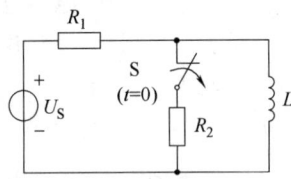

31. 自动满足基尔霍夫电流定律的电路求解法是（　　）。
A. 支路电流法 B. 回路电流法 C. 结点电压法 D. 叠加法

32. 三相对称电路是指（　　）。
A. 电源对称的电路 B. 负载对称的电路
C. 电源和负载均对称的电路 D. 电源和负载均不对称的电路

第二章 电子技术基础

本章结合模拟电子技术基础和数字电子技术基础课程的内容，包括半导体器件的特性、参数和模型，基本放大电路的组成及分析，集成运算放大电路的组成、特性及应用，数字电路基础，组合逻辑电路的设计与分析，时序逻辑电路的分析与设计等知识。

第一节 放 大 电 路

一、三极管基本知识

（一）晶体三极管的结构

晶体三极管又称为晶体管、半导体三极管和双极型晶体管等，简称三极管。它有三区、两结、三极。

(1) 三区。发射区、基区和集电区。

(2) 两结。发射区与基区间的 PN 结称为发射结，集电区与基区间的 PN 结称为集电结。

(3) 三极。3 个区各引出一个电极，分别称为发射极 e、基极 b 和集电极 c。

（二）类型及电流分配关系

(1) NPN 型。NPN 型是指由两块 N 型半导体中间夹着一块 P 型半导体的管子，结构、符号如图 2-1（a）所示。

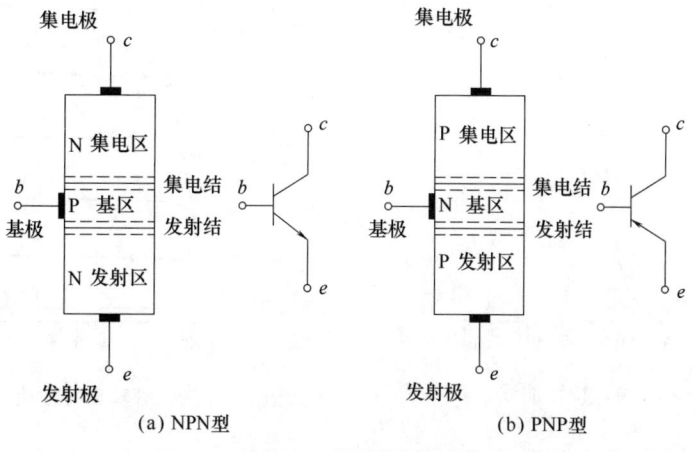

(a) NPN型　　　　　　　(b) PNP型

图 2-1　晶体三极管结构示意图及符号

(2) PNP 型。PNP 型是指由两块 P 型半导体中间夹着一块 N 型半导体的管子，结构、符号如图 2-1（b）所示。

(3) 电流关系。$I_E = I_C + I_B$，发射极的箭头代表发射结正向接通时电流的方向，NPN 管箭头向外，PNP 管箭头向内。

（三）三极管作用

三极管制造时发射区掺杂浓度高，基区很薄且杂质浓度低，集电区面积大，掺杂浓度低于发射区，用于保证晶体管具有电流放大作用。

(1) 电流放大作用。放大的基本条件是发射结正偏，集电结反偏；实质是用一个微小的 ΔI_B 去控制一个较大的 ΔI_C；交流电流放大倍数 β 为：$\beta = \Delta I_C / \Delta I_B$。

(2) 开关作用。如电视机电源电路中的开关管。

（四）三极管特性曲线

由于硅三极管应用较多，下面以 NPN 型共射极硅管为例进行分析。

三极管的各极电压与电流之间的关系曲线称为三极管的伏安特性。它反映了三极管的基本性能，是分析放大电路的基本依据，其中最常用的是输入、输出特性。

(1) 输入特性。输入特性是指 U_{CE} 为一定值时，加在基极和发射极间的电压 U_{BE} 与由它产生的基极电流 I_B 之间的关系，用函数式表示为：

$$I_B = f(U_{BE}) | U_{CE} = 常数$$

三极管输入特性曲线如图 2-2 所示，与二极管的正向特性相似，常将其分为三个区域：死区、非线性区和线性区。

(2) 输出特性。输出特性是指在一定的基极电流 I_B 下，输出回路中集电极和发射极之间的电压 U_{CE} 与集电极电流 I_C 的关系，用函数式表示为：

$$I_C = f(U_{CE}) | I_B = 常数$$

三极管输出特性曲线如图 2-3 所示，与二极管的正向特性相似，常将其分为三个区域：饱和区、截止区和放大区。

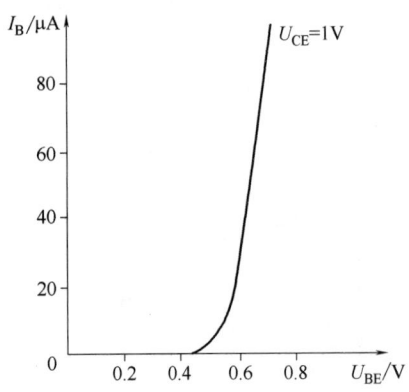

图 2-2　三极管输入特性曲线

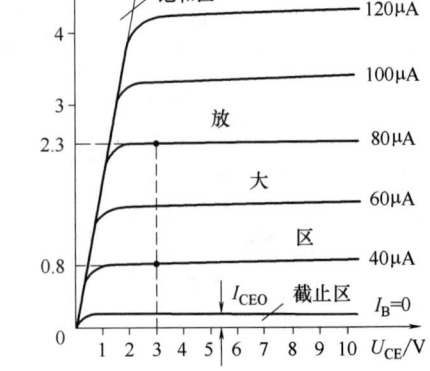

图 2-3　三极管输出特性曲线及 3 个工作区

① 饱和区：发射结和集电结都正偏。

② 截止区：发射结和集电结都反偏。

③ 放大区：发射结正偏，集电结反偏，三极管具有放大作用。

（五）三极管主要参数

三极管的参数表示了管子的各项技术指标和适用范围，是计算、调试和选用三极管的依据。这里仅介绍几种常用的参数。

(1) 电流放大系数 β。β 是表示三极管放大能力的主要指标。β 值小放大能力差，但 β 值大工作稳定性差，选用时应根据具体电路而定。

(2) 穿透电流 I_{CEO}。当基极开路时，集电极和发射极间加上一定反向电压时的集电极电流称为穿透电流。温度对 I_{CEO} 影响很大，当温度上升时，I_{CEO} 增加很快，使 I_C 也相应增大，显然 I_{CEO} 越小管子越稳定。

(3) 反向击穿电压 $U_{(BR)CEO}$。$U_{(BR)CEO}$ 指基极开路时，集电极和发射极间所能承受的最大反向电压。当温度上升时，击穿电压要下降，所以工作电压要选得比击穿电压小得多，以保证有一定的安全系数。若 $U_{CE} > U_{(BR)CEO}$ 将导致三极管损坏。

(4) 集电极最大允许电流 I_{CM}。I_{CM} 表示当 β 下降到额定值的 2/3 时，所允许的最大集电极电流。当 $I_C > I_{CM}$ 时，管子不一定立即损坏，但超过太多则可能烧坏三极管。

(5) 集电极最大允许功率损耗 P_{CM}。是根据管子允许的最高温度定出的。显然，使用时加在管子上的电压 U_{CE} 和通过集电极的电流 I_C 的乘积应小于 P_{CM} 值，且要注意散热条件。

二、三极管的检测

利用万用表判别三极管的管型、管脚极性，估测三极管的 I_{CEO}、β 值。测量小功率管时，一般选用 R×100 挡或 R×1k 挡，测大功率管时可选用 R×10 挡。

对不知道型号和管脚极性的三极管，可利用万用表通过测试各极间的电阻来判别管型和管脚极性。具体测试方法如下。

（一）基极判断

假设三个管脚中的任意一个管脚为基极，然后判断基极 b，把一表笔接在假设的基极上，另一表笔分别接另外两根管脚，若测得的阻值都很大或都很小，调换表笔重新测试。若原来测得的阻值都很大，调换表笔后测得的阻值都很小；或原来测得的阻值都很小，调换表笔后测得的阻值都很大，说明假设的基极是正确的。若测得阻值一大一小，说明假设错误，需重新假设进行测试。

（二）管型判断

以测试阻值都很小一次为准，若黑表笔接的是 b 极，则该管是 NPN 型管，否则，该管为 PNP 型管。

（三）集电极和发射极的判断

假设待测的两根管脚其中之一为集电极，用手把基极 b 与假设的集电极一起捏住（注意两管脚不能接触，即把人体电阻并接在 b 极和 c 极间）。若为 NPN 型管，把黑表笔接假设的 c 极，红表笔接假设的 e 极，如图 2-4 所示。若指针摆动较大，说明假设是正确的，反之是错误的。若为 PNP 型管，把红表笔接假设的 c 极，黑表笔接假设的 e 极，若指针摆动较大，说明假设正确，否则不正确。

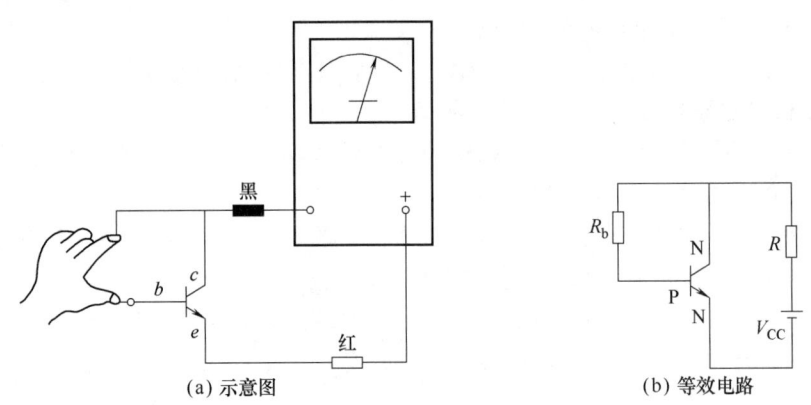

(a) 示意图　　　　　　　　　(b) 等效电路

图 2-4　判别三极管 c、e 电极的测试电路

三、基本放大电路

所谓基本放大电路，是指一个放大元件的简单电路。基本放大电路有共射极、共基极和共集电极 3 种形式。

由于放大电路中的电压和电流中既有直流分量又有交流分量，因而电压和电流的名称较多，为了区别，在无特殊声明时，规定用大写字母加大写下标 I_{BQ}、I_{CQ}、U_{CEQ}、U_{BEQ} 表示直流分量；用小写字母加小写下标 i_b、i_c、u_{ce} 表示交流分量或用 I_b、I_c、U_{ce} 表示正弦量的有效值；用小写字母加大写下标 i_B、i_C、u_{CE} 表示交直流的总电流或总电压的瞬时值。

（一）放大电路的组成

如图 2-5 所示的共射极放大电路需要 E_B 和 E_C 两个直流电源，在使用时既不方便也不经济。实际上常采用如图 2-6 所示基极回路与集电极回路共用一个电源 E_C 的放大电路。二者没有本质的区别，只是将 R_b 适当加大，由原来接到 E_B 的正极一端改接到 E_C 的正极上。E_C 也习惯不画电源的符号，只标出其对公共端（用符号 ⊥ 表示，又称参考点或地）的电压值和极性，所以图 2-6 又称共射极放大电路的习惯画法。

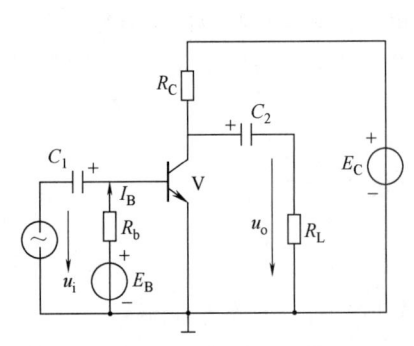　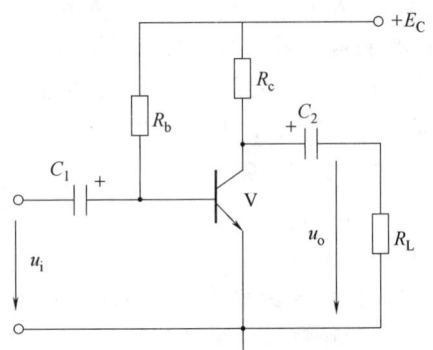

图 2-5　共射极基本放大电路　　　　图 2-6　共射极放大电路的习惯画法

（二）放大电路各组成部分的作用

三极管 V 是 NPN 型，担负着电流放大作用，是整个电路的核心。

直流电源 E_C 保证发射结正偏，集电结反偏，它又是放大电路的能源。三极管把能量微弱的信号放大成较强的信号，必须给其提供一个能源 E_C。这样就可以由能量较小的输入信号通过三极管控制 E_C 所供给的能量，使之输出较大的能量，所以放大的本质是实现能量的控制。

电阻 R_b 是基极偏流电阻，当 E_C 一定时，R_b 的阻值决定了基极偏流 I_B 的大小，通过适当选择 R_b 的阻值，可使放大电路获得合适的静态工作点。

电阻 R_C 是集电极负载电阻，它的作用是把三极管的电流放大转换成电压放大。因为，输入回路加入交变信号，发射结电压 U_{BE} 只要有少量的变化，就会引起较大的 I_B 变化（见三极管输入特性），通过电流放大，又会引起更大的 I_c 变化。因此，I_c 在 R_C 上产生的电压变化将比输入信号大许多倍，即 R_C 把电流放大转换成了电压放大。

电容 C_1 和 C_2 称为耦合电容，其作用是隔直流而通交流。隔直流的目的是防止负载或信号源影响放大电路的静态工作点，而对于有用的交流信号其呈现很小的阻抗，保证信号能顺利地通过。

（三）放大电路静态工作点的设置

输入信号为零时，称为放大电路处于静态，此时电路各处的电压、电流值分别用 I_{BQ}、U_{BEQ}、I_{CQ}、U_{CEQ} 来表示。由于这一组数值分别对应着三极管输入、输出特性曲线上的某一个点，故称为静态工作点。

1. 设置静态工作点的必要性

由于三极管发射结的单向导电性，如果没有直流基极电流 I_{BQ}，即 $I_{BQ}=0$ 时，当输入信号 u_i 在正半周，瞬时值大于死区电压时，三极管才能产生基极电流。而且输入特性的开始部分非线性很严重，使得 i_B 不能按比例地随着输入电压而变化；而当 u_i 在负半周时，发射结处于反偏，三极管截止。显然，负载 R_L 上获得的电压 u_o 的波形与输入信号 u_i 的波形完全变了样，如图 2-7 所示。这种现象，称为放大电路的失真。

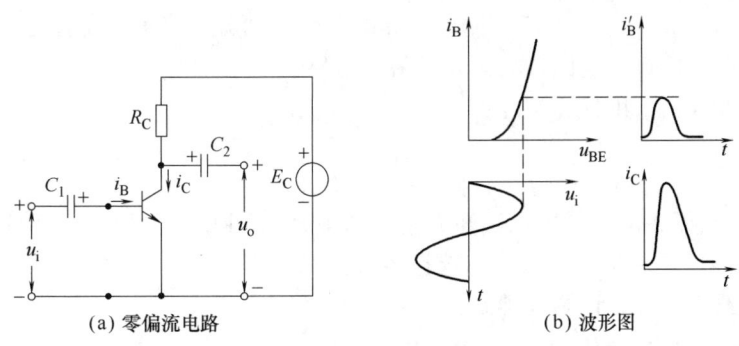

(a) 零偏流电路   (b) 波形图

图 2-7 放大电路在零偏流时的情况

2. 设置合适静态工作点的情况

由图 2-8（a）可见，在交流信号 u_i 未加入之前，由 E_C 通过 R_b 预先给三极管一个直流电压 U_{BEQ}，使三极管导通，产生一个 I_{BQ}、I_{CQ} 和 U_{CEQ}，即有一个静态工作点 Q，见图 2-8（b）。这样，当 u_i 为正半周时，三极管基极上的电压 $u_{BE}=U_{BEQ}+u_i$，三极管工作在放大状态；当 u_i 为负半周时，三极管基极上的电压 $u_{BE}=U_{BEQ}-u_i$，只要 $U_{BEQ}-u_i >$ 0.5V（硅管的死区电压），三极管发射结就处于正偏，工作在放大区。可见设置静态工作

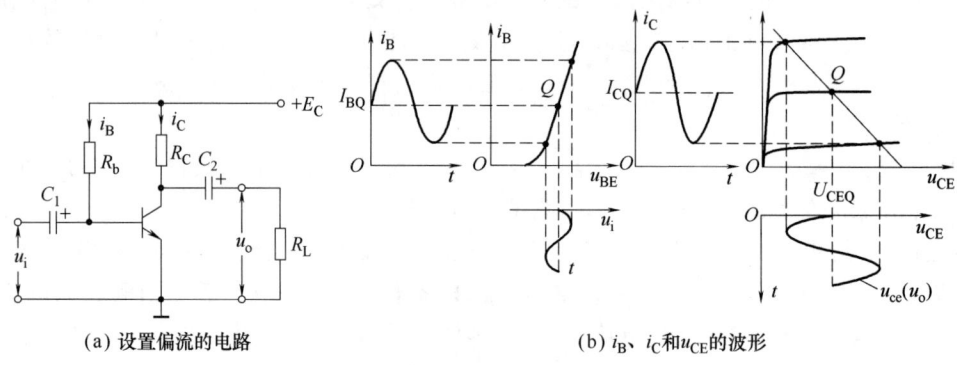

(a) 设置偏流的电路　　　　　　　　(b) i_B、i_C 和 u_{CE} 的波形

图 2-8　放大电路设置合适静态工作点的情况

点 Q 后，u_i 在整个周期内，三极管始终处于放大状态，从而获得不失真的放大电压信号。图 2-8（b）画出了设置合适的静态工作点 Q 时 i_B、i_C 和 i_{CE} 的波形。

3. 静态工作点的计算

静态工作点要根据直流通道求得。在图 2-8（a）中，因为 C_1、C_2 不通直流，所以把其所在支路断开，保留的电路便是直流通道，如图 2-9 所示。

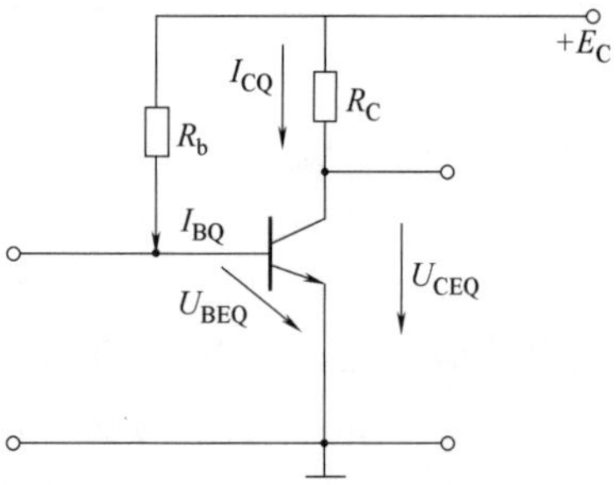

在图 2-9 中，若 E_C、R_b、R_C、β 已知，则可根据基尔霍夫电压定律（KVL）列出方程：

$$E_C = I_{BQ}R_b + U_{BEQ}$$

则
$$I_{BQ} = \frac{E_C - U_{BEQ}}{R_b} \tag{2-1}$$

图 2-9　图 2-8（a）的直流通道

从输入特性曲线上可见，U_{BEQ} 的数值很小，一般硅管 $U_{BEQ} \approx 0.7\text{V}$，锗管 $U_{BEQ} \approx 0.2\text{V}$。

由式（2-1）可知，当 R_b 值选定之后，I_{BQ} 就固定了，因此，图 2-8（a）电路称为固定偏置式电路。

由 I_{BQ} 可求得 I_{CQ} 和 U_{CEQ} 为：

$$I_{CQ} = \beta I_{BQ} \tag{2-2}$$

$$U_{CEQ} = E_C - I_{CQ}R_C \tag{2-3}$$

【例 2-1】　在图 2-8（a）中，已知 $E_C = 12\text{V}$，$R_C = 4\text{k}\Omega$，三极管为 3DG6，$\beta = 80$，如果静态时要获得 $U_{CEQ} = 6\text{V}$，问 R_b 应选择多大？

解：根据给定条件，计算步骤是：

由 $U_{CEQ} \to I_{CQ} \to I_{BQ} \to R_b$

因为　　　　　　　　　　　$U_{CEQ} = E_C - I_{CQ}R_C$

所以　　　　$I_{CQ} = \dfrac{E_C - U_{CEQ}}{R_C} = \dfrac{12-6}{4}(\text{mA}) = 1.5(\text{mA})$

$$I_{BQ} = \frac{I_{CQ}}{\beta} = \frac{1.5}{80}(\mu\text{A}) = 18.75(\mu\text{A})$$

由　　　　　　　　　　　　$E_C = I_{BQ}R_b + U_{BEQ}$

得　　　　$R_b = \dfrac{E_C - U_{BEQ}}{I_{BQ}} = \dfrac{12-0.7}{18.75}(\text{k}\Omega) \approx 603(\text{k}\Omega)$

4. 温度变化对静态工作点的影响

三极管是一种对温度十分敏感的元件。温度变化，管子的参数都将发生变化，但是通常需要考虑的是以下 3 个参数。首先，从输入特性看，温度升高时 U_{BEQ} 将减小。在固定偏置式电路中，由于 $I_{BQ} = \dfrac{E_C - U_{BEQ}}{R_b}$，因此 U_{BEQ} 减小，将导致 I_{BQ} 增大，I_{CQ} 增大。其次，温度升高时管子的 β 也将增大，表现在输出特性曲线之间的间距加大，如图 2-10 中虚线所示。最后，当温度升高时三极管的反相电流 I_{CBQ} 将急剧增加，这是因为反相电流是由少数载流子形成的，因此受温度的影响比较大。

综上所述，温度升高对三极管参数的影响，最终将导致集电极电流 I_C 增大。图 2-10 中实线表示在 20℃ 时三极管的输出特性，虚线表示温度上升至 50℃ 时的特性。由图可见，温度升高使静态工作点由 Q 点移至 Q' 点，接近饱和区，此时将使输出波形产生严重的饱和失真。

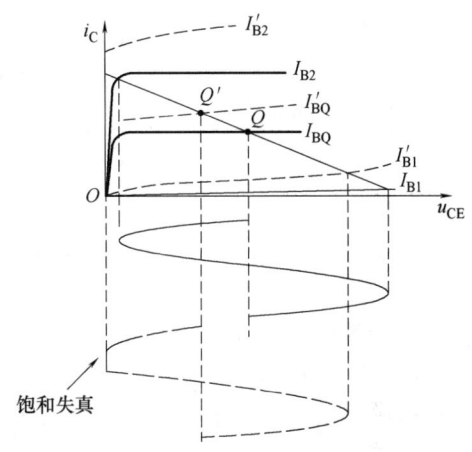

图 2-10 温度对 Q 点和输出波形的影响
（实线——20℃ 时的特性曲线
虚线——50℃ 时的特性曲线）

（四）放大电路的分析方法

放大电路的分析方法常用的有两种：图解法和微变等效电路法。图解法比较直观明了，但是必须借助于晶体管的特性曲线才能求解，而晶体管特性曲线又需查找晶体管手册，比较麻烦。本书仅介绍微变等效电路法。前已分析，三极管的输入、输出特性曲线是非线性的，但是，如果变化的信号是一个微小的变量（即微变），这样，在静态工作点附近的一个比较小的变化范围内，可以近似地认为是线性的。由此得到一系列的微变等效参数，从而得到三极管的微变等效电路，于是就可以利用电路原理中学过的有关线性电路的各种定理来求解三极管电路。

1. 三极管的简化等效电路

三极管共射极接法时的输入、输出特性如图 2-11 所示。从输入特性上看，在 Q 点附近特性曲线基本上是一段直线，即 Δi_B 与 Δu_{BE} 成正比，因此可以用一个等效电阻 r_{be} 来代表输入电压与输入电流的关系，即 $r_{be} = \Delta u_{BE} / \Delta i_B$。$r_{be}$ 称为三极管的输入电阻。对于低频小功率管，r_{be} 可用下式求得：

$$r_{be} = 300 + (1+\beta)\dfrac{26}{I_{EQ}} \quad (2-4)$$

再从图中输出特性曲线看，假定在 Q 点附近特性曲线基本上是水平的，则 Δi_C 与 u_{CE} 无关，而只取决于 Δi_B，即 i_C 好像是一个受 i_B 控制的电流源，所以从三极管输出端 c、e 看进去，可用一个大小为 $\beta \Delta i_B$ 的恒流源代替。

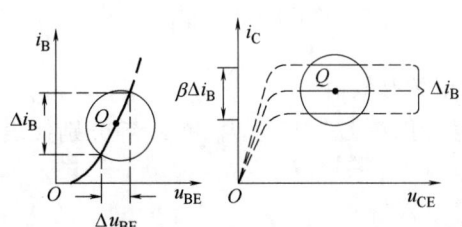

图 2-11 三极管等效参数的求法

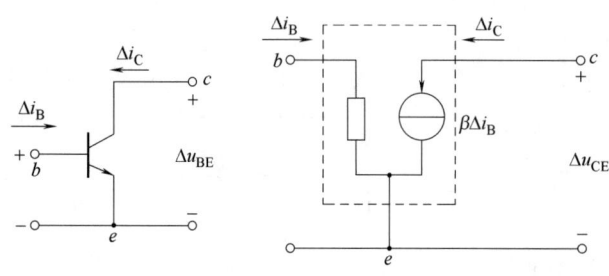

图 2-12 简化的三极管微变等效电路

这样就得到图 2-12 中的微变等效电路。由于忽略了 u_{CE} 对 i_C 的影响，也忽略了 u_{CE} 对输入特性的影响，所以称它为简化的微变等效电路。

2. 交流参数的定义和求法

在求交流参数时，必须找出它的交流通道。在图 2-13（a）中，C_1、C_2 容量很大，对于交流信号可视为短路；对于直流电源，由于其内阻很小，交流信号在其内阻上的压降可以忽略，因此，也把它视为短路，这样便得到图 2-13（b）所示的交流通道。如三极管用微变等效电路代替，就得到图 2-13（c）所示放大电路的微变等效电路。

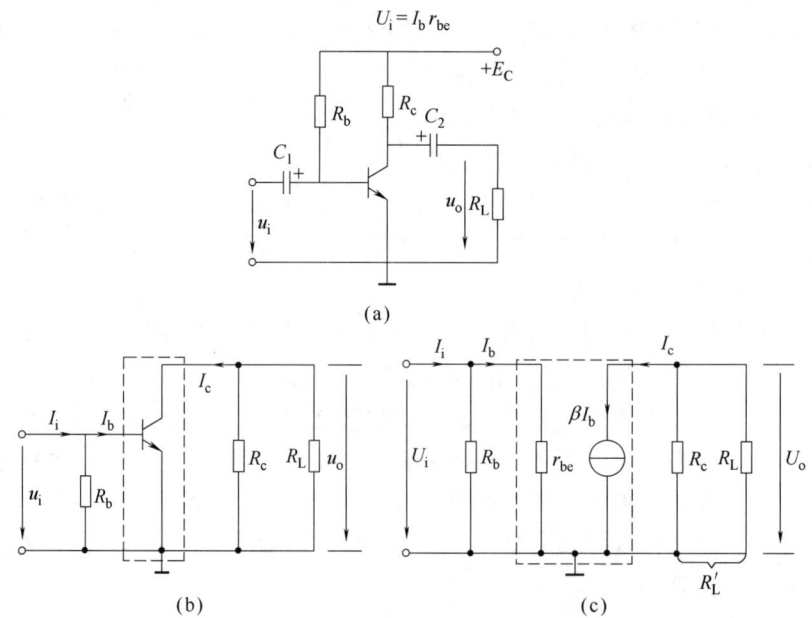

图 2-13 共射极放大电路及其微变等效电路

（1）电压放大倍数 A_u。为了衡量放大电路的放大能力，规定输出电压与输入电压变化量之比为电压放大倍数，用 A_u 表示。即：

$$A_u = \frac{U_o}{U_i} \tag{2-5}$$

其中 U_o 和 U_i 分别是输出电压和输入电压的正弦有效值。

现在假设图 2-13（c）加上一个正弦输入信号，图中 U_i、U_o、I_b 和 I_c 等分别代表有关量的有效值。根据等效电路的输入回路可得：

$$U_i = I_b r_{be}$$

由输出回路可知：

$$I_c = \beta I_b$$

且 $$U_o = -I_c R'_L$$
其中 $$R'_L = R_C // R_L$$
则 $$U_o = -\beta I_b R'_L$$
所以 $$A_u = \frac{U_o}{U_i} = -\frac{\beta R'_L}{r_{be}} \quad (2\text{-}6)$$

式中负号说明输出电压与输入电压反相 180°。此式为共射极放大电路的电压放大倍数。

（2）输入电阻 r_i。所谓输入电阻 r_i 就是从放大器输入端看进去的等效电阻。这个电阻值的大小等于输入电压 U_i 与输入电流 I_i 之比，即：

$$r_i = \frac{U_i}{I_i} \quad (2\text{-}7)$$

由图 2-13（c）看出：

$$r_i = \frac{U_i}{I_i} = R_b // r_{be} \quad (2\text{-}8)$$

对于 r_i 大小的要求，要具体分析。r_i 大，则放大电路向信号源（或前级放大电路）吸取的电流就小，减轻了信号源的负担；同时信号源内阻 R_s 上的压降小，使放大电路所得电压 U_i 接近信号电压 U_s。因此，作为测量电压仪表用的放大电路其 r_i 要大；测量电流仪表用的放大电路其 r_i 要小（因 r_i 要串入被测电路，r_i 越小，对被测电流影响就越小）。故此，输入电阻是放大电路重要的性能参数。

（3）输出电阻 r_o。对于负载 R_L 来讲，放大电路是一个信号源。因此从放大电路的输出端看进去，放大电路就相当于一个具有内阻 r_o 和电动势 E_o 的等效电路。这个内阻 r_o 就是放大电路的输出电阻。它的求法是：将输入信号电压源短路（即令 $U_i = 0$，但信号源内阻保留），在输出端将 R_L 取去，加一个交流信号 U_o，求出由它所产生的电流 I_o，此时输出电阻为：

$$r_o = \frac{U_o}{I_o} \bigg|_{\substack{R_L = \infty \\ U_i = 0}} \quad (2\text{-}9)$$

例如，对于图 2-13（c）等效电路，当 $U_i = 0$ 时，$I_b = 0$，此时电流源 βI_b 相当于开路，又因 R_L 取去，所以从输出端看进去只有 $r_o = R_c$ 存在，即：

$$r_o = R_c \quad (2\text{-}10)$$

第二节 正弦波振荡电路

一、自激振荡

（一）自激振荡的形成

1. 自激振荡的现象

通过扩音系统中的自激现象，感受放大器自激的效果，如图 2-14 所示。

2. 正弦波振荡电路的组成

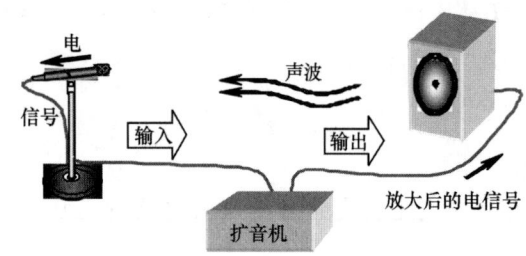

图 2-14 扩音系统图

正弦波振荡电路由放大器、反馈电路、选频网络和稳幅电路等部分组成,如图 2-15 所示。

由于电路通电的瞬间,电路将产生微小的噪声或扰动信号→电路对频率为 f_0 的正弦波产生正反馈过程,则输出信号 $u_o\uparrow \rightarrow u_f \uparrow (u_i' \uparrow) \rightarrow u_o \uparrow$。于是 u_o 越来越大,由于管子的非线性特性,当 u_o 的幅值增大到一定程度时,放大倍数将减小(稳幅)→电路达到动态平衡。

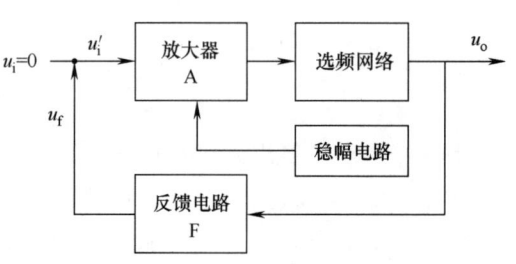

图 2-15 自激振荡系统图

(二)自激振荡产生的条件

1. 相位平衡条件

要维持振荡,电路必须是正反馈,其条件是:$\varphi = 0$ 或 $\varphi = \varphi_A + \varphi_F = 2n\pi$($n = 0, 1, 2, 3, \cdots$),其中 φ_A 为放大器的相移,φ_F 为反馈电路的相移,φ 为相位差。

即,反馈电压的相位与净输入电压的相位必须相同,即反馈回路必须是正反馈。

2. 振幅平衡条件

自激振荡的振幅平衡条件是:$AF \geq 1$。

即,要维持等幅振荡,反馈电压的大小必须等于净输入电压的大小,即 $u_f = u_i'$。

二、常用振荡电路

正弦波振荡电路按反馈网络性质分类可分为两大类:

RC 振荡电路:由电阻、电容元件和放大电路组成的振荡电路。

LC 振荡电路(含石英晶体振荡电路):由电感、电容元件和放大电路组成的振荡电路。

(一)RC 桥式振荡电路

1. RC 网络的选频特性

将电阻 R_1 与电容 C_1 串联、电阻 R_2 与电容 C_2 并联所组成的网络称为 RC 串并联选频网络。通常选取 $R_1 = R_2 = R$,$C_1 = C_2 = C$。

(1)谐振频率 f_0 取决于选频网络 R、C 元件的数值,计算公式为:$f_0 = 1/2\pi RC$。

(2)当输入信号的频率 $f = f_0$ 时,输出电压 u_o 幅度最大为 $u_i/3$,其输出信号与输入信号之间的相移 $\varphi_F = 0$。

(3)在 $f \neq f_0$,输出电压幅度很快衰减,其存在一定的相移,所以 RC 串并联网络具有选频特性。

2. 电路组成

如图 2-16 所示，由 R_1C_1 和 R_2C_2 构成具有选频作用的正反馈支路。

由同相输入运放构成的放大器，二者构成了正反馈放大器。

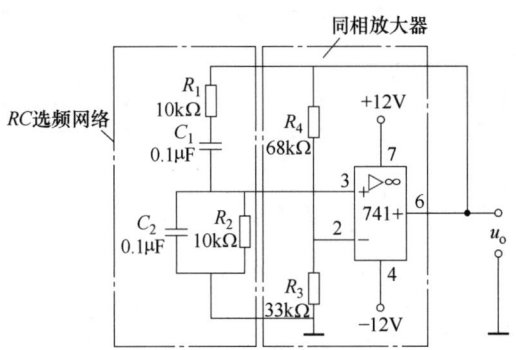

3. 振荡原理

（1）相位条件。同相放大器的输入与输出信号相位差为 $0°$，RC 串并联选频网络的移相也为 $0°$，满足正弦波振荡的相位平衡条件。

（2）幅度条件。$f=f_0$ 时，RC 选频网络反馈系数 $F=1/3$。同相放大器的放大倍数 $A=1+R_4/R_3$，只要 R_3 和 R_4 的取值满足 $R_4 \geqslant 2R_3$ 时，$A \geqslant 3$，振荡电路就满足振荡的幅度平衡条件 $AF \geqslant 1$。

图 2-16　RC 桥式正弦波振荡电路原理图

4. 振荡频率

通常情况下选取 $R_1=R_2=R$，$C_1=C_2=C$，则振荡频率为：$f_0=1/2\pi RC$。

5. RC 振荡电路的稳幅

如图 2-17 所示是利用二极管的非线性特性自动完成稳幅。

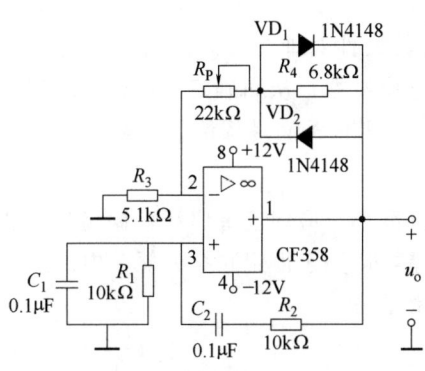

图 2-17　RC 振荡稳幅电路原理图

当振荡电路输出幅值增大时，流过二极管的电流增大使二极管的动态电阻减小、同相放大器的负反馈得到加强，放大器的增益下降，从而使输出电压稳定。

电阻 R_4 选用负温度系数热敏电阻，当输出电压升高时，通过负反馈电阻 R_4 的电流增大，即温度升高，R_4 阻值减小，负反馈增强，输出幅度下降，从而实现稳幅。

电阻 R_3 选用正温度系数的热敏电阻，同样可以实现稳幅。

RC 桥式振荡电路的频率调节方便，波形失真度小，频率调节范围宽，适用于所需正弦波振荡频率较低的场合。当振荡频率较高时，应选用 LC 正弦波振荡电路。

（二）LC 正弦波振荡电路

LC 正弦波振荡电路是一种高频振荡电路。常用的 LC 正弦波振荡电路有变压器反馈式、电感三点式和电容三点式三种。

1. LC 并联网络的选频特性

LC 振荡电路采用 LC 并联谐振电路作为选频网络，如图 2-18 所示，其中 R 表示电感和电容的等效损耗电阻。

信号频率 f 较低时，电容的容抗很大，网络呈感性；

在信号频率 f 较高时，网络呈容性；

只有当 $f=f_0$ 时，网络才呈阻性，其阻抗无穷大，相移

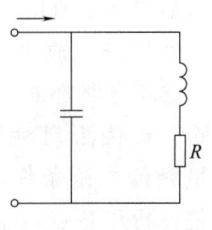

图 2-18　LC 并联谐振回路

$\varphi=0°$。

LC 并联网络的谐振频率为：$f_0=1/2\pi\sqrt{LC}$

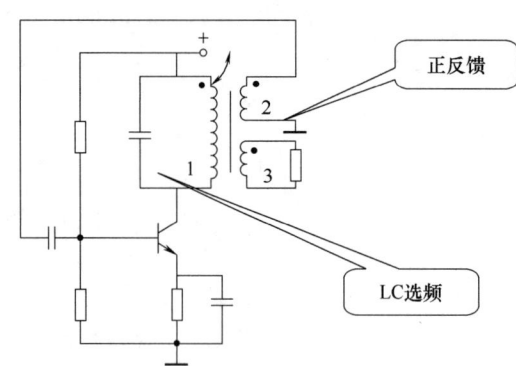

图 2-19 变压器反馈式振荡电路原理图

2. 变压器反馈式振荡电路（图 2-19）

（1）电路组成。采用分压式偏置的共射放大电路；

L_1C 并联回路为选频振荡回路；

变压器二次绕组 L_2 作为反馈绕组，将输出电压的一部分反馈到输入端；

L_3 作为振荡信号输出。

（2）振荡原理。幅度条件：只要三极管的电流放大倍数 β 及 L_1 和 L_2 的匝数比合适，一般情况下，幅度平衡条件容易满足。

相位条件必须正确连接反馈绕组 L_2 的极性，使之符合正反馈的要求，满足相位平衡条件。

判断电路是否满足相位平衡条件通常采用瞬时极性法，具体判断步骤如下：

断开反馈支路与放大电路输入端的连接点。

在断点处的放大电路输入端引入信号 u_i，并设其极性对地为正，然后按照先放大支路，后反馈支路的顺序，逐次推断有关电路各点的电位极性，从而确定 u_i 和 u_f 的相位关系。如果 u_i 和 u_f 同相，则电路满足相位平衡条件。否则，不满足相位平衡条件。

（3）振荡频率。振荡频率为：$f_0\approx1/2\pi\sqrt{LC}$。

变压器反馈式振荡电路易于产生振荡，波形失真度小，应用范围广泛，振荡频率通常在几兆赫至几十兆赫之间，但振荡频率的稳定性较差，适用于固定频率的振荡电路。

【例 2-2】 判断如图 2-20 所示电路能否产生自激振荡。

解： 如图 2-20（a）所示电路中，三极管 VT 基极偏置电阻 R_{b2} 被反馈绕组 L_2 短路接地，使 VT 处于截止状态，不能进行放大，所以电路不能产生自激振荡。

如图 2-20（b）所示电路中，经检查，放大电路、反馈和选频电路都能正常工作。用瞬时极性法判断电路是否满足相位平衡条件，具体做

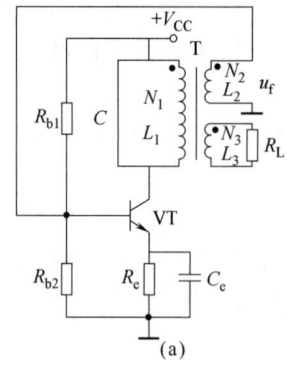 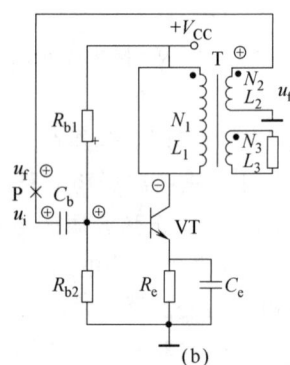

图 2-20 ［例 2-2］图

法是：断开 P 点，在断开处引入信号 u_i，给定极性对地为正（用 ⊕ 表示），根据共射电路的倒相作用，可知集电极电位为负（用 ⊖ 表示），于是 L_1 同名端为正，根据同名端的定义可知，L_2 同名端也为正，反馈电压 u_f 极性为正，显然 u_f 和 u_i 同相，所以电路能产生

自激振荡。

3. 电感三点式振荡电路

(1) 电路组成。R_{b1}、R_{b2} 和 R_e 为偏置电阻。

L_1、L_2 和 C 组成了选频网络，反馈电压取自 L_2 两端。

C_b 为耦合电容，C_e 为旁路电容。

由于电感的三个引出端分别与三极管的三个电极相连，所以称为电感三点式振荡电路。

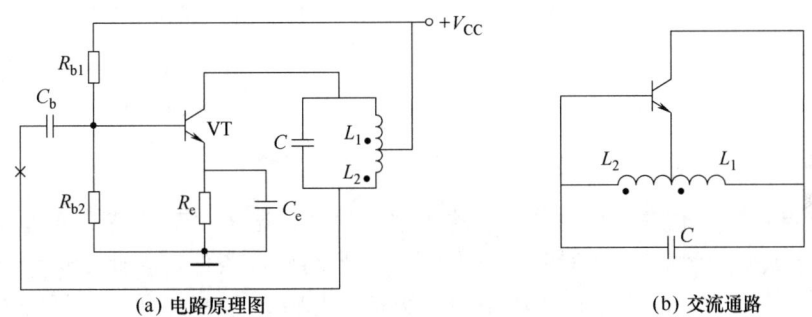

(a) 电路原理图　　　　　　　　　(b) 交流通路

图 2-21　电感三点式振荡电路

(2) 振荡原理。

① 相位平衡条件：采用瞬时极性法判断，从三极管基极引入一个 u_i，其瞬时极性为 ⊕ 的信号，如图 2-21（a）所示。

② 幅度条件：改变绕组的抽头，可以调节反馈量的强度，使电路满足振幅平衡条件，就能振荡并产生一定频率的正弦信号。

(3) 振荡频率。电路的振荡频率等于 LC 并联电路的谐振频率，即 $f_0 = 1/2\pi\sqrt{LC}$。式中，$L = L_1 + L_2 + 2M$，其中 M 是 L_1 与 L_2 之间的互感系数。

电感三点式振荡电路结构简单，容易起振，改变绕组抽头的位置，可调节振荡电路的输出幅度。采用可变电容 C 可获得较宽的频率调节范围，工作频率一般可达几十千赫兹至几十兆赫兹。但波形较差，其频率稳定性也不高，通常用于对波形要求不高的设备中，如接收机的本机振荡电路等。

4. 电容三点式振荡电路

(1) 电路组成。选频网络由电感 L、电容 C_1、电容 C_2 组成，选频网络中的"1"端通过输出耦合电容 C_c 接集电极，"2"端通过旁路电容 C_e 接发射极，"3"端通过耦合电容 C_b 接基极。

由于电容的三个端子分别与三极管 VT 的三个电极相连，故称为电容三点式振荡电路。

(2) 振荡原理。用瞬时极性法判断：各点瞬时极性变化如图 2-22（b）所示。u_f 与 u_i 同相，即电路为正反馈，满足相位平衡条件。

适当选择 C_1 和 C_2 的数值，就能满足幅度平衡条件，电路起振。

(3) 振荡频率 f_0。振荡频率由 LC 回路谐振频率确定，电路的振荡频率为

$f_0 \approx 1/2\pi\sqrt{LC}$　式中，$C = C_1C_2/(C_1+C_2)$

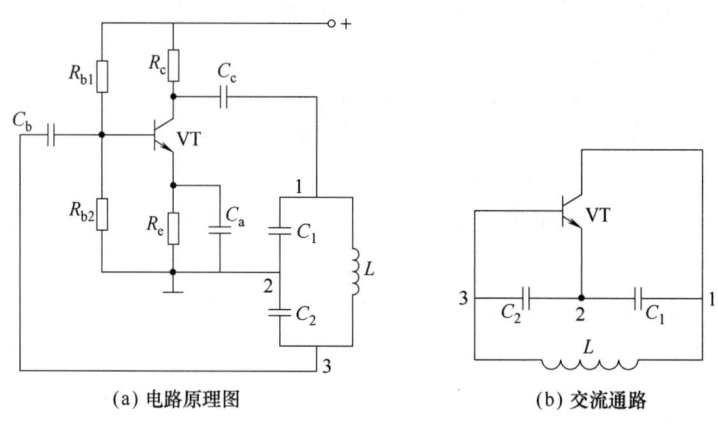

(a) 电路原理图　　　　　　　(b) 交流通路

图 2-22　电感三点式振荡电路

电容三点式振荡电路的结构简单，输出波形较好，振荡频率较高，可达 100MHz 以上。调节 C_1 或 C_2 可以改变振荡频率，但同时会影响起振条件，因此，这种电路适用于产生固定频率的振荡。实用中改变频率的办法是在电感 L 两端并联一个可变电容，用来微调频率。

第三节　直流稳压电源

一、半导体二极管基础知识

图 2-23　二极管的符号

半导体二极管是由 PN 结两端加上引线和管壳构成的。

（一）二极管的类型及结构

二极管符号如图 2-23 所示，类型和特点如表 2-1 所示。

（二）二极管的特性

二极管最主要的特点就是单向导电性，其特点可以用伏安特性曲线说明。所谓伏安特性曲线就是电压与电流的关系曲线，如图 2-24 所示，图中实线为硅二极管、虚线为锗二极管的特性。

表 2-1　　　　　　　　　　半导体二极管类型、特点

二极管的类型	特点	适用场合
点接触型	结面积小，不能通过大电流	适用于高频小功率的场合
面接触型	结面积大，能通过较大电流	适用于低频大功率的场合

二极管的伏安特性曲线可分为下列 4 个区域。

1. 死区

当二极管外加正向电压较小时，外电场还不足以克服内电场对多子扩散运动所造成的阻力，因此正向电流仍很小（二极管处于正向截止）。图 2-24 中的 OA 段（实线）称为死区，A 点电压称为死区电压，硅管约为 0.5V，锗管约为 0.2V。

2. 导通区

当二极管的正向电压大于或等于死区电压时，外电场大大削弱了内电场的阻挡作用，使多子快速扩散形成较大的正向电流，且随着电压的增加，正向电流迅速增大，如图2-24中的 AB 段所示。硅二极管电流上升曲线比锗二极管更陡。正向导通且电流不太大时的管压降，硅管为 $0.6\sim0.8V$，锗管为 $0.2\sim0.3V$。

3. 反向截止区

当二极管加上反向电压时，由于反向电压是增加内电场的，故使PN

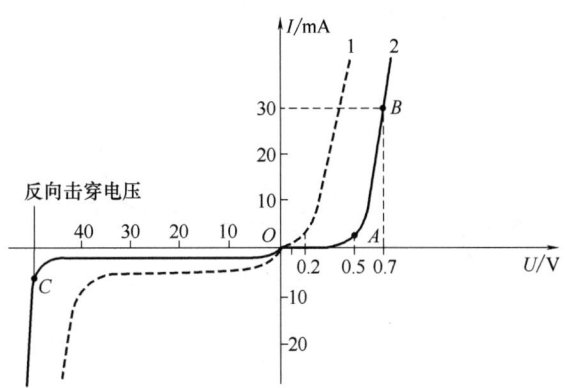

图 2-24　二极管的伏安特性曲线图
1—实线硅管　2—虚线锗管

结加宽，只有极小的载流子引起反向电流通过二极管，此时二极管处于截止状态。反向电压增加，反向电流基本不变，故反向电流又称为反向饱和电流。在同样的条件下，硅管的反向电流比锗管更小。

二极管的反向电流具有两个特点：一是它随温度的上升而增加很快；二是当外加反向电压在一定范围内变化时，反向电流基本不变，如图2-24中的 OC 段。

4. 反向击穿区

反向电压高于一定值后反向电流急剧增大，这种现象称为击穿。击穿时的反向电压称为反向击穿电压，见图2-24中的 C 点。二极管击穿时，将造成永久性的破坏。因此在使用二极管时，加在二极管上的反向电压，不得超过反向击穿电压。

（三）二极管的主要参数

（1）最大平均整流电流 I_F，指管子长期运行允许通过的最大正向平均电流，它由PN结的面积和散热条件决定。使用时应注意通过二极管的平均电流不能大于这个数值，并满足散热条件，否则将导致二极管的损坏。

（2）最大反向电压 U_{RM}，指二极管在使用时允许加的最大反向电压，超过此值就有击穿的危险。为了确保管子的安全工作，一般给出击穿电压值的一半作为 U_{RM}。

（3）反向电流 I_R，指管子未击穿时的反向电流的数值，反向电流越小，管子的单向导电性越好。温度对反向电流影响很大，使用时应加以注意。

二、稳压二极管及稳压电路

稳压二极管是一种特殊的二极管，它工作在反向击穿状态下。它利用PN结的反向击穿特性，采用特殊工艺方法制造，使其在规定的方向电流范围内可以重复击穿。当稳压二极管工作在击穿状态时微小的端电压变化就会引起通过其中电流的急剧变化，利用这种特性在电路中与适当的电阻配合就能起到稳定电压的作用。稳压二极管的表示符号，如图2-25（a）所示。

1. 稳压二极管的伏安特性

稳压二极管的伏安特性与普通二极管基本相似，其主要区别是稳压二极管的反向特性曲线比普通二极管更陡，其曲线如图2-25（b）所示。

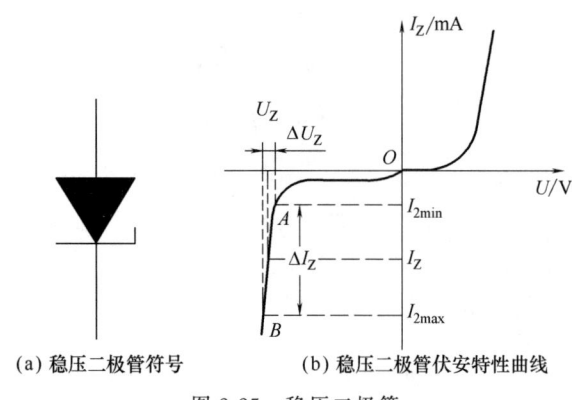

图 2-25　稳压二极管

从反向特性曲线上可以看出，当反向电压比较小时，反向电压在一定范围内变化，反向电流很小而且基本不变；当反向电压增高到击穿电压时，反向电流突然剧增，稳压二极管反向击穿。此后，电流虽然在很大范围变化，但稳压二极管两端的电压变化很小。利用这一特性，稳压二极管在电路中能起到稳压作用。在使用时要注意，由"击穿"转化为"稳压"的决定条件是外电路中必须有限制电流的措施，使稳压二极管不会因过热而损坏。

2. 稳压二极管的主要参数

（1）稳定电压 U_Z 和稳定电流 I_Z。稳定电压就是稳压管在正常工作下管子两端的电压。同一型号的稳压管，由于制造方面的原因，其稳压值也有一定的分散性。如2CW18，其稳定电压 $U_Z=10\sim 12\text{V}$。

稳定电流常作为稳压管的最小稳定电流 I_{Zmin} 来看待。一般小功率稳压管可取 I_Z 为 5mA。如果反向工作电流太小，会使稳压管工作在反向特性曲线的弯曲部分而使稳压特性变坏。

（2）最大稳定电流 I_{Zmax} 和最大允许耗散功率 P_{ZM}。最大稳定电流是稳压二极管允许通过的最大电流，在工作时的电流应小于这个电流，若超过，二极管会因为电流过大造成热击穿而损坏。

最大允许耗散功率 $P_{ZM}=U_Z I_{Zmax}$，如果管子的电流超过最大稳定电流 I_{Zmax}，将会使管子的实际功率超过最大允许耗散功率，管子将会发生热击穿而损坏。

最大稳定电流 I_{Zmax} 和最大允许耗散功率 P_{ZM} 这两个参数是为了保证管子安全工作而规定的。

（3）电压温度系数 a_v。电压温度系数 a_v 是说明稳定电压 U_Z 受温度变化影响的系数。例如2CW18稳压管的电压温度系数为 0.095%/℃，就是说温度每增加1℃，其稳压值将升高0.095%。一般稳压值低于6V的稳压管具有负的温度系数；高于6V的稳压管具有正的温度系数。稳压值为6V左右的管子其稳压值基本上不受温度的影响，因此，选用6V左右的管子可以得到较好的温度稳定性。

（4）动态电阻 r_Z。动态电阻是指稳压管在正常工作时，两端电压的变化量 U_Z 与相应的电流变化量 I_Z 的比值。稳压管的反向特性曲线越陡，动态电阻越小，稳压性能就越好。r_Z 的数值在几欧至几十欧之间。

三、二极管的检测

在实际工作中，有些二极管外部没有特殊的标志，常用万用表的电阻挡，通过测试二极管正、反向电阻来判断二极管的管脚极性及质量。测量时一般用 R×1k 挡或 R×100 挡进行测试，不允许用 R×1 挡和 R×10k 挡进行测量，否则会造成被测二极管损坏。

测量时首先调好工作挡，然后将两表笔短接进行调零，调零后的具体测试如下。

（一）正、负电极的判断

（1）观察外壳上的符号标记。通常在二极管的外壳上标有二极管的符号，带有三角形箭头的一端为正极，另一端为负极。

（2）观察外壳上的色点。在点接触二极管的外壳上，通常标有极性色点（白色或红色）。一般标有色点的一端即为正极，还有的二极管上标有色环，带色环的一端则为负极。

（3）若遇到型号和标记不清楚时，用万用表的欧姆挡进行判别，主要是利用二极管的单向导电性，其反向电阻远大于正向电阻。万用表欧姆挡一般选在 R×100 挡或 R×1k 挡，测量时两表笔分别接被测二极管的两个电极，如图 2-26（a）（b）所示。若测得阻值为几百欧姆至几千欧姆（对锗二极管为 100Ω～1kΩ），则黑表笔所接的一端为正极，红表笔所接的一端为负极；若电阻值在几十千欧到几百千欧，则红表笔接的是二极管的正极，黑表笔接的是二极管的负极。

（4）数字万用表的二极管挡也可测量，好的二极管其正向导通压降，硅管一般在 0.7V 左右，锗二极管一般约为 0.3V，在显示该电压情况下，红表笔为二极管的正极。

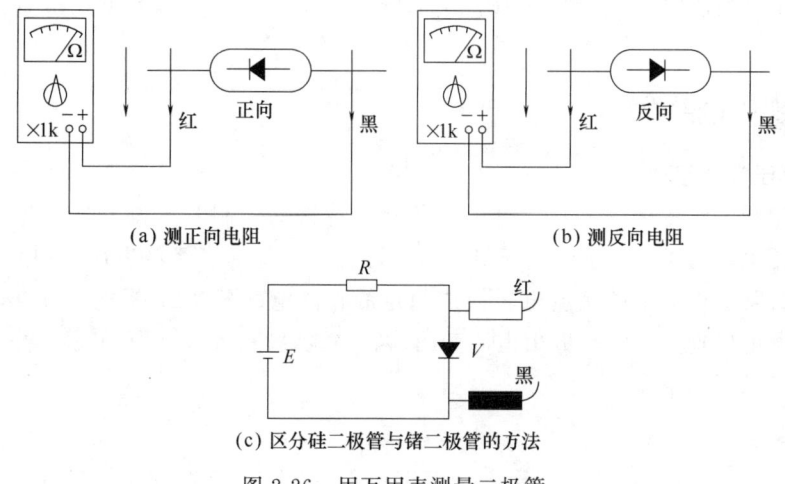

图 2-26 用万用表测量二极管

（二）好坏的判断

一般二极管的反向电阻比正向电阻大几百倍，所以可以通过测量正、反向电阻来判断二极管的好坏。小功率硅二极管正向电阻为几百欧到几千欧，锗二极管为 100～1000Ω，表 2-2 可作为判断二极管好坏的参考。

表 2-2　　　　　　　　　　判断二极管好坏的参考值

正向电阻	反向电阻	管子好坏
100Ω 至几千欧	几十千欧至几百千欧	好
0	0	短路损坏
无穷大	无穷大	开路损坏
正、反向电阻比较接近		管子失效

(三) 硅管、锗管的区分

如果不知道被测的二极管是硅管还是锗管，可借助于图 2-26（c）所示电路来判断，图中 E 为 1.5V 电源电动势，R 为限流电阻（检波二极管 R 可取 200Ω，其他二极管只可取 1kΩ），用万用表测量二极管正向压降。

（1）若指针指示在刻度中间偏右一点——硅管。

（2）若指针指示靠近 0 的位置——锗管。

（3）使用数字万用表的二极管挡也可测量，好的二极管其正向导通压降，硅管一般约为 0.7V，锗二极管一般约为 0.3V。

检测时的注意事项：由于二极管正向特性曲线起始端的非线性，PN 结的正向电阻随外加电压的变化而变化，所以同一只二极管用不同的电阻挡测得的正向电阻读数是不一样的。

(四) 一般二极管的选用

选二极管时不能超过它的极限参数，即最大整流电流、最高反向工作电压、最高工作频率、最高结温等，并留有一定的余量。此外，还应根据技术要求进行选择。

（1）当要求反向电压高、反向电流小、工作温度高于 100℃ 时应选硅管。需要导通电流大时，应选面接触型硅管。

（2）要求导通压降较低时选锗管，工作频率较高时，选点接触型二极管（一般为锗管）。

四、直流稳压电路

(一) 稳压电源组成

在日常生活中，各种放大器、电子设备及各种自动控制装置都是使用稳定的直流电源。直流稳压电路可以由直流发电机和各种电池提供，但为了经济适用，利用半导体的单向导电性将日常适用的工频交流电转换成稳定的直流电。图 2-27 是把工频交流电转换成直流稳压电源的原理图，它一般由电源变压器、整流电路、滤波电路和稳压电路四个部分组成，各部分功能如下：

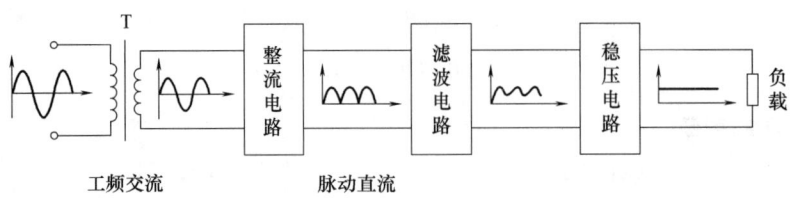

图 2-27 直流稳压电路原理图

（1）电源变压器。将电网提供的工频交流电变换为符合用电设备所需的正弦交流电。

（2）整流电路。利用具有单向导电性能的整流元件，将正负交替的正弦交流电压整流成为单方向的脉动电压。

（3）滤波电路。滤波电路由电容、电感等储能元件组成。它的作用是尽可能地将单向脉动电压中的脉动成分滤掉，使输出电压成为比较平滑的直流电压。

（4）稳压电路。采取某些措施，使输出的直流电压在电网电压或负载电流发生变化时保持稳定。

（二）整流电路

由前面知识可知，二极管具有单向导电性，因此可以利用二极管的这一特性组成整流电路，可将交流电压变换为单向脉动电压。在小功率直流电源中，经常采用单相半波、全波和单相桥式整流电路。

1. 单相半波整流电路

（1）工作原理及参数计算。图 2-28（a）为单相半波整流电路，它是最简单的整流电路。由电源变压器 T、整流二极管 VD 及负载电阻 R_L 组成。

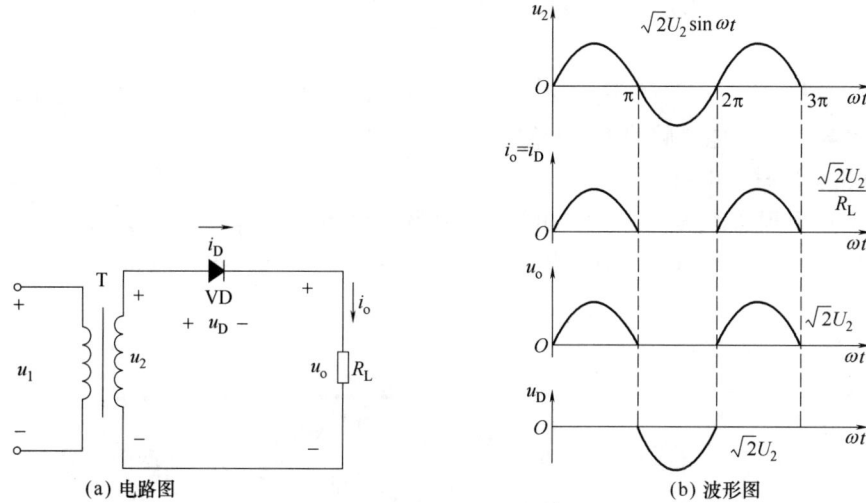

图 2-28 单相半波整流电路

设变压器副边的电压 $u_2=\sqrt{2}U_2\sin\omega t$。在变压器副边电压 u_2 为正的半个周期内，二极管导通，电流经过二极管流向负载，在 R_L 上得到一个极性上正下负的电压；而在 u_2 为负的半个周期内，二极管反向偏置，电流基本上等于零。所以，在负载电阻 R_L 两端得到的电压 u_o 的极性是单方向的。波形图如图 2-28（b）所示。

设整流二极管 VD 是理想二极管，即其正向电阻为零，反向电阻为无穷大，同时忽略整流电路中变压器等的内阻。在正半周内流过负载的电流 i_o 和二极管的电流 i_D 为 $i_o=i_D=\dfrac{u_2}{R_L}$；由于二极管导通时其管压降 u_D 可以忽略，则负载上的电压 u_o 等于变压器的副边电压 u_2，即在正半周内 $u_o=u_2$，$u_D=0$。在负半周内，二极管截止，因此 $i_o=i_D=0$；此时，负载上的输出电压也等于零，而二极管两端承受一个反向电压，其值就是变压器副边电压 u_2，即 $u_o=0$，$u_D=u_2$。

由上可知，负载电阻上得到的整流电压 u_o 是大小变化的单向脉动直流电压，u_o 的大小常用一个周期的平均值表示，其平均值 U_o 和 I_o 可以分别用直流电压表和直流电流表测量，也可以用积分的方法求得，计算方法如下：

$$U_o=\frac{1}{2\pi}\int_0^\pi u_o\mathrm{d}(\omega t)=\frac{1}{2\pi}\int_0^\pi \sqrt{2}U_2\sin\omega t\cdot\mathrm{d}(\omega t)=0.45U_2$$

即：

$$U_o = 0.45U_2 \qquad (2\text{-}11)$$

流过负载电阻 R_L 的直流电流平均值为：

$$I_L = \frac{U_o}{R_L} = 0.45\frac{U_2}{R_L} \qquad (2\text{-}12)$$

（2）二极管的选择。二极管可根据两个参数来选择：一是通过二极管的电流 I_D，二是二极管截止时承受的最高反向电压 U_{RM}。

由于二极管与负载电阻是串联的，因此二极管的电流就是负载 R_L 中的电流，即 $I_D = I_o$。

电路中二极管截止时承受的最高反向电压就是变压器二次电压的幅值 U_{2M}，即 $U_{RM} = U_{2M} = \sqrt{2}U_2$。

由以上分析可知，半波整流电路具备电路简单、元件少的优点，但交流电压只有半个周期得到利用，输出电压脉动大、利用率低，$U_o \approx 0.45U_2$。

2. 单相全波整流电路

（1）工作原理及参数计算。单相全波整流电路如图 2-29（a）所示，它由一个具有中心抽头的电源变压器和两只整流二极管及负载电阻 R_L 组成，输出波形图如图 2-29（b）所示。

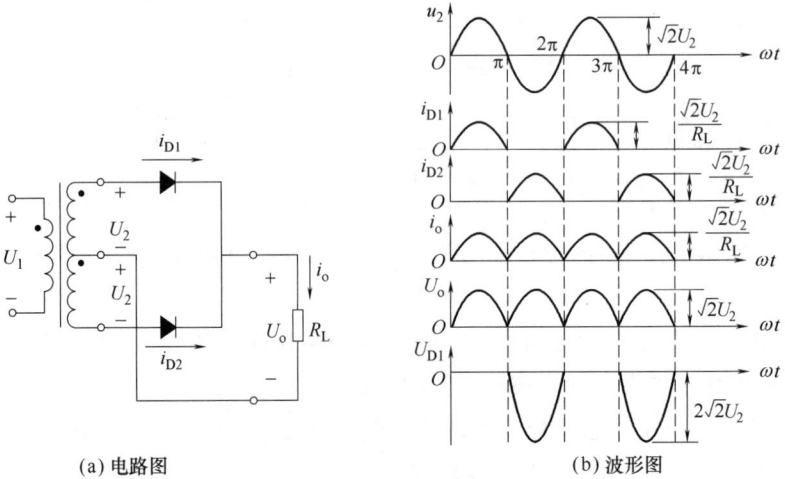

(a) 电路图   (b) 波形图

图 2-29 单相全波整流电路

设变压器副边的电压 $u_2 = \sqrt{2}U_2\sin\omega t$。当 u_2 为正半周时，二极管 D_1 导通，D_2 截止，$i_o = i_{D1}$、$i_{D2} = 0$；当 u_2 为负半周时，二极管 D_2 导通，D_1 截止，$i_o = i_{D2}$、$i_{D1} = 0$。可见在整个周期内，两个二极管轮流导通、截止，使负载 R_L 中都有电流通过，而且方向不变，由此得出输出波形如图 2-29（b）所示。

比较图 2-28（b）和图 2-29（b）可知，全波整流电路相当于两个半波整流电路的组合，其输出电压的平均值为半波整流电路的两倍，即：

输出电压的平均值：

$$U_o \approx 0.9U_2 \qquad (2\text{-}13)$$

输出电流的平均值：

$$I_L = 0.9 \frac{U_2}{R_L} \tag{2-14}$$

（2）二极管的选择。由于两个二极管轮流导通，所以流过每只二极管的平均电流为输出电流的一半，即 $I_D = 0.5 I_o$。

由于两个二极管轮流导通，如果忽略管子的导通压降和反向漏电流，则二极管所承受的反向电压为 u_2 的两倍，即 $U_{RM} = 2\sqrt{2} U_2$。

单相全波整流电路输出电压平均值大，脉动较小，但变压器副边需要中心插头，结构复杂，而且二极管承受的反向电压较高。

3. 单相桥式整流电路

（1）工作原理及参数计算。为了克服单相半波整流和全波整流的缺点，现广泛采用单相桥式整流电路。它由四个二极管接成电桥形式，电路图如图 2-30 所示。

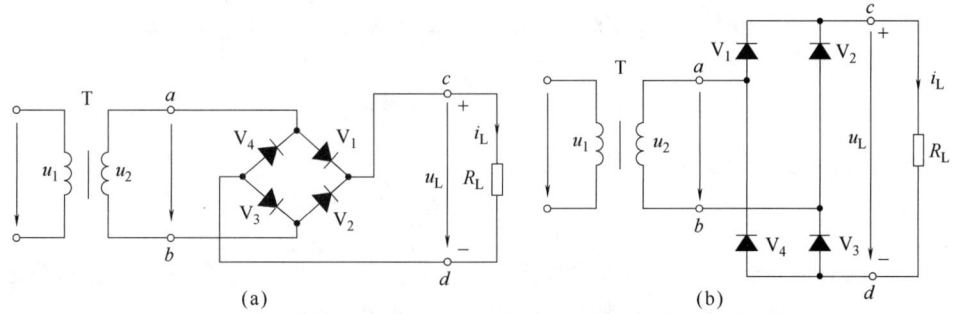

图 2-30 单相桥式整流电路

设变压器副边的电压 $u_2 = \sqrt{2} U_2 \sin\omega t$。当 u_2 为正半周时，即变压器副边的 a 端为"＋"，b 端为"－"，a 端的电位高于 b 端，二极管 V_1 和 V_3 承受正向电压而导通，V_2 和 V_4 承受反向电压而截止。电流的方向由图 2-30 分析可知，从变压器副边的 a 端流出，通过 V_1 流经负载 R_L 再通过 V_3 回到 b 端流入变压器。若忽略二极管 V_1 和 V_3 的正向压降，则负载电压 $u_L = u_2$。这时二极管 V_2 和 V_4 承受的反向电压近似等于 u_2，其最大值 U_{RM} 为：$U_{RM} = \sqrt{2} U_2$。

当 u_2 为负半周时，b 端为"＋"，a 端为"－"，二极管 V_2 和 V_4 导通，V_1 和 V_3 截止。电流从 b 端流出，通过 V_2 流经 R_L，再通过 V_4 回到 a 端。此时同样可以认为 $u_L = |u_2|$。V_1 和 V_3 承受的反向电压最大值仍为 $\sqrt{2} U_2$。

总之，在电源电压变化的一个周期内，负载 R_L 上都始终有一个方向不变的电流流过，R_L 上始终为同一极性的电压。电源电压 u_2、负载电压 u_L 和负载电流的波形如图 2-31 所示。

由上述可知，单相桥式整流电路是 V_1 和 V_3、V_2 和 V_4 串联后轮流导通的，相当于在负载电阻上的电压和电流是单相全波脉动电压和电流。比较图 2-30（b）和图 2-29（b）可知，单相桥式整流电路的输出电压和输出电流的平均值与全波整流时相同，即：

单相桥式整流电路的输出电压：

$$U_o \approx 0.9 U_2 \tag{2-15}$$

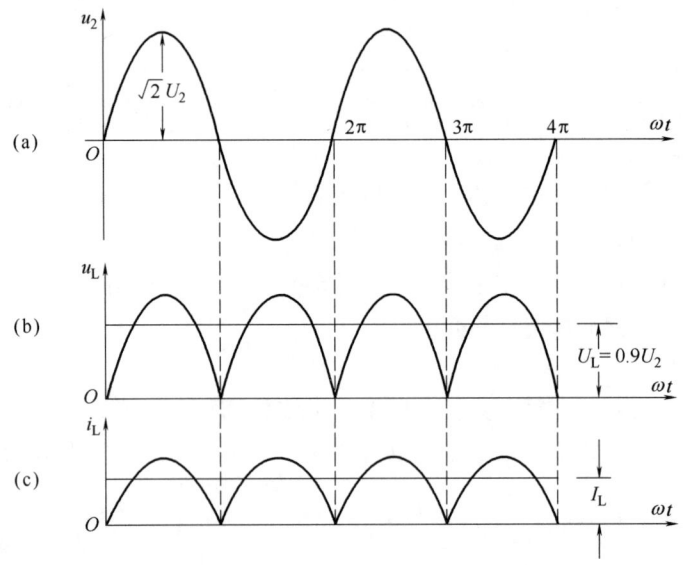

图 2-31 桥式整流波形

单相桥式整流电路的输出电流：

$$I_L = 0.9 \frac{U_2}{R_L} \tag{2-16}$$

（2）二极管的选择。在单相桥式整流电路中，由于每两只二极管串联后轮流导通，所以流过每只二极管的平均电流为输出电流的一半，即 $I_D = 0.5I_o$。

在变压器副边，由于每两只二极管串联后轮流导通，如果忽略管子的导通压降和反向漏电流，则二极管所承受的反向电压为 u_2 的幅值，即 $U_{RM} = \sqrt{2} U_2$。

【例 2-3】 一桥式整流电路，已知负载电阻 $R_L = 8\Omega$，变压器副边电压 $U_2 = 36V$，试为其选择整流二极管。

解：（1）负载上的直流电流平均值为：

$$I_L = 0.9 \frac{U_2}{R_L} = 0.9 \times \frac{36}{8} = 4.05 \text{（A）}$$

（2）通过每个二极管的平均电流为：

$$I_D = \frac{1}{2} I_L = \frac{1}{2} \times 4.05 = 2.025 \text{（A）}$$

（3）加在二极管上的最大反向电压为：

$$U_{RM} = \sqrt{2} U_2 = \sqrt{2} \times 36 \approx 50.4 \text{（V）}$$

为使整流电路工作安全，在选择二极管时，二极管的最大整流电流 I_M 应大于二极管中流过的平均电流，额定的反向工作电压峰值 U_{RM} 应比二极管在电路中承受的最高反向电压 U_{RM} 大一倍左右。因此查《晶体管手册》可知，在该电路中可选整流二极管 2CZ56C，其额定正向整流电流 $I_F = 3A$，最高反向峰值电压 $U_{RM} = 100V$。

由以上分析将几个常见整流电路的平均输出电压、电流和需承受的最高反向电压总结如下：

表 2-3　　　　　　　　　　几种常见整流电路的二极管参数表

电路	单向半波整流	单向全波整流	单向桥式整流
整流输出电压平均值	$0.45U_2$	$0.9U_2$	$0.9U_2$
二极管的平均电流	I_o	$0.5I_o$	$0.5I_o$
二极管截止时承受的最高反向电压	$\sqrt{2}U_2$	$2\sqrt{2}U_2$	$\sqrt{2}U_2$

（三）滤波电路

所谓滤波是指把整流输出的脉动比较大的直流电压或电流利用滤波器，使输出电压或电流的脉动程度减小。滤波电路的种类很多，常用的滤波电路由电抗元件组成。如在负载两端并联电容 C；在负载回路中串联电感 L 或由电容、电感组合成各种复式滤波器等。在此将着重介绍常用的电容滤波电路。

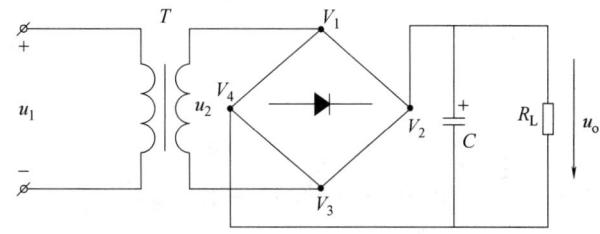

图 2-32　桥式整流电容滤波电路

1. 电容滤波电路

如图 2-32 所示为桥式整流电容滤波电路，电容并联在整流输出端。无电容滤波时，整流输出的波形如图 2-33（b）中虚线所示。为了分析方便，设 $t=0$ 时，电容上未充电，即 $u_C=0$。

当第一个正半周开始上升时，二极管 V_1 和 V_3 导通，电源 u_2 向负载 R_L 提供电流的同时，向电容充电，由于二极管的正向电阻和变压器副绕组的直流电阻比 R_L 小得多，所以充电时间常数很小，电容端电压 u_C 的上升速度基本跟得上 u_2 的上升速度，即充电电压 u_C 与 u_2 波形一致，直到 $u_C=\sqrt{2}U_2$，如图 2-33（b）的 Oa 段。

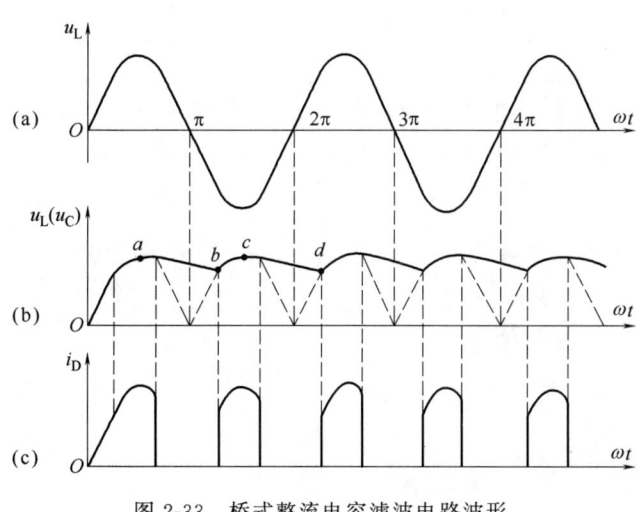

图 2-33　桥式整流电容滤波电路波形

u_2 从最大值开始下降，当 $u_2<u_C$ 时，V_1 和 V_3 截止，在此期间电容器向负载 R_L 放电。因为通常 C 和 R_L 都较大，所以放电时间常数 $\tau=R_LC$ 较大，放电速度较慢，u_C 的下降速度比 u_2 的下降速度慢得多，因而在这段时间 $u_C>u_2$，整流管全部截止。波形见图 2-33（b）的 ab 段。

在 u_2 按正弦规律逐渐上升到 b 点 [图 2-33（b）] 后，当 $u_2>u_C$ 时，V_2 和 V_4 管导通，又对电容 C 充电，规律同前述，如此周而复始地进行充放电，使负载上获得的电压波形大大改善。

根据以上分析，对于电容滤波可以得到下面几个结论：

(1) 电容放电的时间常数（$\tau = R_L C$）越大，放电过程越慢，则输出电压越高，同时脉动成分也越小，即滤波效果越好。为此，应选择大容量的电容作为滤波电容，而且要求 R_L 也大，因此，电容滤波适用于负载电流比较小的场合。

为了得到较好的滤波效果，对于单相桥式整流电路在实际工作中经常根据式子 $R_L C \geqslant (3 \sim 5) \dfrac{T}{2}$ 来选择电容器的容量，式中 T 为电网交流电压的周期。由于电容值较大，一般约几十至几千微法，常选用电解电容，接入电路时，注意电容的极性不要接反，否则影响电容容量，甚至引起电容爆裂损坏。同时电容器的耐压值应大于 $\sqrt{2} U_2$。

(2) 整流电路中加滤波电容后，输出电压的平均值显著提高了，且脉动成分降低了。如 2-33（b）所示，u_C 波形曲线包围的面积显然比原来虚线部分包围的面积增大了，且波形比较平滑了。

当整流电路的内阻不大（几欧姆），电容值满足式 $R_L C \geqslant (3 \sim 5) T/2$ 时，桥式整流电路可按下式确定输出电压，$U_o \approx 1.2 U_2$，式中 U_2 为变压器副边电压的有效值。

(3) 电容滤波电路中整流二极管的导电时间缩短了。由图 2-33（c）可知，由于加了电容滤波，平均输出电流提高了，而二极管的导电角却减小了，因此，整流管在短暂的导电时间内流过一个很大的冲击电流，对管子的寿命不利，因此，整流二极管的选择应按下式进行：

$$\left. \begin{array}{l} I_D = (2 \sim 3) \dfrac{I_L}{2} \\ U_{RM} \geqslant \sqrt{2} U_2 \end{array} \right\} \tag{2-17}$$

【**例 2-4**】 某国产收录机，需要的直流电源输出电压为 12V，电流为 300mA，若采用桥式整流电容滤波电路，试求变压器副边电压值、滤波电容，并选择整流二极管。

解：(1) 变压器副边电压：

因是桥式整流电容滤波电路，由式 $U_L \approx 1.2 U_2$ 得：$U_2 \approx \dfrac{U_L}{1.2} = \dfrac{12}{1.2} = 10$（V）

(2) 由式 $R_L C \geqslant (3 \sim 5) \dfrac{T}{2}$ 计算滤波电容量。

因为
$$R_L = \dfrac{U_L}{I_L} = \dfrac{12}{0.3} = 40 \ (\Omega)$$

所以
$$C \geqslant (3 \sim 5) \dfrac{T}{2} / 40 = \dfrac{(3 \sim 5) \times 0.02}{2 \times 40} = 750 \sim 1250 \ (\mu F)$$

$$U_{CM} \geqslant \sqrt{2} U_2 = \sqrt{2} \times 10 = 14.14 \ (V)$$

因此可选耐压为 16V、容量为 $1500 \mu F$ 的电解电容。

二极管的选择：

$$\left. \begin{array}{l} I_D = (2 \sim 3) \dfrac{I_L}{2} \\ U_{RM} \geqslant \sqrt{2} U_2 \end{array} \right\}$$

得：
$$I_D = (2 \sim 3) \dfrac{I_L}{2} = (2 \sim 3) \dfrac{300}{2} = 300 \sim 450 \ (mA)$$

$$U_{RM} \geqslant \sqrt{2} U_2 = \sqrt{2} \times 10 = 14.14 \ (V)$$

查《晶体管手册》选 2CZ54A 整流二极管，其额定正向整流电流 $I_F = 500 mA$，最高

反向峰值电压 $U_{RM}=25V$。

2. 电感滤波

图 2-34（a）为电感滤波电路，电感线圈串联在整流电路与负载电阻 R_L 之间。它是根据电感线圈具有维持电流不变的原理工作的。

当 u_i 从零上升时，电感线圈产生自感电动势阻止电流的增加，而当 u_i 过了峰值下降时，线圈所产生的自感电动势却阻止电流减小，故电流的波形比较平滑。因为 $U_0=I_L R_L$，故输出电压的波形也较平滑，如图 2-34（b）所示。

电感滤波适用于负载电流较大的场合。缺点是电感线圈体积大，成本高。

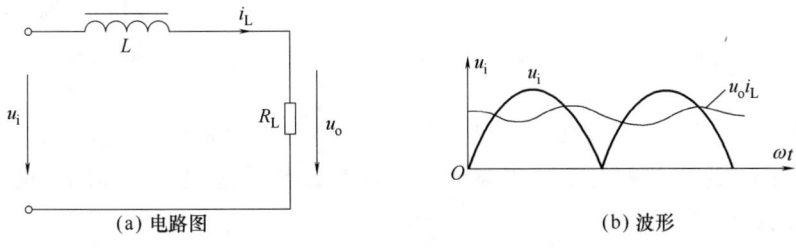

图 2-34　电感滤波电路

3. 其他滤波电路

（1）RC-π型滤波电路。图 2-35 为 RC-π 型滤波电路，电容 C_1 的滤波原理与前述相同，但 C_1 两端的电压中仍带有一定的交流成分。所以把 u_{C1} 加在 R 和 C_2 组成的分压电路上，利用 R 与 $C_2/\!/R_L$ 的串联对直流与交流的不同分压作用，使交流成分较多地降落在电阻 R 上，而较少地降落在负载电阻上。这是因为，对 u_{C1} 中的交流成分而言，$1/\omega C_2$ 很小，所以 $1/\omega C_2/\!/R_L$ 的等效阻抗很小，交流成分在其上产生的压降就很小，达到了滤波的效果。而对于直流成分，$1/\omega C_2$ 很大，则 $1/\omega C_2/\!/R_L$ 的等效阻抗约为 R_L，所以在 R_L 上能获得较大的直流成分。这种滤波电路，由于 R 的接入，负载电压值要降低，并且电阻耗能，所以其适用于负载电流小，要求输出直流脉动很小的场合。

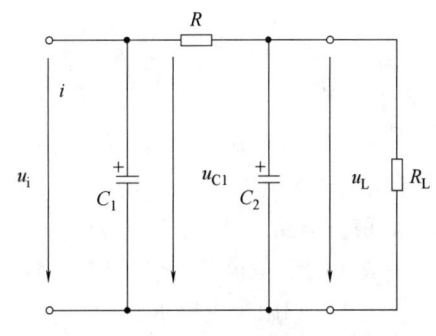

图 2-35　RC-π型滤波电路

（2）若要获得更好的滤波效果，可采用复式滤波电路，如图 2-36 所示，其滤波原理不难根据上述滤波电路分析，这里不再赘述。

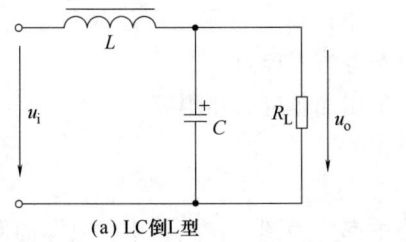
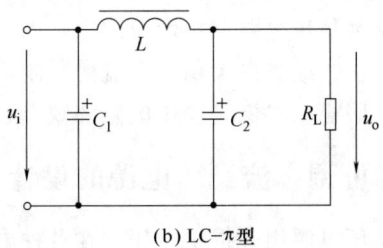

图 2-36　复式滤波电路

(四) 稳压电路的工作原理

稳压二极管稳压电路如图 2-37 所示，由稳压二极管 VS 和限流电阻 R 组成，稳压二极管在电路中应为反向连接，它与负载电阻 R_L 并联后，再与限流电阻串联，其工作原理简单分析如下：

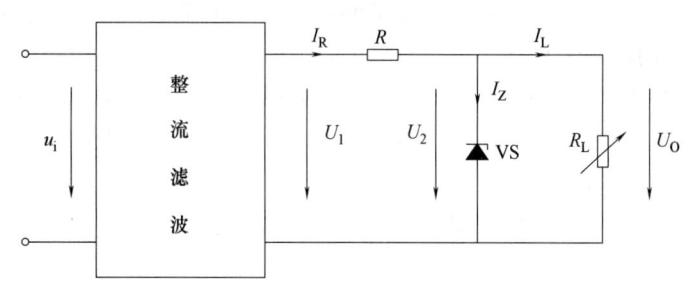

图 2-37 稳压二极管稳压电路

1. 稳压电路的输入电压 U_I 保持不变

当 R_L 减小，I_L 增大时，电流在 R 上的压降上升，输出电压 U_O 将下降。而稳压管并在输出端，由其伏安特性可见，当稳压管两端电压略有下降时，电流 I_Z 将显著减小，即由 I_Z 的减小来补偿 I_L 的增大，最后使 I_R 基本不变，因而输出电压也维持基本不变。上述过程可简述如下：

$$R_L\downarrow \to I_L\uparrow \to I_R\uparrow \to U_R\uparrow \to U_o\downarrow \to I_Z\downarrow \to U_R\downarrow \to U_o\uparrow$$

2. 负载电阻 R_L 保持不变

当电网电压升高，U_o 升高时，此时稳压管的电流 I_Z 显著增加，则电阻 R 上的压降增大，以此来抵消 U_I 的升高，从而使输出电压基本保持不变。上述过程简述如下：

$$U_I\uparrow \to U_o\uparrow \to I_Z\uparrow \to U_R\uparrow \to U_o\downarrow$$

综上分析可知，电路外界条件（U_I 及 R_L）发生变化时，稳压管"吞吐"电流，使 U_O 稳定。

由以上分析可知，稳压电路是由稳压二极管 VS 的电流调节作用和限流电阻 R 的电压调节作用互相配合实现稳压的。

3. 稳压电路元件的选择

一般我们都是根据负载的要求组成稳压电路，因此在稳压电路元件选择时主要选择稳压二极管 VS 和限流电阻 R。

（1）稳压二极管 VS 的选择主要从电路的输出电压和负载电流的大小两个方面进行选择。二极管的稳定电压等于电路的输出电压，稳压管的稳定电流应是电路负载电流的 2～3 倍。满足这两个条件，再根据电路要求的稳压精度来选择稳压管。

（2）限流电阻 R 的选择。限流电阻在电路中起到保护稳压二极管和调整电压的作用，选择时需要从它的阻值和额定功率两个方面进行考虑。

在输出电压不需要调节，负载电流比较小的情况下，硅稳压二极管稳压电路的效果较好。但是这种稳压电路存在两个缺点：第一，输出电压不可调，电压的稳定度也不够高；第二，受稳压二极管最大稳定电流的限制，负载电流不能过大。

为了克服稳压二极管稳压电路的缺点，可采用晶体管稳压电路。

五、三端可调直流稳压电源的设计

直流稳压电源用来提供电压，在各种电路中都要用到。在电路中，电源的质量对电路的性能影响非常大。直流稳压电源组成类型繁多，以下利用应用较为广泛的三端可调正压集成稳压器 LM317 来制作一个稳压电源。

三端可调正压集成稳压器的三端指的是电压输入端、电压输出端和电压调整端，正压指的是输出正电压。国际流行的正压输出稳压器有 LM117/217/317 系列、LM123 系列、LM140 系列、LM138 系列和 LM150 系列等，其中最典型的产品是 LM317，其符号和引脚位置如图 2-38 所示。LM317 的输出电压在 1.25～18V 可调，所输出的电流可达到 1.5A。

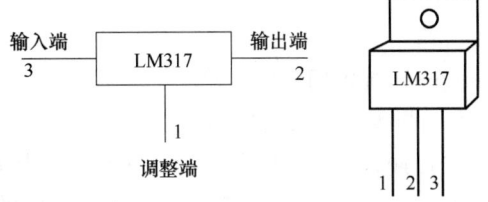

图 2-38　LM317 符号和引脚

三端可调正压集成稳压器 LM317 的典型应用电路如图 2-39 所示。

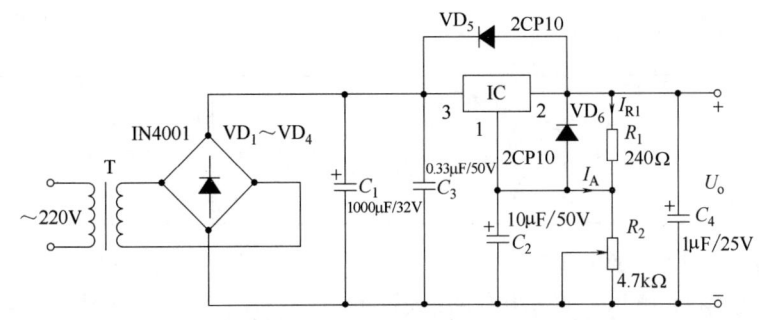

图 2-39　LM317 的典型应用电路

电阻 R_1 接在稳压器的输出端 2 和调整端 1 之间，其两端电压固定在 1.25V（U_{REF}）。电阻 R_2 接在稳压器的调整端与电源地端之间。流过 R_2 的电流包括两部分：一部分是流过 R_1 的电流；另一部分是稳压器调整端流出的电流 I_A。这两个电流在 R_2 上产生的总电压降为：$U_{R2}=(I_{R1}+I_A)R_2$，而加在负载两端的电压则等于电阻 R_1、R_2 上的电压之和，即

$$U_o = I_{R1}R_1 + I_{R1}R_2 + I_A R_2$$

由于稳压器的调整端电流 I_A 仅有 50μA，且非常稳定，而 $I_{R1}=U_{REF}/R_1=1.25/240≈5$（mA），显然 $I_{R_1} \gg I_A$，因此可将上式中的 $I_A R_2$ 忽略不计，则上式可简化为 $U_o = I_{R1}R_1 + I_{R1}R_2$，而 $I_{R1}=U_{REF}/R_1$

因此

$$U_o = R_1 \times U_{REF}/R_1 + R_2 \times U_{REF}/R_1$$

$$= U_{REF}(1+R_2/R_1)$$

$$= 1.25(1+R_2/R_1)$$

从以上公式可以看出，把 R_1 固定，调节电阻 R_2 即可改变稳压器的输出电压 U_o。稳压器 LM317 可稳定工作在最大输出电压不超过 18V 的情况下，固定电阻 R_1 用 240Ω，调节电阻 R_2 用 0～4.7kΩ，就能从输出端得到 1.25～18V 的连续可调电压，输出电流可达 1.5A。

第四节　逻辑门电路

（一）基本门电路

1. 与逻辑和与门电路

与门的逻辑函数式：$Y=A \cdot B$，其中运算符"·"可省略（图2-40）。

表2-4是与门的真值表，由真值表可知，只要输入有一个0时，输出为0；只有输入全为1时，输出才为1。因此，与逻辑可概括为"有0出0，全1出1"。

表 2-4　　　　　　　　　　与门的真值表

输入		输出
A	B	Y
0	0	0
0	1	0
1	0	0
1	1	1

2. 或逻辑和或门电路

或门的逻辑函数式：$Y=A+B$（图2-41）。

从表2-5可知，只要输入有一个或一个以上为1时，输出为1；只有输入全为0时，输出为0，因此，或门的逻辑功能可概括为"有1出1，全0出0"。

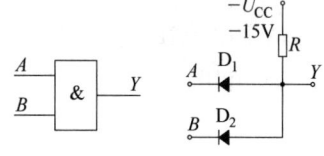

(a) 与门逻辑符号　　(b) 与门电路图

图 2-40　与门逻辑符号和电路图

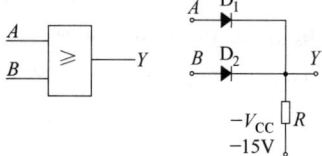

(a) 或门逻辑符号　　(b) 或门电路图

图 2-41　或门逻辑符号和电路图

表 2-5　　　　　　　　　　或门的真值表

输入		输出
A	B	Y
0	0	0
0	1	1
1	0	1
1	1	1

3. 非逻辑和非门电路

非门的逻辑函数式：$Y=\overline{A}$。

非门逻辑符号如图2-42（a）所示，输出端的小圆圈表示非的意思，其电路图是由三极管组成的非门电路图，如图2-42（b）所示。

表 2-6　　　　　非门的真值表

输入	输出
A	Y
0	1
1	0

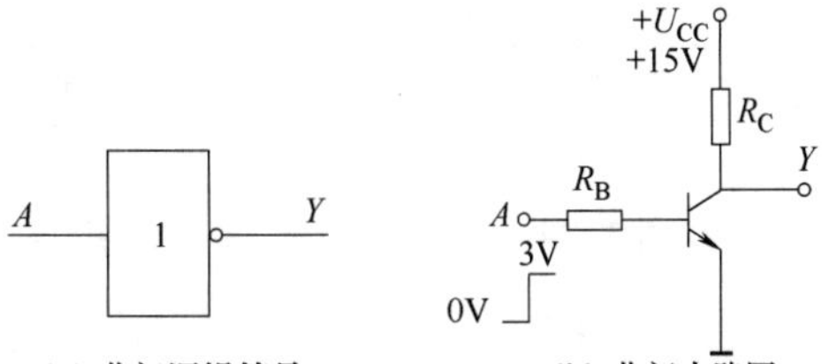

图 2-42　非门逻辑符号和电路图
(a) 非门逻辑符号　　(b) 非门电路图

从表 2-6 可知，非门的逻辑功能可表述为"有 1 出 0，有 0 出 1"。

（二）复合门电路

由于反相器具有电流放大能力，带负载能力较强，且输出电平比较稳定，因此在实际中常常把与门、或门和非门结合起来，构成与非门、或非门、与或非门等复合门电路。

1. 与非门

在与门的后面加一个非门就组成了与非门，其逻辑结构图和逻辑符号如图 2-43 所示。与非门的逻辑表达式为

$$Y=\overline{AB}$$

与非门的逻辑功能为："全 1 出 0，有 0 出 1"。

2. 或非门

在或门的后面加一个非门就组成了或非门，其逻辑结构和逻辑符号如图 2-44 所示。或非门的逻辑表达式为

$$Y=\overline{A+B}$$

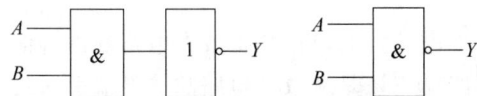

图 2-43　与非门逻辑结构和符号

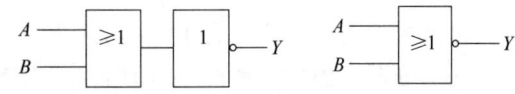

图 2-44　或非门逻辑结构和符号

或非门的逻辑功能为："有 1 出 0，全 0 出 1"。

（三）逻辑函数的表示方法

逻辑函数有 5 种表示形式：真值表、逻辑表达式、逻辑图、波形图和卡诺图。只要知道其中一种表示形式，就可转换为其他几种表示形式。

表 2-7　　　　　　　　　常见的逻辑门及其逻辑符号

逻辑名称	逻辑表达式	逻辑符号
"与非"逻辑	$Y=\overline{AB}$	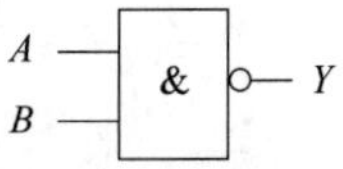
"或非"逻辑	$Y=\overline{A+B}$	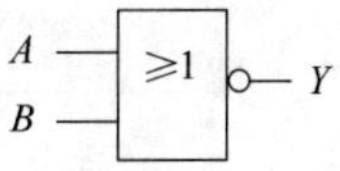

续表

逻辑名称	逻辑表达式	逻辑符号
"与或非"逻辑	$Y=\overline{AB+CD}$	
异或	$Y=A\oplus B$	
同或	$Y=A\odot B$	

第五节　负反馈放大电路

负反馈在电子电路中的应用非常广泛，引入负反馈后，虽然放大倍数降低了，但是换来很多好处，在很多方面改善了放大电路的性能。例如，提高了放大倍数的稳定性；改善了波形失真，尤其是通过选用不同类型的负反馈来改变放大电路的输入电阻和输出电阻，以适应实际的需要。

一、反馈回路的判断

电路的放大部分就是晶体管或运算放大器的基本电路，而反馈是把放大电路输出端信号的一部分或全部引回到输入端的电路，则反馈回路就应该是从放大电路的输出端引回到输入端的一条回路。这条回路通常是由电阻和电容构成。寻找这条回路时，要特别注意不能直接经过电源端和接地端，这是初学者最容易犯的问题。如图 2-45 所示，如果只考虑极间反馈，则放大通路是由 T_1 的基极到 T_1 的集电极再经过 T_2 的基极到 T_2 的集电极，而反馈回路是由 T_2 的集电极经 R_f 至 T_1 的发射极。反馈信号 $u_f=u_{e1}$ 影响净输入电压信号 u_{be1}。

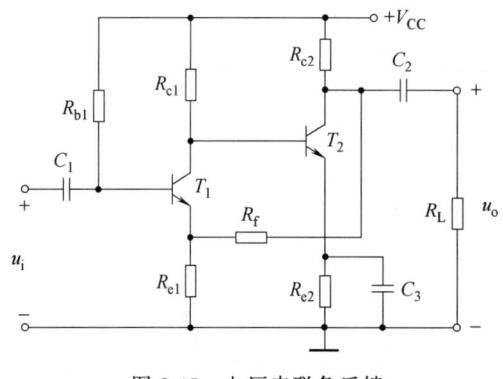

图 2-45　电压串联负反馈

二、交直流的判断

根据电容"隔直通交"的特点，我们可以判断出反馈的交直流特性。如果反馈回路中有电容接地，则为直流反馈，其作用为稳定静态工作点；如果回路中串联电容，则为交流反馈，改善放大电路的动态特性；如果反馈回路中只有电阻或只有导线，则反馈为交直流共存。图 2-45 的反馈即为交直流共存。

三、正负反馈的判断

正负反馈的判断使用瞬时极性法。瞬时极性是一种假设的状态，它假设在放大电路的输入端引入一瞬时增加的信号。这个信号通过放大电路和反馈回路回到输入端。反馈回来的信号如果使引入的信号增加则为正反馈，否则为负反馈。在这一步要搞清楚放大电路的组态，是共发射极、共集电极还是共基极放大。每一种组态放大电路的信号输入点和输出点都不一样，其瞬时极性也不一样。如表 2-8 所示，相位差 180°则瞬时极性相反，相位差 0°则瞬时极性相同。运算放大器电路也同样存在反馈问题。运算放大器的输出端和同相输入端的瞬时极性相同，和反相输入端的瞬时极性相反。

表 2-8　　　　　　　　　　　不同组态放大电路的相位差

电路类型	输入极	公共极	输出极	相位差
共发射极放大电路	基极	发射极	集电极	180°
共集电极放大电路	基极	集电极	发射极	0°
共基极放大电路	发射极	基极	集电极	0°

依据以上瞬时极性判别方法，从放大电路的输入端开始用瞬时极性标识，沿放大电路、反馈回路再回到输入端。这时再依据负反馈总是减弱净输入信号，正反馈总是增强净输入信号的原则判断出反馈的正负。

在晶体管放大电路中，若反馈信号回到输入极的瞬时极性与原处的瞬时极性相同则为正反馈，相反则为负反馈。其中注意共发射极放大电路的反馈有时回到公共极——发射极，此时反馈回到发射极的瞬时极性与基极的瞬时极性相同则为负反馈，相反则为正反馈。图 2-46 中的瞬时极性判断顺序如下：T_1 基极（＋）→T_1 集电极（－）→T_2 基极（－）→T_2 集电极（＋）→经 R_f 至 T_1 发射极（＋），此时反馈回到发射极的瞬时极性与基极的瞬时极性相同所以电路为负反馈。在运算放大器反馈电路中，若反馈回来的瞬时极性与同一端的原瞬时极性相同则为正反馈，相反则为负反馈；若反馈回来的瞬时极性与另一端的原瞬时极性相同则为负反馈，相反则为正反馈。

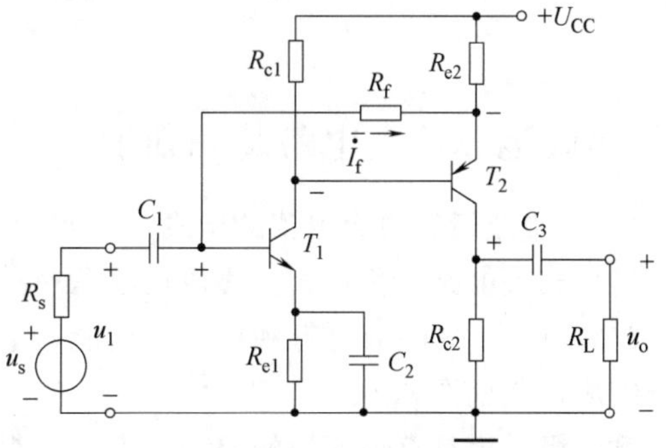

图 2-46　电流并联负反馈

四、反馈类型的判断

反馈类型是特指电路中交流负反馈的类型，所以只有判断电路中存在交流负反馈才判断反馈的类型。反馈是取出输出信号（电压或电流）的全部或一部分送回到输入端并以某种形式（电压或电流）影响输入信号，所以反馈依据取自输出信号形式的不同分为电压反馈和电流反馈。依据它影响输入信号的形式分为串联反馈和并联反馈。

（一）串联并联的判断

反馈的串并联类型是指反馈信号影响输入信号的方式即在输入端的连接方式。串联反馈是指净输入电压和反馈电压在输入回路中的连接形式为串联,如图 2-45 中的净输入电压信号 u_{be1} 和反馈信号 $u_f=u_{e1}$;而并联反馈指的是净输入电流和反馈电流在输入回路中并联,如图 2-46 中的净输入电流 i_{b1} 和 i_f 的连接形式。综合一下就是反馈信号如果引回到输入回路的发射极即为串联反馈,引回到基极即为并联反馈。而在运算放大器负反馈电路中,反馈引回到输入另一端则为串联反馈,如图 2-47(a)中 u_D 与 u_f 串联连接;如果引回到输入另一端则为串联反馈,如图 2-47(b)中 i_D 与 i_f 并联连接。

(二) 电压电流的判断

电压电流反馈是指反馈信号取自输出信号(电压或电流)的形式。电压反馈以图 2-47 为例,反馈电压 u_f 是经 R_1、R_2 组成的分压器由输出电压 u_o 取样得来。反馈电压是输出电压的一部分,故是电压反馈。在判断电压反馈时,可以采用一种简便的方法,即根据电压反馈的定义——反馈信号与输出电压成比例,设想将放大电路的负载 R_L 两端短路,短路后如使 $u_f=0$(或 $I_f=0$),就是电压反馈。

电流反馈以图 2-47(b)为例,图中反馈电流 i_f 为电阻 R_1 和 R_2 对输出电流 i_o 的分流,所以是电流反馈。另一种简便方法就是将负载 R_L 开路($R_L=\infty$),致使 $i_o=0$,从而使 $i_f=0$,即由输出引起

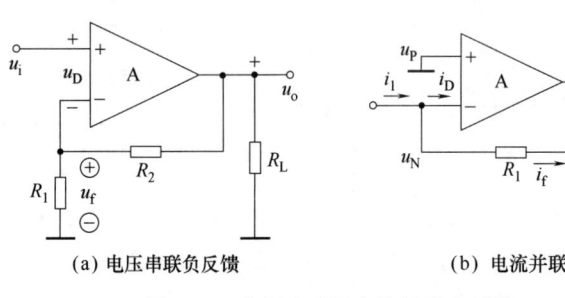

图 2-47 电压串联及电流并联负反馈

的反馈信号消失了,从而确定为电流反馈。

第六节 集成运算放大器

一、集成运算放大电路基础知识

(一) 集成运算放大电路的组成

运算放大电路简称运放。集成运放是一种具有很高放大倍数并带有深度电压负反馈的直流放大电路,它具有运算和放大的功能,电路由输入级、输出级、中间级和偏置电路四部分组成,其框图如图 2-48 所示。

输入级:由具有恒流源的差动放大电路组成,具有较高的共模抑制比。

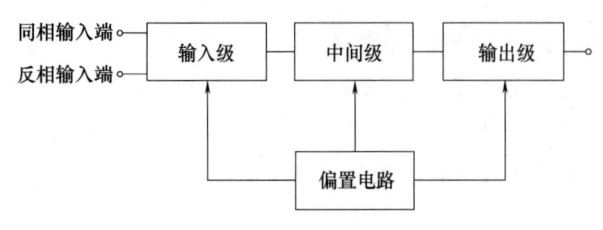

图 2-48 集成运放组成框图

中间级:由多级放大电路组成,具有较高的增益。

偏置电路:为集成运放各级放大电路建立合适而稳定的静态工作点并提供恒流源。

输出级:一般由射极跟随器或互补对称电路构成,要求输出足够

大的电压和电流,且输出电阻小,带负载能力强。

(二)集成运算放大电路符号

集成运放图形符号如图 2-49 所示。图形中标有"−"号的 N 端为反相输入端,表示输出信号和输入信号相位相反,即当同相端接地,反相端输入一个正信号时,输出端输出信号为负;同理,图形中标有"+"的 P 端为同相输入端,表示输入信号和输出信号相位相同,即当反相端接地,同相端加一个正信号时,输出端输出信号也为正。应当指出"+""−"只是接线端名称,与所接信号电压的极性无关。也就是说,N 端或 P 端既可以输入负信号,也可以输入正信号。

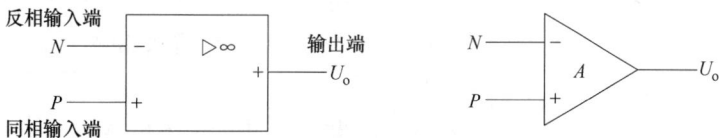

图 2-49 集成运放的图形符号

(三)集成运放的理想特性及特点

1. 理想特性

开环差模电压放大倍数 $A_U \to \infty$,开环差模输入电阻 $r_i \to \infty$,开环差模输出电阻 $r_o \to 0$,共模抑制比 $K_{CMR} \to \infty$,开环带宽 f_{bw} 为 $0 \to \infty$。

2. 两个特点

(1) 输入端电位相等,即 $V_P = V_N$。放大电路的电压放大倍数为

$$A_U = \frac{U_o}{U_{PN}} = \frac{U_o}{U_P - U_N}$$

在线性区,集成运放的输出电压 U_o 为有限值,根据运放的理想特性 $A_U \to \infty$,有 $U_P = U_N$,即集成运放同相输入端和反相输入端电位相等,相当于短路,此现象称为虚假短路,简称"虚短",如图 2-50 所示。

(2) 输入电流等于零,即 $I'_{i+} = I'_{i-} \approx 0$。

在图 2-51 中,运算放大电路的净输入电流 I'_i 为

$$I'_i = \frac{U_P - U_N}{r_i}$$

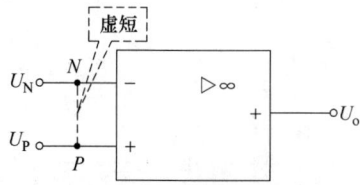

图 2-50 集成运放的虚假短路

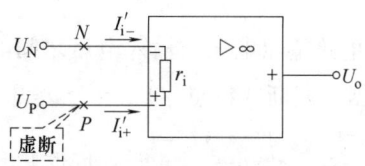

图 2-51 集成运放的虚假断路

根据运放的理想特性 $r_i \to \infty$,有 $I'_{i+} = I'_{i-} \approx 0$,即集成运放两个输入端的净输入电流约为零,好像电路断开一样,但又不是实际断路,此现象称为虚假断路,简称"虚断",如图 2-51 所示。

二、集成运放的基本电路

（一）反相比例运算放大电路

1. 电路组成

如图 2-52 所示为反相比例运算放大电路，输入信号 R_1（将输入电压 U_i 转换成电流信号 I_1）加入反相输入端；R_f 为反馈电阻，把输出信号电压 U_o 反馈到反相端，构成深度电压并联负反馈，平衡电阻 R_2 阻值必须满足 $R_2 = R_1 // R_f$。根据"虚短"（$U_P = U_N$），且 P 点接地，则 $U_P = U_N = 0$，N 点电位与地相等，故 N 点称为"虚地"。

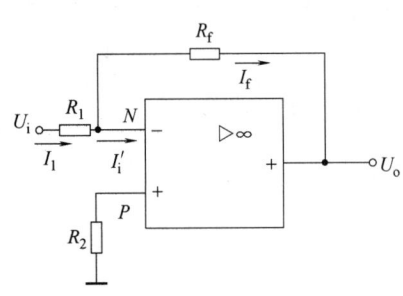

图 2-52 反相比例运算放大电路

2. 输出电压与输入电压之间的关系

在信号输入支路上有

$$I_1 = \frac{U_i - U_N}{R_1}$$

在反馈支路上有

$$I_f = \frac{U_N - U_o}{R_f} = -\frac{U_o}{R_f}$$

根据"虚断"（$I'_o \approx 0$），有 $I_1 = I_f$，整理后，可得输出电压与输入电压之间的关系

$$U_o = -\frac{R_f}{R_1} U_i \qquad (2\text{-}18)$$

上式表示电路的输出电压与输入电压成正比例且相位相反。

3. 电路的闭环电压放大倍数

$$A_{Uf} = \frac{U_o}{U_i} = -\frac{R_f}{R_1} \qquad (2\text{-}19)$$

上式表示，反相比例运算放大电路的闭环电压放大倍数主要取决于外接反馈电阻 R_f 和输入电阻 R_1，因此选用精密优质的 R_f 和 R_1，可保证 A_{Uf} 的精确和稳定。

（二）同相比例运算放大电路

1. 电路结构

同相比例集成运算放大电路如图 2-53 所示。电路输入信号 U_i 通过 R_2 接入同相输入端，反馈电压从输出端取出，并通过反馈电阻 R_f 与 R_1 加到反相输入端，形成电压串联负反馈。

2. 电路输出电压与输入电压之间的关系

根据"虚断"特点（$I'_{i+} = I'_{i-} \approx 0$），有

$I_f = I_1$，$\rightarrow \dfrac{U_N}{R_1} = \dfrac{U_o - U_N}{R_f}$，同时由于 $U_{R2} = I'_{i+}$，$R_2 = 0$

电阻 R_2 上无电压降，得 $U_P = U_i$。

根据"虚短"特点（$U_N = U_P$），$U_i = U_N \neq 0$，电路不存在"虚地"，但由于 N、P 两点间电压近

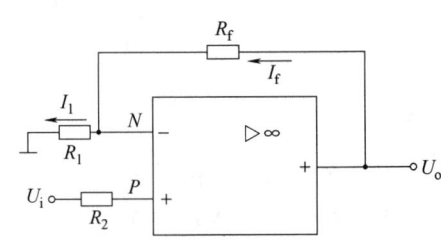

图 2-53 同相比例运算放大电路

似为零,电路有"虚假短路"现象。

整理后,电路输出电压与输入电压之间的关系为

$$U_o = \left(1 + \frac{R_f}{R_1}\right) U_i \tag{2-20}$$

上式表明,电路的输出电压与输入电压成正比例且相位相同。

3. 闭环电压放大倍数为

$$A_{Uf} = \frac{U_o}{U_i} = \frac{R_1 + R_f}{R_1} = 1 + \frac{R_f}{R_1} \tag{2-21}$$

上式表明,同相比例运算放大电路的闭环电压放大倍数主要取决于外接反馈电阻 R_f 和输入电阻 R_1,因此选用精密优质的 R_f 和 R_1,可保证 A_{Uf} 的精确和稳定。

(三) 反相输入加法运算电路

反相输入加法运算电路如图 2-54 所示。由图可知,反相输入端有多个输入信号,各输入电压 U_{i1} 和 U_{i2} 分别通过外接电阻 R_1 和 R_2 转换成电流信号 I_{i1} 和 I_{i2} 后汇合为 I_i,加到反相输入端。同相输入端接地,反馈电阻 R_f 接于输出端与反相输入端之间。平衡电阻 $R = R_1 // R_2 // R_f$。电路输出电压与输入电压之间的关系:

根据理想特性有 $I_i' = 0$,得

$$I_i = I_{i1} + I_{i2} = \frac{U_{i1} - U_N}{R_1} + \frac{U_{i2} - U_N}{R_2} = I_f$$

集成运放的反相输入端为虚地,有

$$U_o = -I_f R_f = -R_f \left(\frac{U_{i1}}{R_1} + \frac{U_{i2}}{R_2}\right) \tag{2-22}$$

如果取 $R_1 = R_2 = R_f$,则

$$U_o = -(U_{i1} + U_{i2}) \tag{2-23}$$

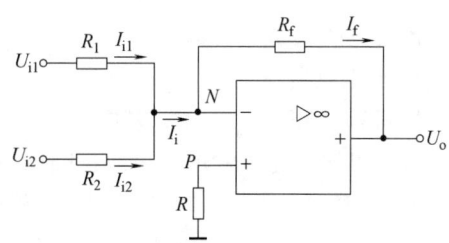

图 2-54 反相输入加法运算电路

上式表明,图 2-54 电路的输出电压为各输入信号电压之和,实现了加法运算。

第七节　数字电路基础

一、基础知识

(一) 数制

1. 十进制

数码为:0~9;基数是 10。

运算规律:逢十进一,即:9+1=10。

下标 D (Decimal) 表示十进制,十进制数的权展开式:

$$(321.35)_D = 3 \times 10^2 + 2 \times 10^1 + 1 \times 10^0 + 3 \times 10^{-1} + 5 \times 10^{-2}$$

10^2、10^1、10^0、10^{-1}、10^{-2} 称为十进制的权。各数位的权是 10 的幂。

任意一个十进制数都可以表示为各个数位上的数码与其对应的权的乘积之和,称权展开式。同样的数码在不同的数位上代表的数值不同。

2. 二进制

数码为：0、1；基数是 2。

运算规律：逢二进一，即：1+1=10。

下标 B（Binary）表示二进制，二进制数的权展开式：

$$(101.01)_B = 1 \times 2^2 + 0 \times 2^1 + 1 \times 2^0 + 0 \times 2^{-1} + 1 \times 2^{-2} = (5.25)_D$$

与十进制相似，这里的 2^2、2^1、2^0、…，即 4、2、1、… 称为二进制数的权，各数位的权是 2 的幂。

二进制数只有 0 和 1 两个数码，它的每一位都可以用电子元件来实现，且运算规则简单，相应的运算电路也容易实现。

运算规则：加法规则：0+0=0，0+1=1，1+0=1，1+1=10

乘法规则：0·0=0，0·1=0，1·0=0，1·1=1

3. 八进制

数码为：0~7；基数是 8。

运算规律：逢八进一，即：7+1=10。

下标 O（Octal）表示八进制，八进制数的权展开式：

$$(207.04)_O = 2 \times 8^2 + 0 \times 8^1 + 7 \times 8^0 + 0 \times 8^{-1} + 4 \times 8^{-2} = (135.0625)_D$$

各数位的权是 8 的幂。

4. 十六进制

数码为：0~9、A~F；基数是 16。

运算规律：逢十六进一，即：F+1=10。

下标 H（Hexadecimal）表示十六进制，十六进制数的权展开式：

$$(D8.4)_H = 13 \times 16^1 + 8 \times 16^0 + 4 \times 16^{-1} = (216.25)_D$$

结论：

(1) 一般地，N 进制需要用到 N 个数码，基数是 N；运算规律为逢 N 进一。

(2) 如果一个 N 进制数 M 包含 n 位整数和 m 位小数，即

$$(a_{n-1}a_{n-2}\cdots a_1 a_0 . a_{-1}a_{-2}\cdots a_{-m})_2$$

则该数的权展开式为：

$$(M)_2 = a_{n-1} \times N^{n-1} + a_{n-2} \times N^{n-2} + \cdots + a_1 \times N^1 + a_0 \times N^0$$
$$+ a_{-1} \times N^{-1} + a_{-2} \times N^{-2} + \cdots + a_{-m} \times N^{-m}$$

(3) 由权展开式很容易将一个 N 进制数转换为十进制数。

几种进制数对照表，如表 2-9 所示。

(二) 数制转换

将 N 进制数按权展开，即可以转换为十进制数。

1. 二进制数与八进制数的相互转换

(1) 二进制数转换为八进制数：将二进制数由小数点开始，整数部分向左，小数部分向右，每 3 位分成一组，不够 3 位补零，则每组二进制数便是一位八进制数。

$$001 \mid 101 \mid 010 \mid 010 = (152.2)_O$$

(2) 八进制数转换为二进制数：将每位八进制数用 3 位二进制数表示。

$$(374.26)_O = 011 \mid 111 \mid 100 \mid . 010 \mid 110$$

表 2-9　　　　　　　　　　　　　　　常用进制对照表

十进制	二进制	八进制	十六进制
0	0000	0	0
1	0001	1	1
2	0010	2	2
3	0011	3	3
4	0100	4	4
5	0101	5	5
6	0110	6	6
7	0111	7	7
8	1000	10	8
9	1001	11	9
10	1010	12	A
11	1011	13	B
12	1100	14	C
13	1101	15	D
14	1110	16	E
15	1111	17	F

2．二进制数与十六进制数的相互转换

二进制数与十六进制数的相互转换，按照每 4 位二进制数对应于一位十六进制数进行转换。

$$0001 | 1101 | 0100 . 0110 = (1E8.6)_H$$
$$(AF4.76)_H = 1010 | 1111 | 0100 . 0111 | 0110$$

3．十进制数转换为二进制数

方法：基数连除、连乘法。

原理：将整数部分和小数部分分别进行转换。整数部分采用基数连除法，小数部分采用基数连乘法，转换后再合并。

(1) 整数转换方法。将待转换的十进制数连续除以 2，直至商为 0 为止，所得余数即二进制数，简称为"除 2 取余法"。先得到的余数为低位，后得到的余数为高位。

例如将十进制数 25 转换为二进制数：

```
2 | 25 ...    余数
2 | 12 ... 1  低位
2 |  6 ... 0   ↑
2 |  3 ... 0   |
2 |  1 ... 1   |
     0    1  高位
```

即 $(25)_D = (11001)_B$

依次类推，十进制数转换成八进制数，采用"除 8 取余法"；转换为十六进制数采用"除 16 取余法"。

(2) 小数转换方法。将十进制小数转换为二进制数，采用"乘 2 取整法"。先得到的整数为高位，后得到的整数为低位。

例如 $(0.625)_D = (?)_B$

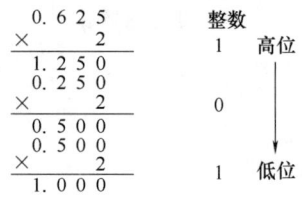

即 $(0.625)_D = (0.101)_B$

值得注意的是，有些小数连续乘 2，结果不为 0，这时可根据精度要求，取有限位即可。如果一个十进制数既有整数又有小数时，可按上面方法分别核算然后相加。

所以：$(25.625)_D = (11001.101)_B$

采用基数连除、连乘法，可将十进制数转换为任意的 N 进制数。

二、数字电路化简

将门电路按照一定的规律连接起来，可以组成具有各种逻辑功能的逻辑电路。分析和设计逻辑电路的数学工具是逻辑代数（又叫布尔代数或开关代数）。逻辑代数具有 3 种基本运算：与运算（逻辑乘）、或运算（逻辑加）和非运算（逻辑非）。

研究逻辑代数如同研究普通代数一样，先要把实际的问题用数学语言来表达，我们在组合逻辑电路时，需要用到逻辑代数。下面就对逻辑代数的基本知识作简单的介绍。逻辑代数中的逻辑变量用大写字母表示，如 A、B、C。逻辑变量的取值只有 1 和 0 两种，这里的 1 和 0 不表示数值的大小而是表示两个相反的逻辑状态。

（一）逻辑代数的基本定律

1. 基本运算法则

同一律：$0+A=A$ $1 \cdot A = A$

0、1 律：$1+A=1$ $0 \cdot A = 0$

重叠律：$A+A=A$ $A \cdot A = A$

互补律：$A+\overline{A}=1$ $A \cdot \overline{A} = 0$

还原律：$\overline{\overline{A}}=A$

2. 基本代数规律

（1）交换律。

$$A \cdot B = B \cdot A$$
$$A + B = B + A$$

（2）结合律。

$$ABC = (AB)C = A(BC)$$
$$A+B+C = A+(B+C) = (A+B)+C$$

（3）分配律。

$$A(B+C) = AB + AC$$
$$A + BC = (A+B)(A+C)$$

（4）反演律（摩根定理）。

在化简比较复杂的逻辑关系时，这个定理很有用。

$$\overline{A \cdot B} = \overline{A} + \overline{B}$$
$$\overline{A + B} = \overline{A} \cdot \overline{B}$$

反演律还可以推广到多个变量，即下面的关系同样成立：
$$\overline{A \cdot B \cdot C \cdots} = \overline{A} + \overline{B} + \overline{C} + \cdots$$
$$\overline{A + B + C \cdots} = \overline{A} \cdot \overline{B} \cdot \overline{C} \cdots$$

(5) 吸收律（逻辑表达式和普通代数表达式的一个重要区别是：逻辑表达式中的某些项可能被其他项所吸收）。吸收规律如下：
$$A(A+B) = A$$
$$A + AB = A$$
$$A(\overline{A}+B) = AB$$
$$A + \overline{A}B = A + B$$

（二）逻辑函数的化简

常用的化简方法是代数法和卡诺图法。

1. 代数法

代数法化简就是利用逻辑代数的基本定律和基本公式对函数进行化简，其方法如下：

(1) 并项法。使用公式 $A + \overline{A} = 1$，将两项合并为一项，消去一个变量。

例如：$Y = AB + \overline{A}B = B(A + \overline{A}) = B$

(2) 吸收法。利用公式 $A + AB = A$，消去多余项。

例如：
$$\overline{B} + A\overline{B}CD = \overline{B}(1 + ACD) = \overline{B}$$
$$\overline{AB} + \overline{AB}CD(E+F) = \overline{AB}[1 + CD(E+F)] = \overline{AB}$$

(3) 消元法。利用公式 $A + \overline{A}B = A + B$，消去多余因子。
$$AB + \overline{A}C + BC = AB + (\overline{A}+B)C = AB + \overline{AB}C = AB + C$$

(4) 配项法。利用公式 $A + \overline{A} = 1$，增加必要的乘积项，消去更多的项；也可利用公式 $A + A = A$，在函数里加上多余的项，以便获得更简化的函数式。
$$AB + \overline{A}\,\overline{C} + B\overline{C} = AB + \overline{A}\,\overline{C} + B\overline{C}(A + \overline{A})$$
$$= AB + \overline{A}\,\overline{C} + AB\overline{C} + \overline{A}B\overline{C}$$
$$= AB(1 + \overline{C}) + \overline{A}\,\overline{C}(1 + B)$$
$$= AB + \overline{A}\,\overline{C}$$

2. 卡诺图化简

代数法化简不仅需要熟练掌握基本定律和常用公式，而且还需要一定的经验和技巧，化简过程缺乏直观性，有时化简结果是否最简都无法确定。因此，该方法有局限性，而卡诺图法则具有直观明了的特点（图2-55）。

(1) 最小项。设有 n 个逻辑变量，由它们组成含有 n 个变量的与项，其中每一个变量都以原变量或反变量的形式出现且仅出现一次，这个与项称作最小项。一般地，n 个变量就会有 2^n 个最小项。

例如对于两变量 A、B 来说，就有四个最小项，即：
$$\overline{A}\,\overline{B}、\overline{A}B、A\overline{B}、AB$$

而对于三个变量 A、B、C 来说，就有8个最小项，即：
$$\overline{A}\,\overline{B}\,\overline{C}、\overline{A}\,\overline{B}C、\overline{A}B\overline{C}、\overline{A}BC、A\overline{B}\,\overline{C}、A\overline{B}C、AB\overline{C}、ABC$$

其余的都不符合最小项的定义。一般地，n 个变量就会有 2^n 个最小项。

为了叙述和表达的方便，人们常用 m_i 来表示最小项。m 是最小项的代号，i 是二进制数对应的十进制数,也是最小项的编号。还可以省掉 m_i 而用 Σm 来表示。

例如:$\overline{A}\,\overline{B}\,\overline{C}=m_0$、$\overline{A}\,\overline{B}\,C=m_1$、$\overline{A}\,B\,\overline{C}=m_2$、$\overline{A}BC=m_3$、$A\,\overline{B}\,\overline{C}=m_4$、$A\,\overline{B}\,C=m_5$、$AB\,\overline{C}=m_6$、$ABC=m_7$。

(2) 用卡诺图表示逻辑函数。卡诺图就是逻辑函数最小项的方块图,将 n 变量的 2^n 个最小项用 2^n 个小方格表示,并使其有逻辑相邻性的最小项在几何位置上也要相邻,这样排列得到的方格图称为 n 变量最小项卡诺图,简称为变量卡诺图,如图 2-55 所示。而逻辑相邻性是指相邻的两个最小项只有一个变量不同。

(3) 卡诺图的画法和特点。比较真值表和卡诺图的结构可以看出,两者都是以表格的形式表示函数值(Y)与变量(A、B)取值的关系。因此可以说,卡诺图是真值表的变种。它们的区别仅在于表格排列方法不同,排列方法的改变是依照逻辑函数的基本定律,它为化简逻辑函数表达式带来方便。

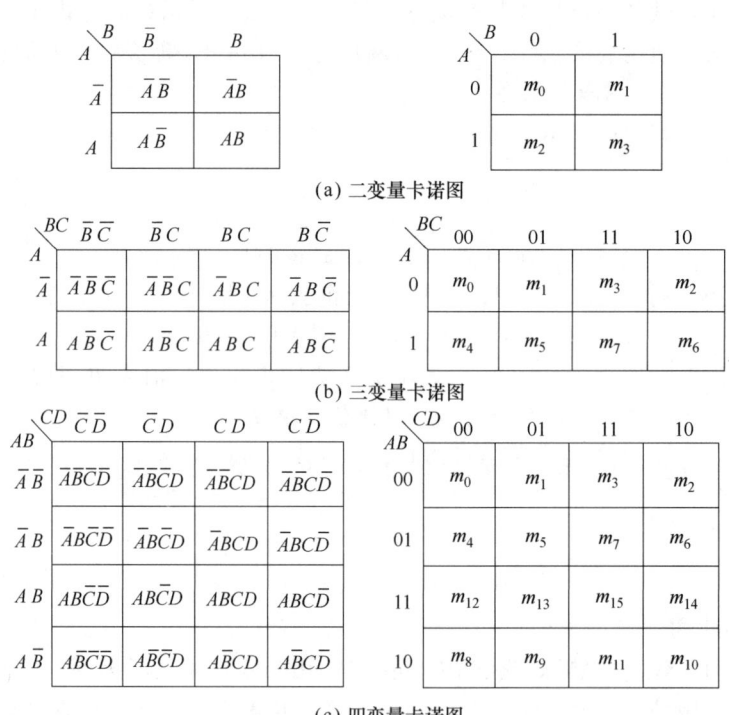

图 2-55 二、三、四变量卡诺图

(4) 用卡诺图表示逻辑函数的方法。卡诺图中的每个小方格代表逻辑函数的一个最小项。因此,卡诺图可以用来表示逻辑函数。具体方法是:将逻辑函数表达式化成最小项之和的形式,然后在卡诺图中将出现最小项的位置填 1,其余填 0,就可得到该逻辑函数的卡诺图。把卡诺图中记 1 的最小项进行逻辑加,就得到相应的逻辑函数。

(5) 用卡诺图化简逻辑函数。卡诺图的真正价值在于作为运算工具,直观方便地化简复杂的多变量逻辑函数。

(6) 合并最小项的规则。如果相邻的 2 个小方格同时为"1",可以合并一个两格组(用圈圈起来),合并后可以消去 1 个取值互补的变量,留下的是取值不变的变量。逻辑相邻的情况举例如图 2-56 所示。

如果相邻的 4 个小方格同时为"1"，可以合并一个四格组，合并后可以消去 2 个取值互补的变量，留下的是取值不变的变量。逻辑相邻的情况举例如图 2-57 所示。

如果相邻的 8 个小方格同时为"1"，可以合并一个八格组，合并后可以消去 3 个取值互补的变量，留下的是取值不变的变量。逻辑相邻的情况举例如图 2-58 所示。

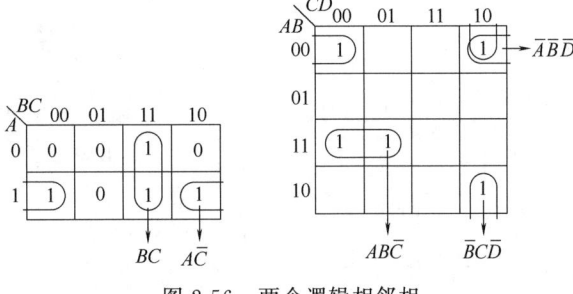

图 2-56 两个逻辑相邻相

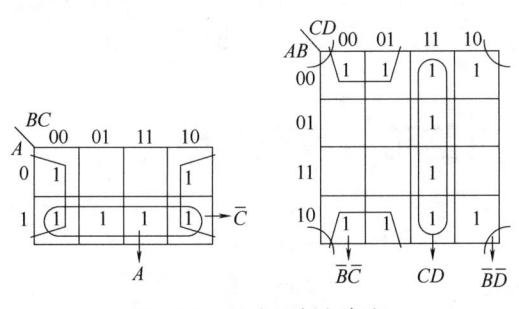

图 2-57 四个逻辑相邻相

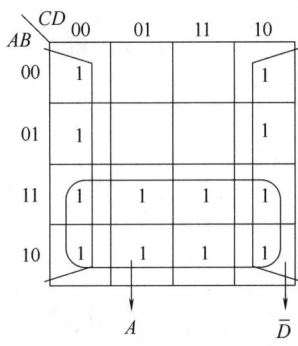

图 2-58 八个逻辑相邻相

（7）用卡诺图化简逻辑函数的步骤。

① 把给定的逻辑函数表达式填到卡诺图中，在卡诺图上用"1"标记函数 Y 的全部最小项。

② 合并最小项（画圈，一个圈代表一个乘积项）。先圈 2^n 个"1"的包围圈，然后再圈 2^{n-1} 个"1"、4 个"1"、2 个"1"所组成的圈，最后再圈单个"1"，直至圈完。注意，将取值为 1 的相邻小方格圈成矩形或方形，除了上下左右取值为 1 的为相邻小方格，相邻小方格还包括最上行与最最下行同列两端的 2 个小方格，以及最左列与最右列同行两端的 2 个小方格。所圈取值为 1 的相邻小方格的个数应为 2^n（$n=0、1、2、3\cdots$），即 1、2、4、8$\cdots$，不允许 3、6、10 等。

③ 写出合并后的乘积项（每圈的简化式），然后逐个相加，即得函数的最简与或表达式。含 2 个小方格的圈可合并为一项，并消去 1 个变量；含 4 个小方格的圈可合并为一项，并消去 2 个变量；以此类推，含 2^n 个小方格的圈可合并为一项，并消去 n 个变量。若圈内只含 1 个小方格，则不能化简。最后将合并的结果相加，即为所求的最简与或表达式。

3. 画圈时的注意事项

（1）圈的个数要尽可能的少（因一个圈代表一个乘积项）。

（2）圈要尽可能的大（因圈越大可消去的变量越多，相应的乘积项就越简）。

（3）每画一个圈至少包括一个新的"1"格，否则重复而得不到最简单的表达式（是多余的），所有的"1"都要被圈到。每一个取值为 1 的小方格可被圈多次。

（4）如果卡诺图中填满了"1"，则 $Y=1$。

【例 2-5】 用卡诺图化简逻辑函数：$Y(A, B, C, D) = \sum m(0, 1, 2, 3, 5, 8, 10, 12, 14)$。

解：画出四变量卡诺图，在对应序号小方块内填"1"，其余填"0"，如图所示。根据上述规则画圈，得 a、b、c 三个圈。

对 a 圈，列方向 CD 四种组合都有，其或为"1"，行方向只有 $\overline{A}\,\overline{B}$，所以此圈得 $\overline{A}\,\overline{B}$。对 b 圈，列方向有 $\overline{C}\overline{D}$，行方向有 $\overline{A}$，此圈结果为 $\overline{A}\,\overline{C}D$。对 c 圈，列方向有 $\overline{D}$，行方向有 A，故此圈结果为 $A\overline{D}$。最后结果为：$Y(A, B, C, D) = \overline{A}\,\overline{B} + \overline{A}\,\overline{C}D + A\overline{D}$。

注意：本例中 d 圈的四个"1"均被其他圈包含过，没有一个新方格，故为无效圈。

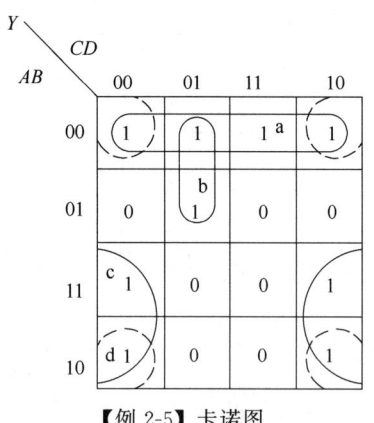

【例 2-5】卡诺图

第八节 集成逻辑门电路和组合逻辑电路

一、TTL 集成门电路

TTL 集成门电路体积小、重量轻，与分立元件电路相比，具有高可靠性和微型化等特点。数字集成电路中，最基本的门电路是与、或、非三种以及它们组成的与非、或非等电路，其中应用最普遍的是与非门电路。

（一）TTL 与非门电路结构

各个系列的 TTL 与非门大致都是由输入级和输出级组成的，因为它们的输入端和输出端都是三极管结构，所以称三极管—三极管逻辑电路，简称 TTL 电路。

图 2-59（a）是最常用的 TTL 与非门电路。T_1 为多发射极晶体管，可把它的集电结看成一个二极管，而把发射结看成三个与前者背靠背的二极管，如图 2-59（b）所示。它的逻辑符号如 2-59（c）所示。

（二）TTL 与非门电路工作原理

当输入有一个或多个为低电平时，T_1 导通，T_2、T_5 截止，T_3、T_4 导通，输出高电平 U_{OH}，其典型值为 3.6V。

当输入全为高电

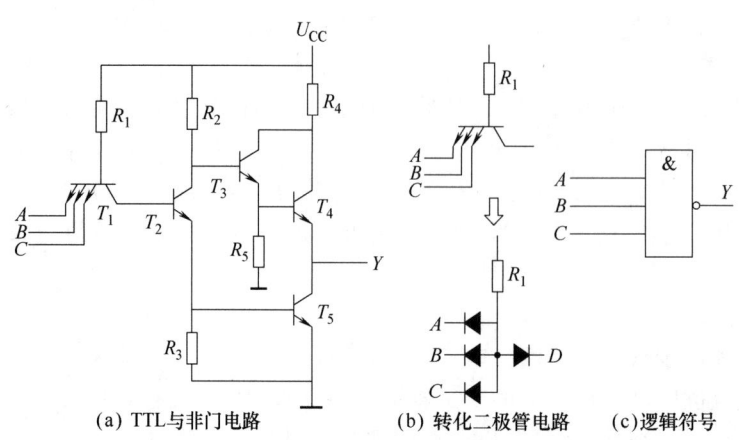

(a) TTL与非门电路　　(b) 转化二极管电路　　(c) 逻辑符号

图 2-59　TTL 集成与非门电路

平（或悬空）时，T_1 发射极截止，集电结导通，同时 T_2、T_5 饱和导通，T_3、T_4 截止，输出低电平 U_{OL}，其典型值为 0.3V。

所以，该电路的输出 Y 与输入 A、B、C 之间是非逻辑的关系，即：

由于 T_2 的集电极和发射极输出一对互补（反相）的信号，所以这一级称为倒相级，T_3、T_4 和 T_5 总有一个导通，一个截止（指稳态情况下），这就有效地降低了输出级的静态功耗，并提高了对负载的驱动能力。

（三）TTL 与非门的外特性及其主要参数

1. 电压传输特性

电压传输特性是指 TTL 与非门输出电压随输入电压变化的关系曲线 $u_o = f(u_i)$。如图 2-60 所示为与非门的电压传输特性，它显示了与非门的逻辑关系，即当输入为低电平时，输出为高电平，如图中 AB 段；输入为高电平时，输出为低电平，如图中 DE 段；在输入由低电平向高电平过渡过程中，输出也由高电平向低电平转化，如图 2-60 中的 BC 和 CD 段。

2. 主要参数

（1）输出高电平电压 U_{OH} 和输出低电平电压 U_{OL}。在曲线的 AB 段，因为 $u_i < 0.5V$，所以 T_2、T_5 都截止，T_3 和 T_4 导通，故输出为高电平 $U_o = 3.6V$，这一段称作特性曲线的截止区。

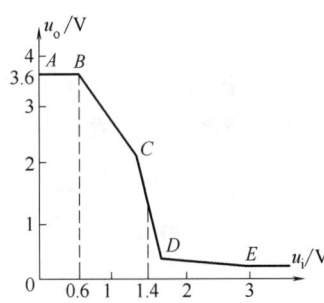

图 2-60 典型的电压传输特性

在 BC 段，由于 $u_i > 0.7V$，所以 T_2 导通，而 T_5 依然截止，而且因 T_2 处于放大区，因而 u_o 随 u_i 的升高而线性地下降，这一段称作特性曲线的线性区。

当输入电压进一步升高时，T_5 也变为导通状态，输出电压急剧下降为低电平，这就是称为转折区的 CD 段。在转折后，曲线进入饱和区 DE 段，$u_i > 1.4V$，T_3、T_4 截止，T_5 饱和，u_o 为低电平且基本不变。

对通用 TTL 与非门，输出高电平 $U_{OH} \geq 2.4V$，输出低电平 $U_{OL} \leq 0.4V$。

（2）阀值电压 U_{TH}。电压传输特性转折区中点所对应的输入电压值称为阀值电压 U_{TH}。它是 T_5 管截止和导通的分界线，也是输出高、低电平的分界线，所以也称门槛电压。在近似分析时一般把 U_{TH} 作为判断 TTL 与非门工作状态的关键数值，即当 $u_i < U_{TH}$ 时，就认为与非门截止，输出高电平；当 $u_i > U_{TH}$ 时，就认为与非门饱和，输出低电平。一般 TTL 与非门的 $U_{TH} = 1.4V$。

（3）扇出系数 N_O。扇出系数是指输出端最多能带同类与非门的个数，它反映了与非门的最大负载能力。对于 TTL 与非门，一般产品规定为 $N_O \geq 8$。

典型的 TTL 与非门产品 74LS00（2 输入四与非门）的主要技术参数，如表 2-10 所示，引脚排列见图 2-61。

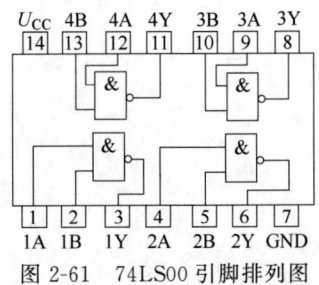

图 2-61 74LS00 引脚排列图

二、组合逻辑电路

所谓组合逻辑电路，是指电路在任何时刻的输出仅与该时刻的输入状态有关，而与先前的状态无关。它由门电路组成，且不含任何记忆元件，也不存在任何反馈电路。

表 2-10　　　　　　　　　　　74LS00 主要技术参数

参数名称	符号	测试条件	最小值	典型值	最大值
输出高电平/V	U_{OH}	$U_{CC}=4.5\text{V}, I_{OH}=400\mu\text{A}$ $U_{IL}=0.8\text{V}$	2.4	3.6	
输出低电平/V	U_{OL}	$U_{CC}=4.5\text{V}, I_{OL}=800\text{mA}$ $I_{OL}=2\text{V}$		0.2	0.4
开门电平/V	U_{ON}			<1.8	
关门电平/V	U_{OFF}			0.8	
平均延迟时间/ns	t_{pt}			9	15
扇出系数	N_O				8

(一) 组合逻辑电路的分析

组合逻辑电路一般具有一个或多个输入端,一个或多个输出端,其框图如图 2-62 所示。组合逻辑电路的功能可以用表达式、真值表、卡诺图和波形图等方法来描述。组合逻辑电路的分析与设计就是上述方法的综合应用。

图 2-62　组合逻辑电路框图

组合逻辑电路的分析就是对给定逻辑电路,剖析其输出变量与输入变量的逻辑关系,了解其逻辑功能。

1. 分析步骤

① 根据给定逻辑图,写出各级逻辑表达式。
② 从第一级开始逐级向输出端推进,写出输出与输入之间的逻辑关系表达式。
③ 将逻辑表达式进行化简。
④ 根据简化的逻辑表达式,列真值表。
⑤ 根据真值表,判断其逻辑功能。

2. 分析举例

【例 2-6】 逻辑电路如图所示,试分析其输出变量与输入变量的关系,说明其逻辑功能。

解:(1) 写出各级逻辑表达式:

$$L_1=\overline{A}, L_2=\overline{B}, L_3=\overline{\overline{A}B}, L_4=\overline{A\overline{B}}$$

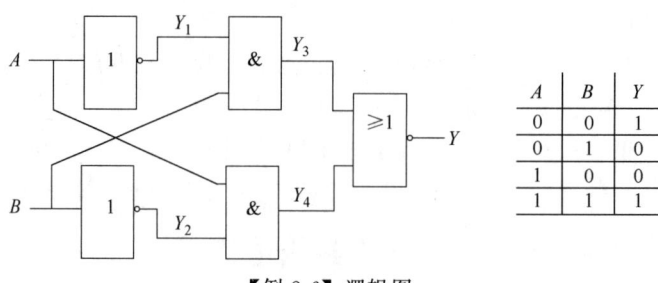

【例 2-6】逻辑图

(2) 写出输出逻辑表达式:

$$L=\overline{L_3+L_4}=\overline{\overline{\overline{A}B}+\overline{A\overline{B}}}=\overline{A\oplus B}=AB+\overline{A}\,\overline{B}$$

(3) 列真值表：见表 2-11。
(4) 功能分析：由真值表和逻辑表达式可知，该电路是同或门电路。

(二) 组合逻辑电路的设计

根据给定的实际逻辑问题，设计出实现这一逻辑功能的最简逻辑电路，这就是组合逻辑电路设计的任务。

1. 设计的一般步骤

① 根据逻辑功能要求，确定输入、输出变量，并规定变量取值的含义。
② 依照题意，列出真值表。
③ 用卡诺图化简，写出最简与或表达式。
④ 根据门的类型，变换表达式。
⑤ 画逻辑图。

2. 设计举例

【例 2-7】 设计一个三人表决器的逻辑控制电路，并用与非门实现。表决的原则是少数服从多数，多数人赞成则通过，否则不通过。

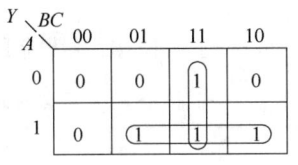
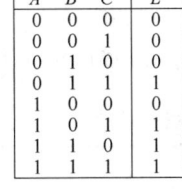

[例 2-7] 卡诺图

A	B	C	L
0	0	0	0
0	0	1	0
0	1	0	0
0	1	1	1
1	0	0	0
1	0	1	1
1	1	0	1
1	1	1	1

解：(1) 设三人用 A、B、C 表示，作输入变量，举手赞成为 "1"，否则为 "0"。L 表示输出，通过的 L 为 "1"，否则为 "0"。

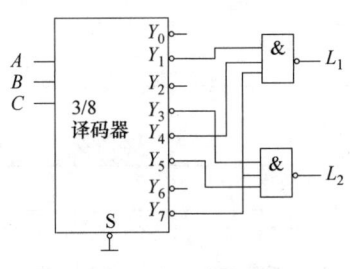

【例 2-7】逻辑图

(2) 依题意列出真值表。
(3) 画卡诺图，由卡诺图求得最简与或表达式为
$$L = AC + AB + BC$$
(4) 表达式变换成与非-与非的形式：
$$L = \overline{\overline{AC + AB + BC}}$$
$$= \overline{\overline{AC} \cdot \overline{AB} \cdot \overline{BC}}$$
(5) 画出 [例 2-7] 逻辑图。

第九节　触发器与时序逻辑电路

时序逻辑电路简称时序电路，它是一种具有记忆功能的电路。时序逻辑电路是由组合逻辑电路与记忆电路（又称存储电路）组合而成的。常见时序逻辑电路有触发器、寄存器和计数器等。

一、触发器

应当强调的是：在现状态输入时，原来的输入状态在外部形式上已经撤销，但其作用或影响仍然存在，靠的是记忆作用。没有记忆也就不会有现代的电子计算机。在电子电路中，具有记忆功能的器件种类很多，本节介绍具有记忆功能的基本单元电路——触发器。

(一) 基本 RS 触发器

1. 电路结构

如图 2-63 (a) 所示为一个基本 RS 触发器,它由两个与非门交叉耦合连接而成。

它有两个输入端 $\bar{R}$、$\bar{S}$,有两个输出端 $\bar{Q}$ 和 Q。

通常规定 Q 端为触发器状态端。当 $Q=0$ 时,称触发器处于"0"态;而当 $Q=1$ 时,称触发器处于"1"态。若 Q 从"0"态变为"1"态或者从"1"态变为"0"态,称触发器"翻转"。

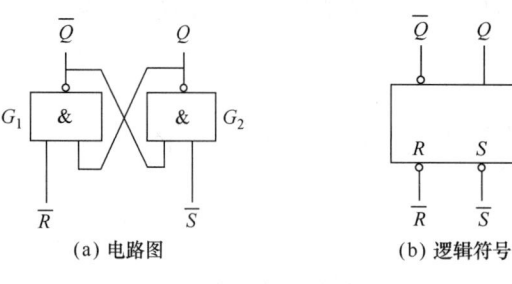

图 2-63 基本 RS 触发器

2. 功能表示方法

(1) 真值表。由以上分析可得到基本 RS 触发器的真值表,如表 2-11 所示。

表 2-11 基本 RS 触发器真值表

$\bar{R}$	$\bar{S}$	Q	$\bar{Q}$	说 明
0	0	1	1	不定
0	1	0	1	置"0"
1	0	1	0	置"1"
1	1	Q	$\bar{Q}$	保持

(2) 逻辑符号。用与非门构成的基本 RS 触发器的逻辑符号如图 2-63 (b) 所示。图中 $\bar{R}$ 和 $\bar{S}$ 端上的小圆圈表示用负脉冲置"0"和置"1";$\bar{Q}$ 端的小圆圈表示 $\bar{Q}$ 端的状态与 Q 端互补。

(3) 波形图。基本 RS 触发器的功能用波形图表示如图 2-64 所示。

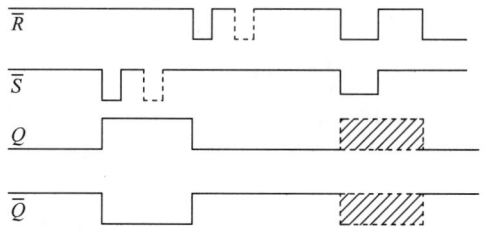

图 2-64 与非门组成的基本触发器波形图

(4) 应用举例。基本 RS 触发器的应用之一是消除机械开关的抖动。

在用机械开关向数字设备输入控制信号时,由于机械开关接点的抖动,使输入电压产生很多毛刺,会引起误动作。采用基本 RS 触发器能有效消除上述现象,其电路和电压波形见图 2-65。

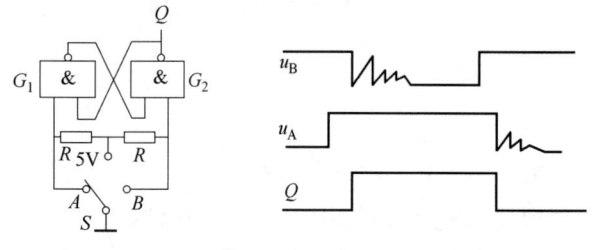

图 2-65 抖动消除电路及电压波形

(二) 同步 RS 触发器

在实际的数字系统中,往往含有许多触发器,并常常要求能够控制这些触发器的翻转时间。为此,引入了时钟脉冲 (clock pulse, CP) 来控制,使系统状态的改变与时钟同步。这种触发器称为钟控触发器或同步触发器。

1. 电路构成

同步 RS 触发器的电路结构和逻辑符号如图 2-66 所示。

2. 工作原理

当 $CP=0$ 时，G_1、G_2 封锁，$\overline{R}=\overline{S}=1$，触发器状态不变。

当 $CP=1$ 时，G_1、G_2 打开，触发器的输出状态取决于输入信号 R、S 的状态：

(1) $R=1$、$S=0$ 时，有 $\overline{R}=0$，$\overline{S}=1$，基本 RS 触发器置 "0"，即 $Q=0$、$\overline{Q}=1$。

(2) 当 $R=0$、$S=1$ 时，有 $\overline{R}=1$，$\overline{S}=0$，基本 RS 触发器置 "1"，即 $Q=1$、$\overline{Q}=0$。

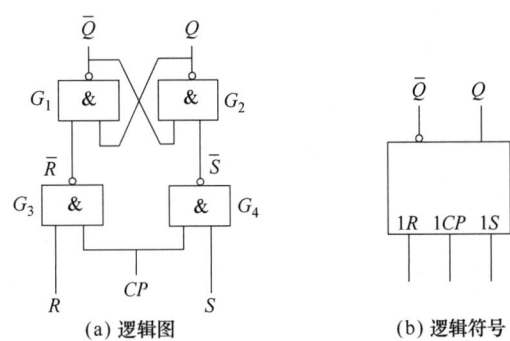

图 2-66 同步 RS 触发器

(3) 当 $R=S=0$ 时，有 $\overline{R}=\overline{S}=1$，触发器状态不变。

(4) 当 $R=S=1$ 时，有 $\overline{R}=\overline{S}=0$，触发器处于不定态，应避免出现。

3. 功能描述

(1) 真值表（特性表）。由以上分析可得到同步 RS 触发器的真值表如表 2-12 所示。

表中 Q_n 为第 n 个 CP 作用后触发器的状态，称为触发器初态、原态或现态；Q_{n+1} 为第 $n+1$ 个 CP 作用后触发器的状态，称为触发器的次态或新态。

表 2-12　　　　　　　　　　　同步 RS 触发器真值表

R	S	Q_n	Q_{n+1}	说　明
0	0	0	0 ⎫ Q_n	不变
0	0	1	1 ⎭	
0	1	0	1 ⎫ 1	同 S
0	1	1	1 ⎭	
1	0	0	0 ⎫ 0	同 S
1	0	1	0 ⎭	
1	1	0	× ⎫ 不定	不定
1	1	1	× ⎭	

(2) 卡诺图。同步 RS 触发器的功能也可以用卡诺图来描述，如图 2-67 所示。

(3) 波形图。同步 RS 触发器的功能也可以用波形图来描述，如图 2-68 所示。

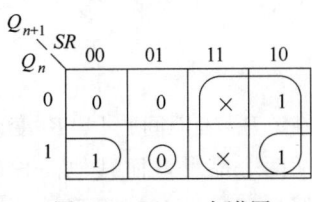

图 2-67　Q_{n+1} 卡诺图

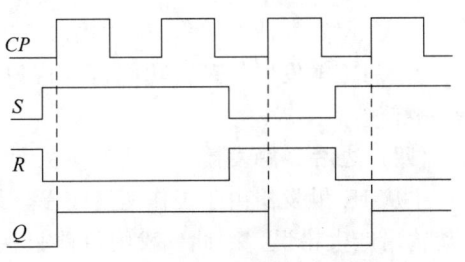

图 2-68　同步 RS 触发器波形图

(三) 主从 JK 触发器

同步 RS 触发器在 $CP=1$ 期间，若 R、S 信号多次发生变化，触发器的输出状态将发生多次翻转，称为"空翻"。集成触发器都在电路结构上采取措施防止"空翻"，主从结构是其中的一种。

主从 RS 触发器，其输入信号 R 和 S 的取值受到一定的限制，即必须满足 $RS=0$ 的约束条件。这在很多场合应用极不方便。下面介绍的主从 JK 触发器解除了对输入信号的取值限制。

1. 电路结构

主从 JK 触发器的电路结构如图 2-69 (a) 所示，与主从 RS 触发器在结构上的主要区别是输入端多了两个与门，而且有 $R=QK$，$S=\overline{Q}J$，其逻辑符号见图 2-69 (b)。

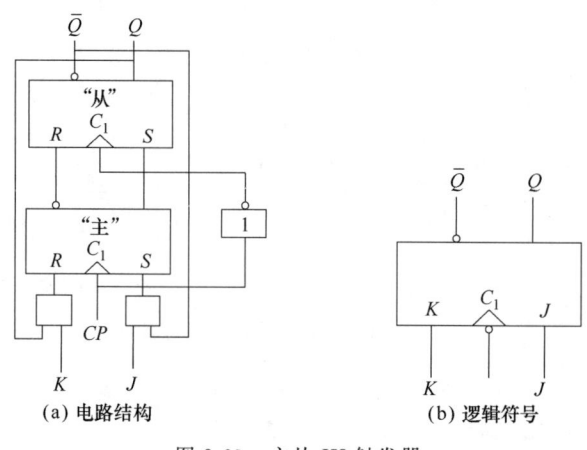

图 2-69 主从 JK 触发器

2. 功能描述

根据 RS 触发器的逻辑功能和 $R=QK$，$S=\overline{Q}J$ 的关系，可推出主从 JK 触发器的真值表如表 2-13 所示。

表 2-13　　　　　　　主从 JK 触发器的真值表

J	K	Q_n	Q_{n+1}	说　明
0	0	0	0 ⎫ Q_n	不变
0	0	1	1 ⎭	
0	1	0	0 ⎫ 0	同 J
0	1	1	0 ⎭	
1	0	0	1 ⎫ 1	同 J
1	0	1	1 ⎭	
1	1	0	1 ⎫ $\overline{Q}_n$	翻转
1	1	1	0 ⎭	

由表 2-13 可画出 Q_{n+1} 的卡诺图如图 2-70 所示。由卡诺图化简得 JK 触发器的次态方程为

$$Q_{n+1}=J\overline{Q}_n+\overline{K}Q_n$$

主从 JK 触发器的工作波形如图 2-71 所示。

主从 JK 触发器的逻辑功能可以用以字诀来记忆：全 0 不变，全 1 必翻，有 1 有 0，QJ 一样。

(四) 边沿 D 触发器

主从 JK 触发器由于工作速度较慢，易受噪声干扰，尤其在 $CP=1$ 期间，J、K 变化会使输出产生错误。因此，我国目前只保留 CT7472、CT1111 两个品种，而其他品种的 JK 触发器都采用边沿触发方式。边沿触发器有负边沿 D 触发器和正边沿 D 触发器。负边

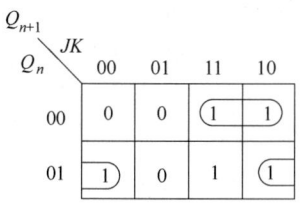

图 2-70 Q_{n+1} 卡诺图

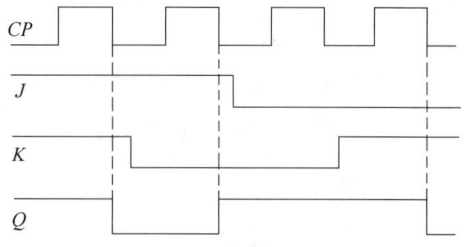

图 2-71 主从 JK 触发器工作波形

沿触发工作方式工作特点是：输出状态是根据 CP 下降沿到达瞬间输入信号的状态来决定。而在 CP 其他时刻，输入信号状态的变化对触发器状态不产生影响，主要产品有 74LS112、74H108、74LS114 等，其逻辑符号、逻辑功能与主从 JK 触发器完全相同。正边沿 D 触发器的输出状态决定于 CP 上升沿到达前瞬间 D 的输入状态。因为其内部电路设置了维持线，其触发器没有"空翻"现象。

1. D 触发器的等效逻辑电路

D 触发器的逻辑电路和符号如图 2-72 所示，相当于 JK 输入端总是输入两个相反的变量，所以 D 触发器只有两种输出的状态。CP 通过一个"非门"再输入到 JK 触发器，因此此处的 D 触发器是上升沿工作的触发器。

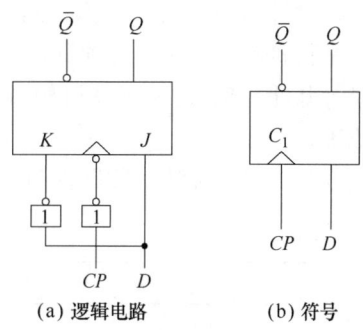

(a) 逻辑电路　　(b) 符号

图 2-72 D 触发器的逻辑电路和符号

2. D 触发器真值表与功能表

D 触发器真值表如表 2-14 所示，D 触发器功能表如表 2-15 所示。

表 2-14　D 触发器真值表

C_P	D	Q^{n+1}
x		$Q(n)$
1	0	0
1	1	1

表 2-15　D 触发器功能表

D	Q^{n+1}
0	0
1	1

3. D 触发器的输出波形分析

D 触发器波形图的画法与 JK 触发器相似，作图时只需考虑时钟脉冲 CP 的边沿到来时 D 的数值，其他时间 D 触发器关闭。图 2-73 为 D 触发器的工作波形的画法，设 $Q_n=0$，CP 的上升沿触发。

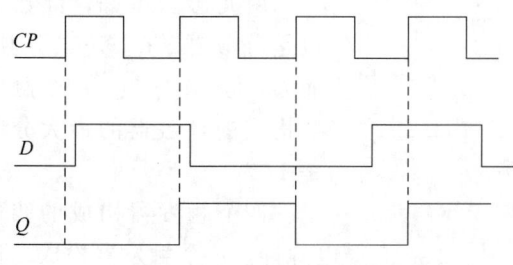

图 2-73 D 触发器的工作波形

二、寄存器

寄存器是一种能存取二进制数据的电路。将数据存入寄存器的过程称为"写"，当往寄存器中"写"入新数据时，以前存储的数据会消失。将数据从寄存器中取出的过程称为"读",数据被"读"出后,寄存器中的该数据并不会消失,寄存器能存储数据是因为它采用了具有记忆功能的电路——触发器,一个触发器能存放 1 位二进制数。一个 8 位寄存器至少需要 8 个触发器组成,它能存放 8 个"0""1"这样的二进制数。

三、计数器

(一) 二进制计数器

在二进制数体制中,一定要用二进制计数器。已知一个触发器可以存放一位二进制数,所以用 n 个触发器连接,就可以构成 n 位二进制计数器。二进制计数器又称模 2^n 计数器。

按时钟加到各触发器的时间不同,又可以分为异步计数器和同步计数器。所谓"异步"是指各触发器得到时钟脉冲的时间不相同,而"同步"是指各触发器都在同一时刻得到时钟脉冲。现以 JK 触发器构成四位二进制异步加法计数器为例,说明其连接方法和工作原理。

四位二进制加法计数器真值表如表 2-16 所示。

表 2-16　　　　　　　　　　四位加法计数器真值表

CP	Q_3	Q_2	Q_1	Q_0	CP	Q_3	Q_2	Q_1	Q_0
0	0	0	0	0	9	1	0	0	1
1	0	0	0	1	10	1	0	1	0
2	0	0	1	0	11	1	0	1	1
3	0	0	1	1	12	1	1	0	0
4	0	1	0	0	13	1	1	0	1
5	0	1	0	1	14	1	1	1	0
6	0	1	1	0	15	1	1	1	1
7	0	1	1	1					
8	1	0	0	0					

由真值表可知,第一位触发器每来一个 CP 翻转一次,根据 JK 触发器"全 1 必翻"的功能,则第一个触发器 $J_0 = K_0 = 1$(悬空),计数脉冲 N 送入 CP 端。从第二到第四个触发器,它们的翻转都在前一个触发器的输出 Q 从 1→0(下降沿)的时刻,而 JK 触发器有下降沿就翻转,因此把前一个触发器的 Q 端连到下一个触发器的 CP 端即可,如图 2-74 所示,其工作波形如图 2-75 所示。

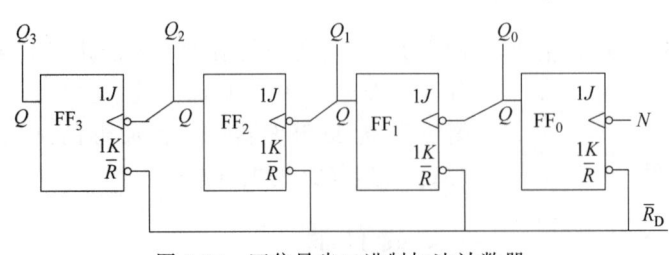

图 2-74　四位异步二进制加法计数器

由波形图可知,计数器也是分频器。Q_0 是二分频,而 Q_3 是 16 分频。n 个触发器构成的计数器的最大分频是 $1/2^n$。

四个触发器构成的四位二进制计数器有 $2^4 = 16$ 个状态,计数容量为 $2^4 - 1 = 15$ 个电脉冲。n 个触发器构成二进制计数器的计数容量为 $2^n - 1$ 个电脉冲。

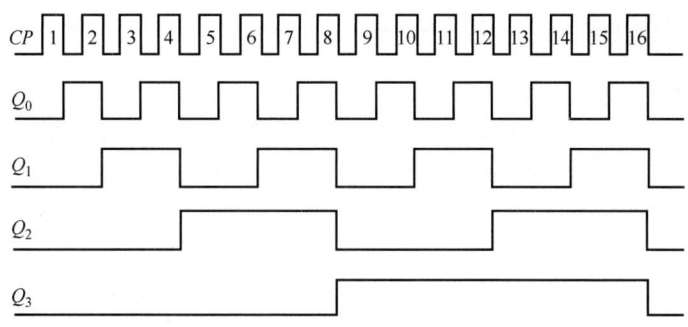

图 2-75　四位二进制计数器波形图

(二) 十进制计数器

十进制的编码很多,这里仅以 8421BCD 码编码的十进制计数器为例介绍。

与二进制计数一样,十进制也有"异步"和"同步"之分,有加法、减法和可逆计数器之分。现介绍一种较常用的同步十进制加/减计数器集成电路 74LS192。如图 2-76 所示为 74LS192 集成电路元件的引脚排列图,其功能见表 2-17。74LS192 是一个双时钟可逆计数器,CP_+(或 CPV)做加法计数器输入;CP_-(或 CPD)作减法计数器输入。C 是清零端,高电平有效;LD 为置数控制端,低电平有效。从功能表可知,该器件无论是清零还是置数,都与 CP 无关,这种清零和置数方式称为异步清零和异步置数。Q_C 是进位输出,从内部逻辑来看(未画出),$Q_C = \overline{Q_A Q_D \overline{CP_+}}$,即计数器计数到 1001(9)后,$CP_+$ 上升沿到来,Q_C 从 1→0,输出进位负脉冲。Q_B 是借位输出,从内部逻辑来看,$Q_B = \overline{\overline{Q_A} \, \overline{Q_B} \, \overline{Q_C} \, \overline{Q_D} \, \overline{CP_-}}$,即计数器输出为 $Q_A Q_B Q_C Q_D = 0000$ 时,若 CP_- 上升沿到来,Q_B 从 1→0,输出借位负脉冲。

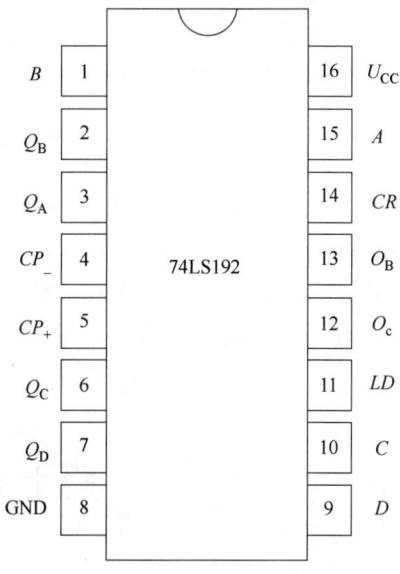

图 2-76　74LS192 引脚

表 2-17　　　　　　　　　　　　74LS192 功能表

输入								输出			
CR	LD	CP_+	CP_-	A	B	C	D	Q_A	Q_B	Q_C	Q_D
1	×	×	×	×	×	×	×	0	0	0	0
0	0	×	×	a	b	c	d	a	b	c	d
0	1	↑	1	×	×	×	×	加法计数			
0	1	1	↑	×	×	×	×	减法计数			
0	1	1	1	×	×	×	×	保持			

与触发器一样,CMOS 型计数器也具有功能低、抗干扰能力强、电源电压范围宽等特点,在电子产品中得到广泛应用。典型产品有 CD4060、CD40192、CD40193 等。

四、触发器、计数器综合应用实例

【例2-8】 1Hz时钟信号发生器

1Hz时钟信号发生器电路如图所示,该电路可输出精密的1Hz时钟信号,可用于数字时钟及定时电路,电路具有使用元件少、价格低廉的特点。

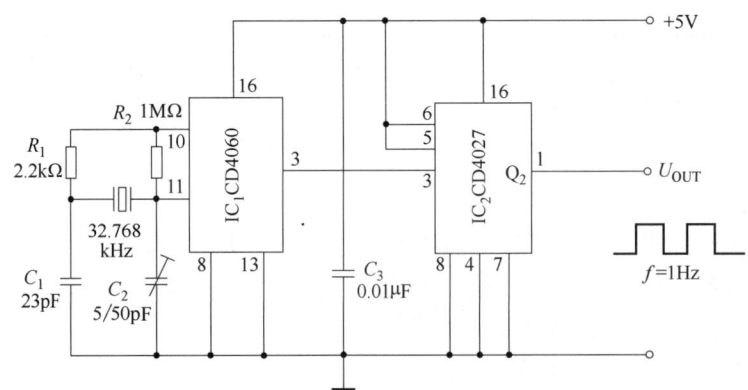

【例2-8】1Hz时钟信号发生器图

从图中可以看出,该电路由14级二进制计数器CD4060、JK触发器CD4027及32.768kHz晶振等元件组成。IC_1 10、11脚的外接元件构成振荡器,其振荡频率为32.768kHz,微调电容 C_2 可精确调节此频率。该振荡信号经 IC_1 的 2^{14} 次分频后,在 IC_1 的3脚输出2Hz的方波信号,该方波信号经 IC_2 JK触发器的二次分频后,便可在 IC_2 的1脚输出精确的频率为1Hz的钟信号。

第十节 脉 冲 电 路

一、脉冲电路基础

(一)获得脉冲的方法

(1) 自激振荡电路直接产生矩形脉冲,由多谐振荡器来实现。

(2) 将已有波形(正弦波、锯齿波等)整形为矩形脉冲,由施密特触发器和单稳态触发器来实现。

555定时器是构成多谐振荡器、施密特触发器和单稳态触发器的既经济又简单实用的器件。它是一种数字、模拟混合型的中规模集成电路,是一种产生时间延迟和多种脉冲信号的电路,由于内部电压标准使用了三个5kΩ电阻,故取名555电路。

(二)555电路的工作原理

555电路的内部电路方框图如图2-77所示。它含有两个电压比较器,一个基本RS触发器,一个放电开关管T,比较器的参考电压由三个5kΩ的电阻器构成的分压器提供。它们分别使高电平比较器 A_1 的同相输入端和低电平比较器 A_2 的反相输入端的参考电平

为 $\frac{2}{3}V_{CC}$ 和 $\frac{1}{3}V_{CC}$。A_1 与 A_2 的输出端控制 RS 触发器状态和放电管开关状态。当输入信号自 6 脚输入，即高电平触发输入并超过参考电平 $\frac{2}{3}V_{CC}$ 时，触发器复位，555 的输出端 3 脚输出低电平，同时放电开关管导通；当输入信号自 2 脚输入并低于 $\frac{1}{3}V_{CC}$ 时，触发器置位，555 的 3 脚输出高电平，同时放电开关管截止。

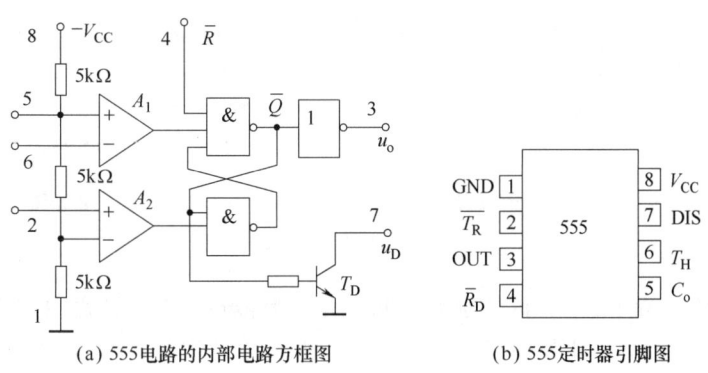

(a) 555电路的内部电路方框图　　(b) 555定时器引脚图

图 2-77　555 定时器电路

$\overline{R}_D$ 是复位端（4 脚），当 $\overline{R}_D=0$，555 输出低电平，平时 $\overline{R}_D$ 端开路或接 V_{CC}。

V_{CC} 是控制电压端（5 脚），平时输出 $\frac{2}{3}V_{CC}$ 作为比较器 A_1 的参考电平，当 5 脚外接一个输入电压，即改变了比较器的参考电平，从而实现对输出的另一种控制，在不接外加电压时，通常接一个 $0.01\mu F$ 的电容器到地，起滤波作用，以消除外来的干扰，以确保参考电平的稳定。

T 为放电管，当 T 导通时，将给接于脚 7 的电容器提供低阻放电通路。

555 定时器主要是与电阻、电容构成充放电电路，并由两个比较器来检测电容器上的电压，以确定输出电平的高低和放电开关管的通断。这就很方便地构成从微秒到数十分钟的延时电路，可方便地构成单稳态触发器、多谐振荡器、施密特触发器等脉冲产生或波形变换电路。

二、555 定时器的典型应用

（一）构成单稳态触发器

图 2-78（a）为由 555 定时器和外接定时元件 R、C 构成的单稳态触发器。触发电路由 C_1、R_1、D 构成，其中 D 为钳位二极管，稳态时 555 电路输入端处于电源电平，内部放电开关管 T 导通，输出端 F 输出低电平，当有一个外部负脉冲触发信号经 C_1 加到 2 端，并使 2 端电位瞬时低于 $\frac{1}{3}V_{CC}$，低电平比较器动作，单稳态电路即开始一个暂态过程，电容 C 开始充电，V_C 按指数规律增长。当 V_C 充电到 $\frac{2}{3}V_{CC}$ 时，高电平比较器动作，比较器 A_1 翻转，输出 V_0 从高电平返回低电平，放电开关管 T 重新导通，电容 C 上的电荷很

快经放电开关管放电,暂态结束,恢复稳态,为下个触发脉冲的来到做好准备。波形图如图 2-78(b)所示。

暂稳态的持续时间 t_w(即为延时时间)决定于外接元件 R、C 值的大小。

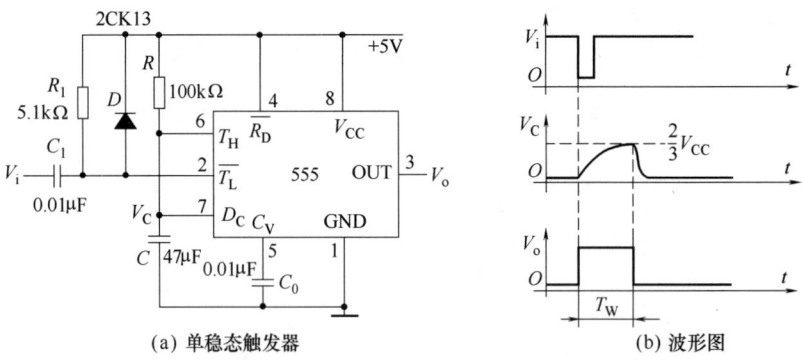

图 2-78 单稳态触发器

通过改变 R、C 的大小,可使延时时间在几个微秒到几十分钟之间变化。当这种单稳态电路作为计时器时,可直接驱动小型继电器,并可以使用复位端(4 脚)接地的方法来中止暂态,重新计时。此外尚须用一个续流二极管与继电器线圈并接,以防继电器线圈反电势损坏内部功率管。

(二) 构成多谐振荡器

图 2-79(a)由 555 定时器和外接元件 R_1、R_2、C 构成多谐振荡器,脚 2 与脚 6 直接相连。电路没有稳态,仅存在两个暂稳态,电路亦不需要外加触发信号,利用电源通过 R_1、R_2 向 C 充电,以及 C 通过 R_2 向放电端 C_1 放电,使电路产生振荡。电容 C 在 $\frac{1}{3}V_{CC}$ 和 $\frac{2}{3}V_{CC}$ 之间充电和放电,其波形如图 2-79(b)所示。输出信号的时间参数是:

$$T = t_{w1} + t_{w2}, t_{w1} = 0.7(R_1 + R_2)C, t_{w2} = 0.7R_2C$$

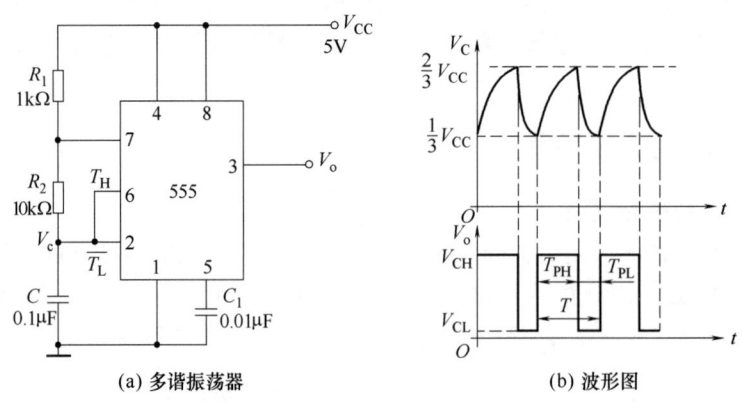

图 2-79 多谐振荡器

555 电路要求 R_1 与 R_2 均应大于或等于 $1k\Omega$,但 $R_1 + R_2$ 应小于或等于 $3.3M\Omega$。
外部元件的稳定性决定了多谐振荡器的稳定性,555 定时器配以少量的元件即可获得较高精度的振荡频率和具有较强的功率输出能力，因此这种形式的多谐振荡器应用很广。

(三) 组成施密特触发器

如图 2-80 所示，输入信号 V_i，对应的输出信号为 V_o，假设未接控制输入 V_m。

(1) 当 $V=0$ 时，即 $V_1<2/3V_{CC}$、$V_2<1/3V_{CC}$，此时 $V_o=1$，以后 V 逐渐上升，只要不高于阀值电压（$2/3V_{CC}$），输出 V_o 维持 1 不变。

(2) 当 V_i 上升至高于阀值电压（$2/3V_{CC}$）时，则 $V_{i1}>2/3V_{CC}$、$V_2>1/3V_{CC}$，此时定时器状态翻转为 0，输出 $V_o=0$，此后 V_i 继续上升，然后下降，只要不低于触发电位（$1/3V_{CC}$），输出维持 0 不变。

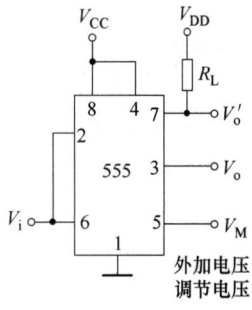

图 2-80 施密特触发器

(3) 当 V_i 继续下降，一旦低于触发电位（$1/3V_{CC}$）后，$V_{i1}<2/3V_{CC}$、$V_2<1/3V_{CC}$，定时器状态翻转为 1，输出 $V_o=1$。

第十一节　仪表与仪器应用

一、仪表检测原理

(一) 直流稳压源

直流稳压源 DH1718D 和双路稳压稳流（CV/CC）跟踪电源是实验室通用电源，具有恒压、恒流工作功能，且这两种模式可随负载变化而进行自动转换。

另外 DH1718D 具有串联主从工作功能，左边为主路，右边为从路，在跟踪状态下，从路的输出电压随主路而变化，这对于需要对称且可调双极性电源的场合特别适用，使用方法如下：①左边的按键为左路仪表指示功能选择，按下时指示该路输出电流，否则指示该路输出电压。②中间按键是跟踪/常态选择开关，将左路输出负端至右路输出正端之间加一短路线，按下此键后，开启电源开关，整机即工作在主-从跟踪状态。③输出电压的调节也在输出端开路时调节，输出电流的调节也在输出短路时进行。

(二) 万用表

万用表是一种多量程和测量多种电量的便携式电子测量仪表，可以测量交直流电压、交直流电流、电阻值、电容值等。万用表最大的特点是有一个量程转换开关，各种功能就是利用这个开关来切换的。

(三) 信号发生器

1. 信号发生器原理

信号发生器是产生各种波形的信号电源。按信号波形分类，有正弦信号发生器、方波信号发生器、脉冲信号发生器、函数信号发生器（多信号发生器）等。信号发生器的核心部分是振荡器产生的信号放大后作为电压或功率输出。通常输出电压可连续调节（细调），有电压衰减开关（粗调），输出频率也可通过粗调开关和细调旋钮进行调节。

2. 信号发生器的使用方法

(1) 先将输出幅值调到零位，接通电源，预热几分钟方可进行工作。

(2) 使用时将电源频率调到所需的数值，对于多信号发生器，还要将转换开关调到选定的波形位置，在确定负载与信号发生器连接无误后，再将输出电压从零调到所需数值。

(3) 不能将信号发生器的输出端短路，以免损坏仪器。

(四) 示波器

1. 示波器原理

示波器是一种综合性的电信号特性测试仪，用它可以直接显示电信号的波形，测量其幅值、频率以及同频率两信号的相位差等。电路实验中，这种基本电子测量仪器会多次用到。

2. 示波器使用方法

(1) 直流电压测量。

① 将触发方式置自动（AUTO），使屏幕上出现扫描基线，Y 轴微调置校正（CAL）。

② CH_1 或 CH_2 的输入接地（GND），此时的基线，即为 0V 基准线。

③ 加入被测信号，输入置 DC，观察扫描基线在垂直方向平移的格数，与 VOLTS/DIV 开关指示的值相乘，即为信号的直流电压。例如，VOLTS/DIV 置 0.5V/DIV，读得扫描线上移为 3.4 格，则被测电压为：$U=0.5/DIV \times 3.4DIV=1.7V$。

(2) 交流电压测量。

① 将输入置 AC（或 DC）。

② 用垂直移位旋钮，将波形移至屏幕中心位置，按波形所占垂直方向的格数，即可测出电压波形的峰-峰值。例如，VOLTS/DIV 置 0.2V/DIV，被测波形占 5.2 格，则被测电压为：$U_{P-P}=0.2V/DIV \times 5.2DIV=1.04V$（置 DC 时，将被测信号中的直流分量也考虑在内，置 AC 时，则直流分量无法测出）。

(3) 时间测量。测间隔时间（周期）。周期＝TIME/DIV 的值×一个周期所占的格数。例如，TIME/DIV 置于 0.2ms/DIV，间隔在水平方向占 6 格，则其间隔时间为：$T=0.2ms/DIV \times 6DIV=1.2ms$。

(4) 测量频率。测量周期性信号的频率，测一个周期的时间，频率为周期的倒数。例如，波形周期为 8 格，扫描开关置于 $1\mu s$，则，$T=1 \times 8=8\mu s$，$f=1/T=125kHz$，也可直接从示波器上读出频率。

二、万用表应用

(一) 万用表的使用方法

1. 万用表使用前

应做到：

(1) 万用表水平放置。

(2) 应检查表针是否停在表盘左端的零位。如有偏离，可用小螺丝刀轻轻转动表头上的机械零位调整旋钮，使表针指零。

(3) 将表笔按要求插入表笔插孔。

(4) 将选择开关旋到相应的项目和量程上就可以使用了。

2. 万用表使用后

应做到：

（1）拔出表笔。

（2）将选择开关旋至"OFF"挡，若无此挡，应旋至交流电压最大量程挡，如"又1000V"。

（3）若长期不用，应将表内电池取出，以防电池电解液渗漏而腐蚀内部电路。

（二）测量直流电压

（1）选择量程。万用表直流电压挡标有"V"，有 2.5V、10V、50V、250V 和 500V 五个量程。根据电路中电源电压大小选择量程，若不清楚电压大小，应先用最高电压挡测量，逐渐换用低电压挡。

（2）测量方法。万用表应与被测电路并联。红表笔应接被测电路和电源正极相接处，黑表笔应接被测电路和电源负极相接处。

（3）正确读数。仔细观察表盘，直流电压挡刻度线是第二条刻度线，用 10V 挡时，可用刻度线下第三行数字直接读出被测电压值。注意读数时，视线应正对指针。

（三）测量直流电流

（1）选择量程。万用表直流电流挡标有"mA"，有 1mA、10mA、100mA 三挡量程。选择量程，应根据电路中的电流大小，如不知电流大小，应选用最大量程。

（2）测量方法。万用表应与被测电路串联。应将电路相应部分断开后，将万用表表笔接在断点的两端。红表笔应接在和电源正极相连的断点，黑表笔应接在和电源负极相连的断点。

（3）正确读数。直流电流挡刻度线仍为第二条，如选 100mA 挡时，可用第三行数字，读数后乘 10 即可。

（四）用万用表测电阻和测试电子元件

1. 用万用表测量电阻

万用表欧姆挡可以测量导体的电阻。欧姆挡用"Ω"表示，分为 R×1、R×10、R×100 和 R×1k 四挡。有些万用表还有 R×10k 挡。使用万用表欧姆挡测电阻，除前面讲的使用前应做到的要求外，还应遵循以下步骤：

（1）将选择开关置于 R×100 挡，将两表笔短接调整欧姆挡零位调整旋钮，使表针指向电阻刻度线右端的零位。若指针无法调到零点，说明表内电池电压不足，应更换电池。

（2）用两表笔分别接触被测电阻两引脚进行测量。正确读出指针所指电阻的数值，再乘以倍率（R×100 挡应乘 100，R×1k 挡应乘 1000……）就是被测电阻的阻值。

（3）为使测量较为准确，测量时应使指针指在刻度线中心位置附近。若指针偏角较小，应换用 R×1k 挡，若指针偏角较大，应换用 R×10 挡或 R×1 挡。每次换挡后，应再次调整欧姆挡零位调整旋钮，然后再测量。

（4）测量结束后，应拔出表笔，将选择开关置于"OFF"挡或交流电压最大挡位，收好万用表。

测量电阻时应注意：

① 被测电阻应从电路中拆下后再测量。

② 两只表笔不要长时间碰在一起。

③ 两只手不能同时接触两根表笔的金属杆、被测电阻两根引脚,最好用右手同时持两根表笔。

④ 长时间不使用欧姆挡,应将表中电池取出。

2. 用万用表测试电子元件

万用表欧姆挡还可以测试二极管和三极管,前面已介绍,此处不再赘述。

三、示波器应用

(一)面板结构

示波器面板结构如图 2-81 所示。

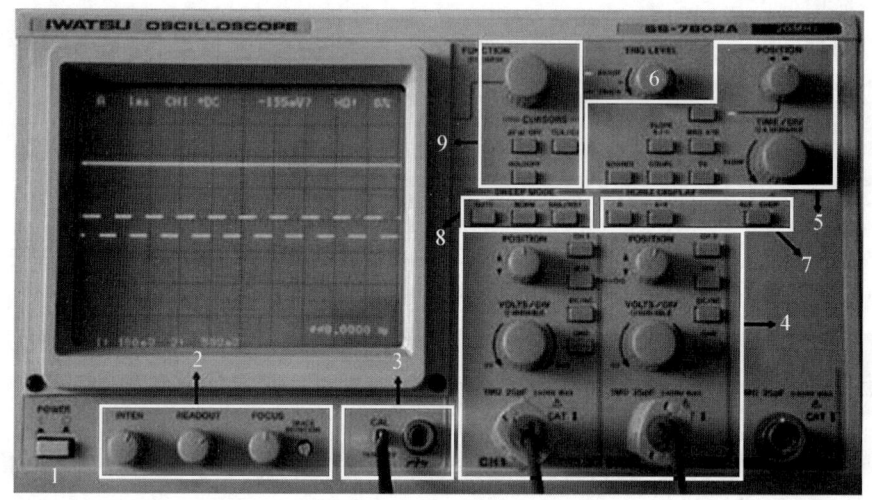

图 2-81 示波器实物图

1—电源 2—屏幕灰度等的调整 3—校正电压输出及接地;CAL 连接器;输出校正电压信号
4—垂直轴 5—水平部分 6—触发部分 7—显示方式选择 8—扫描方式 9—功能

(二)基本操作

1. 轨迹的显示及屏幕的调整

① 开启电源,将扫描模式置为 AUTO,水平显示置为 A。约 30s 后,有一轨迹显示于屏幕中间位置。

② 屏幕的调整。

通过调整【INTEN】来调整轨迹的亮度。

通过调节【READOUT】调节显示亮度。

通过调节【FOCUS】调节轨迹的聚焦度。

通过调节【SCALE】调节网格亮度。

③ 调整轨迹倾斜度。用合适的起子调节前面板上的 TRACEROTATION,可以调整轨迹的倾斜度。

2. 垂直和水平位移

该功能用于将波形调整至易于观察的位置,或当两个或多个波形重叠时将其分开以便于测量。操作方法及步骤:

(1) 调节垂直位置。

将【↑↓POSITION】向右旋转，波形上移。

将【↑↓POSITION】向左旋转，波形下移。

(2) 调节水平位置。

将【←→POSITION】向右旋转，波形右移。

将【←→POSITION】向左旋转，波形左移。

每按一次 FINE 的指示灯亮或关一次。FINE 指示灯亮时，当调节【←→POSITION】时 FINE 操作完成。在该情况下若【←→POSITION】旋到头时，波形滚动。轻微回调【←→POSITION】可使波形停在屏幕中间。

3. 垂直偏转系统

(1) 偏转因数。将波形尺寸设置为易于观察的大小。

① 通过调节【VOLTS/DIV】选择偏转因数。偏转因数的选择范围为 2mV/DIV 至 5V/DIV。偏转因数显示于屏幕的左下角。

② 按【VOLTS/DIV】，偏转因数显示 ">" 符号。在该屏幕下，也可进行 FINE 调节。

③ 旋转【VOLTS/DIV】，偏转因数连续变化。

④ 当设置的参数值达到最大或最小值时将显示 "CH_1 VARLIMIT"。通过再次按【VOLTS/DIV】取消 ">" 符号，可取消设置模式。

(2) 输入耦合。根据输入信号的类型选择适合于观察的耦合方式。操作方法和过程：

① 选择 GND：按 GND 将 GND 置为 ON（GND 的符号显示于屏幕的左下角。垂直放大的输入部分与 GND 连接时的电位轨迹将显示）。

② 选择 DC 或 AC：按 GND 将 GND 置为 OFF。按 DC/AC 选择 DC 或 AC。选择 DC 则显示输入信号的 DC 和 AC 成分，显示基于 GND 电平的 CAL 波形。选择 AC，当 DC 成分去掉时只显示输入波形的 AC 成分。CAL 波形基于平均电位显示。"V" 符号和 "～" 符号显示于屏幕顶端。

4. 显示通道

(1) 显示 CH_1 和 CH_2 的输入信号。操作方法和过程：通过按 CH_1 或 CH_2 选择 ON（显示）或 OFF（不显示）。加入置为 ON 通道 INPUT 端的信号显示于屏幕上，加入置为 OFF 通道的信号从屏幕上消失。被显示通道的通道号，VOLTS/DIV 和置为 ON 通道的输入耦合显示于屏幕的左下角。

注意：当所有通道（CH_1，CH_2 和 ADD）都置为 OFF 时，屏幕显示 CH_1。

(2) 和（ADD）及差（INV）（注意：观察两个波形时，不能使用该功能按键）。

(3) 显示两通道的和（CH_1+CH_2）或两通道之差（CH_1-CH_2）。选择差时可先选 ADD，之后再选 INV。

操作方法及步骤：

① 将 CH_1 和 CH_2 置为 ON（显示）。

② 按 ADD 将其置为 ON（屏幕左下角显示 "+"）。两通道波形的和（CH_1+CH_2）显示在屏幕上。

③ 按 INV 将其置为 ON（屏幕左下角显示 "↓"）。CH_2 极性反相，波形的差（CH_1-

CH_2）显示于屏幕上。

5. 扫描速率和幅度

（1）扫描速率。选择 A 扫描的扫描速率（TIME/DIV）。操作方法及步骤：

① 设置 TIME/DIV：旋转【TIME/DIV】选择扫描速率。扫描速率在屏幕左上角显示。波性基于扫描的起始点进行放大或缩小。

② 按【TIME/DIV】，未校准的扫描速率符号">"显示于屏幕的左上角。

③ 旋转【TIME/DIV】，扫描速率连续变化。当选择的值达到最大或最小时，屏幕显示"VARLIMIT"。再次按【TIME/DIV】去掉">"，可取消 VARIABLE 模式。

（2）幅度。相对于中心部分对波形进行 10 倍放大。操作方法及步骤：

① 用【TIME/DIV】设置扫描速率。

② 将要放大的波形置于屏幕中心，用粗线表示的部分被放大。

③ 按×10MAG，扫描速率提高 10 倍，波形将基于中心位置被放大。MAG 显示于屏幕的右下角。

6. 扫描模式

选择扫描模式：AUTO、NORM 或 SINGLE。

（1）重复扫描。选择 AUTO 或 NORM。操作方法及步骤：

在扫描模式中按 AUTO 或 NORM 选择重复扫描。AUTO 指示灯亮时表示选择了 AUTO 模式，NORM 灯亮时表示选择了 NORM 模式。若无触发（无波形显示），调整【TRIGLEVEL】。

AUTO：若无触发信号的频率为如下几种情况，触发在自激过程中将会不稳定。此时，可将触发设置为 NORM。扫描时间约为 10ms/DIV：近似为 10Hz 或更少；扫描时间约为 5ms/DIV：近似为 50Hz 或更少；允许在 50Hz 或更多的扫描速率上触发。无正确触发信号时将空运行。

NORM：允许在所有的扫描速率上触发。NORM 触发尤其适于低频信号和低重复信号。没有足够的触发信号时自动触发将不被产生。当触发源 CH_1 和 CH_2 与 GND 耦合时，扫描空运行。

（2）单次扫描。选择单次扫描，操作方法及步骤：

在扫描模式中按 SGL/RST（SGL/RST 灯亮）选择单次扫描。当 READY 指示灯亮时表示正在等待信号输出。当触发信号产生时扫描将受一次影响，READY 指示灯灭。在 CHOP 模式中，所有通道同时扫描。在 ALT 模式时，只有一个通道被扫描。

再按一下 SGL/RST，选择另一次单次触发。

7. 触发

（1）选择触发源。操作方法及步骤：

选择触发源（CH_1，CH_2，LINE，EXT，VERT）。

CH_1：用输入到 CH_1 的信号作为触发源。

CH_2：用输入到 CH_2 的信号作为触发源。

LINE：用电源作为触发源，使用于观察电源频率的信号。

EXT：用外触发信号作为触发源。外信号通过前面板的 EXTINPUT 接入。

注意：外触发信号的最大值为±400V。避免输入信号超过该值。

VERT：用小序号通道的信号作为触发源。

（2）选择触发耦合模式。操作方法及步骤：

按 COUPL 选择触发耦合（AC，DC，HFREJ，或 LFREJ）。

AC：除去触发信号中的 DC 成分。下限频率为 100Hz。

DC：信号所有成分都可通过。

HFREJ：衰减信号中的高频（10kHz 以上）成分，该模式使用于当触发信号中含有高频噪声。该噪声会使触发不稳定。

LFREJ：衰减信号中的低频（10kHz 以下）成分。该模式使用于当触发信号中含有低频噪声。该噪声会使触发不稳定。

（3）选择触发斜率。操作方法及步骤：

按 SLOPE 选择斜率（+或−）。+：扫描在波形的上升沿开始；−：扫描在波形的下降沿开始。

（4）调节触发电平的幅值。操作方法及步骤：

旋转【TRIG LEVEL】调节触发电平。

当触发信号产生时，TRIG'D 指示灯亮。有时在显示数值的右边显示"?"，表示若 AC 耦合或 VARIABLE 被设置时将不能直接读取。

（5）选择相对于 NTSC 和 PAL（SECAM）的 TV 信号触发系统。操作方法和步骤：

按 TV 选择 TV 触发模式（BOTH，ODD，EVEN 或 TV-H）。

选择 TV-H 时，功能显示变为 f：TV-MODE。

旋转 FUNCTION 选择 NTSC，PAL（SECAM）或 HDTV。选择 BOTH，ODD 或 EVEN 时，功能显示变为 f：TV-LINE。旋转【FUNCTION】选择线的序号。当【FUNCTION】被按下或连续按下时，是对位置方向的粗调。

ODD：当选择水平同步信号显示模式和垂直同步信号显示模式的奇数号时，触发被设置。

EVEN：当选择水平同步信号显示模式和垂直同步信号显示模式的偶数号时，触发被设置。

BOTH：当选择水平同步信号显示模式和垂直同步信号显示模式的奇数号或偶数号时，触发被设置。

TV-H：触发设置在水平同步脉冲上。

8. 水平显示

按水平模式下的 A 或 X-Y 选择 A 或 X-Y。A 选择 A 扫描。X-Y 模式是指 CH_1 作为 X 轴而（CH_1，CH_2，ADD）中的一个作为 Y 轴显示。该模式适用于观测磁滞曲线，电压传输特性曲线，Lissajous 图形等。

9. 释抑

有时当观测复杂的复合脉冲串时触发会出现不稳定。此时，调节释抑时间（扫描暂停）以获得稳定的波形。操作方法及步骤：

按 HOLD OFF 选择 HOLD OFF。功能显示变为 f：HOLD OFF。

旋转【FUNCTION】调整释抑时间。当【FUNCTION】被按下或连续按下时，是对位置方向的粗调。当【FUNCTION】顺时针旋转满时（100%）释抑时间为最大，当 FUNCTION 逆时针旋转满时（0）释抑时间为最小。通常情况下，释抑时间为0。

10．用光标测量时间和频率差值（Δt，$1/\Delta t$）及电压差值（ΔV）。

（1）选择测量对象，按【FK（）Δt-ΔV-OFF［FK］】选择 ΔV（电压量测）或 Δt（时间量测）。

（2）光标的操作，当选择 Δt 或 ΔV 时，将显示两条测量光标。旋转【FUNCTION】调整光标位置。当【FUNCTION】被按下或连续按下时，是对位置方向的粗调。每按一次 TCK/C2，光标及其序号按如下顺序改变：C1（光标1）→C2（光标2）→TCK（跟踪）→C1（光标1）。

（3）时间间隔（Δt）及频率（$1/\Delta t$）的测量。

按【FK（）Δt-ΔV-OFF［FK］】选择 Δt，显示光标1和光标2，时间间隔（Δt）及频率（$1/\Delta t$）的测量值显示于屏幕的左下角。移动光标1和2至需要测量的位置。设置光标1。

按【FK（）TCK/C2［FK］】选择 C1（光标1）。功能显示为 f：H-C1。光标1上方的"1"表示光标1可移动。

旋转【FUNCTION】将光标1（｜）移至测量位置。设置光标2。

按 TCK/C2 选择 C2（光标2）。功能显示为 f：H-C2。光标2上方的"1"表示光标2可移动。

旋转【FUNCTION】将光标2（｜）移至测量位置。最新光标1和2间的时间间隔（Δt）及频率（$1/\Delta t$）测量值显示于屏幕的左下角。

设置跟踪，按 TCK/C2 选择 TCK（跟踪）。功能显示为 f：H-TRACK。光标1和2上方的"1"表示光标1和2可移动。

当【FUNCTION】旋转时，光标1和2移动，但光标间的距离不变。重新设置 t 测量，按 Δt-ΔV-OFF 选择 OFF（不显示光标）。

（4）电压 ΔV 的测量。测量光标间的电压。操作方法及步骤：

按 Δt-ΔV-OFF 选择 ΔV。显示 V 光标1和 V 光标2。光标1和2间的 ΔV_1 和 ΔV_2 测量值显示于屏幕的左下角。移动光标1和2至测量位置。

设置光标1，按 TCK/C2 选择 V-C1（光标1）。功能显示为 f：V-C1。光标1左边的"-"表示光标1可移动。

旋转【FUNCTION】将光标1移至测量位置。

设置光标2，按 TCK/C2 选择 V-C2（光标2）。功能显示为 f：V-C2。光标2上方的"-"表示光标2可移动。

旋转【FUNCTION】将光标2移至测量位置。最新光标1和2间的时间间隔（Δt）及频率（$1/\Delta t$），测量值显示于屏幕的左下角。

按 TCK/C2 选择 TCK（跟踪）。功能显示为 f：V-TRACK。光标1和2上方的"-"表示光标1和2都可移动。

当【FUNCTION】旋转时，光标1和2移动，但光标间的距离不变。重新设置测量 ΔV，按 Δt-ΔV-OFF 选择 OFF（不显示光标）。

练 习 题

1. 当温度升高时，半导体的导电能力将（　　）。
   A. 增强　　　　B. 减弱　　　　C. 不变　　　　D. 无法确定
2. PN 结的特性是（　　）。
   A. 正、反向都导通　　　　　　B. 正向导通、反向截止
   C. 正、反向都截止　　　　　　D. 正向截止、反向导通
3. 半导体二极管的主要特点是具有（　　）。
   A. 电流放大作用　B. 电压放大作用　C. 单向导电性　D. 双向导电性
4. 硅管的死区电压约为（　　）V。
   A. 0.1　　　　B. 0.3　　　　C. 0.5　　　　D. 0.7
5. 锗管的正向导通压降约为（　　）V。
   A. 0.1　　　　B. 0.3　　　　C. 0.5　　　　D. 1.0
6. PN 结正向导通时表现为（　　）。
   A. 高电阻　　　B. 低电阻　　　C. 低电流　　　D. 无法确定
7. 理想二极管的正向电阻为（　　）。
   A. 无穷大　　　B. 0　　　　　C. 约几千欧　　D. 约几十千欧
8. 二极管的最大反向工作电压一般规定为击穿电压的（　　）倍。
   A. $\frac{1}{4}$　　　　B. $\frac{1}{2}$　　　　C. 1　　　　D. 2
9. 常用来制造发光二极管的材料是（　　）。
   A. 硅　　　　　B. 锗　　　　　C. 硅、锗　　　D. 砷化镓、磷化镓
10. 二极管两端加上正向电压时（　　）。
    A. 一定导通　　　　　　　　　B. 超过死区电压才会导通
    C. 超过 0.3V 才会导通　　　　 D. 超过 0.7V 才会导通
11. 二极管加反向电压时若电流很小，则管子是（　　）。
    A. 反向截止状态　B. 反向击穿状态　C. 短路状态　　D. 断路状态
12. 稳压二极管常用（　　）。
    A. 硅管　　　　B. 锗管　　　　C. 硅、锗管都可以　D. 硅、锗管都不可以
13. 稳压二极管工作时的特点是（　　）。
    A. 电压在大范围变化，电流变化小　B. 电流在大范围变化，电压变化也大
    C. 电流在小范围变化，电压变化大　D. 电流在大范围变化，电压变化小
14. 稳压管反向击穿后，其后果为（　　）。
    A. 永久性损坏
    B. 只要流过稳压管电流不超过规定值允许范围，管子无损
    C. 由于击穿而导致性能下降
    D. 不能再使用

15. 在单相半波整流电路中，所用整流二极管的数量是（　　）。
    A. 四只　　　　　B. 三只　　　　　C. 二只　　　　　D. 一只
16. 在整流电路中，设整流电流平均值为 I_0，则流过每只二极管的电流平均值 $I_D = I_C$ 的电路是（　　）。
    A. 单相桥式整流电路　　　　　　B. 单相半波整流电路
    C. 单相全波整流电路　　　　　　D. 以上都不是
17. 直流电源电路如图所示，用虚线将它分成四个部分，其中滤波环节是指图中（　　）。

    A.（1）　　　　B.（2）　　　　C.（3）　　　　D.（4）
18. 整流的目的是（　　）。
    A. 将交流电变为单向脉动的直流电　　B. 将高频变为低频
    C. 将正弦波变为方波　　　　　　　　D. 将高压变为低压
19. 由于"浪涌"的原因，电容滤波电路使用于（　　）。
    A. 负载电流小的场合　　　　　　　B. 负载电流大的场合
    C. 负载电流大、小场合均可使用　　D. 负载电流大、小场合均不可使用
20. 多级放大电路总的放大倍数是各级放大倍数的（　　）。
    A. 和　　　　　B. 差　　　　　C. 积　　　　　D. 商
21. 在画基本放大电路的直流通路时，电容 C 视作（　　）。
    A. 开路　　　　　　　　　　　　B. 短路
    C. 开路和短路均可　　　　　　　D. 开路和短路都不可
22. 在共射极放大电路中，计算静态工作点的常用方法是（　　）。
    A. 直接分析法　B. 图形分析法　C. 近似估算法　D. 正交分析法
23. 放大电路设置静态工作点的目的是（　　）。
    A. 提高放大能力　　　　　　　　B. 避免非线性失真
    C. 获得合适的输入、输出电阻　　D. 输出信号电压大、电流小
24. 下列三极管放大电路分析方法中的（　　）是不对的。
    A. 近似估算法　B. 分类法　　C. 图解法　　D. 等效电路法
25. 对放大电路进行静态分析的主要任务是（　　）。
    A. 确定电压放大倍数 A_u　　　　B. 确定静态工作点 Q
    C. 确定输入电阻 r_i　　　　　　D. 确定输出电阻 r_o
26. 共发射极放大电路的输出信号波形出现了上平顶，这种失真叫（　　）。

A. 饱和失真　　　B. 截止失真　　　C. 线性失真　　　D. 以上均不是

27. 理想运算放大器的开环放大倍数 A_{UO} 为（　　）。
A. ∞　　　　　B. 0　　　　　C. 1　　　　　D. 不定

28. 理想运算放大器的输入电阻为（　　）。
A. ∞　　　　　B. 0　　　　　C. 1　　　　　D. 不定

29. 在何种输入情况下，"或非"运算的结果是逻辑 0（　　）。
A. 全部输入是 0　　　　　　　　B. 全部输入是 1
C. 任一输入为 0，其他输入为 1　　D. 任一输入为 1

30. 在何种输入情况下，"与非"运算的结果是逻辑 0（　　）。
A. 全部输入是 0　B. 任一输入是 0　C. 仅一输入是 0　D. 全部输入是 1

31. 下图为哪种门电路符号（　　）。

$$\begin{array}{c} A \\ B \end{array} \boxed{\&} - Y$$

A. 与非门　　　B. 与门　　　C. 同或门　　　D. 异或门

32. 逻辑代数的基本运算包括（　　）。
A. 与非、或非运算　　　　　B. 同或、异或运算
C. 与、或、非运算　　　　　D. 或、与非、或非运算

第三章 电力电子技术

第一节 电力电子器件

一、晶闸管

晶闸管是晶体闸流管的简称,原名可控硅整流器(SCR),简称可控硅。晶闸管是在晶体管基础上发展起来的一种大功率半导体器件。优点:体积小、重量轻、效率高、动作迅速、维护简单、操作方便、寿命长等;缺点:过载能力差、抗干扰能力差、控制比较复杂。

广义上讲,晶闸管还包括许多类型的派生器件,包括普通晶闸管、双向晶闸管、快速晶闸管等。由于普通晶闸管应用最广,故本节着重介绍普通晶闸管。

1. 晶闸管的结构符号

晶闸管的外形有螺栓型和平板型两种,内部具有三个 PN 结四层结构,其外形、结构、符号如图 3-1 所示。由 P_1 引出的是阳极 A,P_2 引出的是门极 G(也称控制极),N_2 引出的是阴极 K。

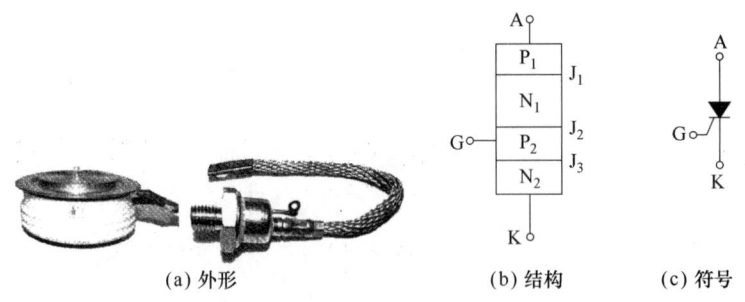

(a) 外形　　　　　(b) 结构　　　　　(c) 符号

图 3-1　晶闸管的外形、结构、符号

2. 晶闸管的工作原理

为说明晶闸管导电原理,先通过一个实验观察与分析晶闸管的导通和关断现象与规律,实验电路如图 3-2 所示。

(1) 晶闸管阳极接直流电源的正端,阴极经灯泡接电源的负端,此时晶闸管承受正向电压。控制极电路中开关 S 断开(不加电压),如图 3-2 (a) 所示。这时灯不亮,说明晶闸管不导通。

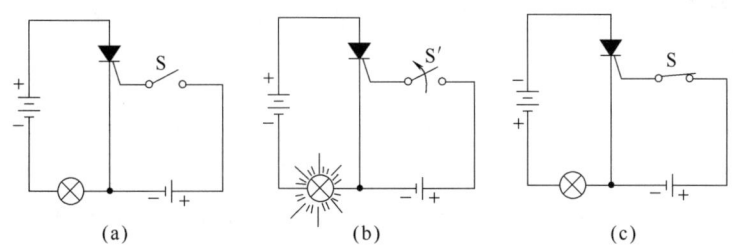

图 3-2　晶闸管导通与关断实验电路图

(2) 晶闸管的阳极和阴极间加正向电压,控制极相对于阴极也加正向电压,如图 3-2 (b) 所示。这时灯亮,说明晶闸管导通。

(3) 晶闸管导通后,如果去掉控制极上的电压,将图 3-2 (b) 中的开关 S 断开,灯仍然亮。这表明晶闸管继续导通,即晶闸管一旦导通后,控制极就失去了控制作用。

(4) 晶闸管的阳极和阴极间加反向电压如图 3-2 (c) 所示,无论控制极加不加电压,灯都不亮,晶闸管截止。

(5) 如果控制极加反向电压,晶闸管阳极回路无论加正向电压还是反向电压,晶闸管都不导通。

从上述实验可以看出,晶闸管导通必须同时具备两个条件:①晶闸管阳极电路加正向电压;②控制极电路加适当的正向电压(实际工作中,控制极加触发脉冲信号)。

晶闸管看成是由 PNP 型和 NPN 型两个晶体管连接而成,每一个晶体管的基极与另一个晶体管的集电极相连,如图 3-3 所示。阳极 A 相当于 PNP 型晶体管 V_1 的发射极,阴极 K 相当于 NPN 型晶体管 V_2 的发射极。

如果晶闸管阳极加正向电压,控制极也加正向电压,晶闸管导通。导通后,其压

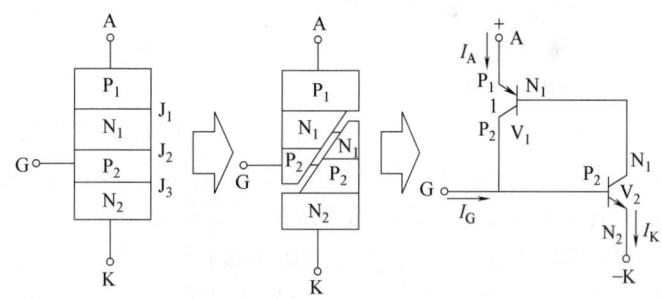

图 3-3　晶闸管工作原理(相当于 PNP 型与 NPN 型两个晶体管组合)

降很小,电源电压几乎全部加在负载上,晶闸管中就流过负载电流。

此外,在晶闸管导通之后,它的导通状态完全依靠管子本身的正反馈作用来维持,即使控制极电流消失,晶闸管仍然处于导通状态。所以,控制极的作用仅仅是触发晶闸管使其导通,导通之后,控制极就失去控制作用了。要想关断晶闸管,必须将阳极电流减小到使之不能维持正反馈过程。当然也可以将阳极电源断开或者在晶闸管的阳极和阴极间加一个反向电压。

综上所述,晶闸管是一个可控的单向导电开关。它与具有一个 PN 结的二极管相比,其差别在于晶闸管正向导电受控制极电流的控制;与具有两个 PN 结的晶体管相比,其差别在于晶闸管对控制极电流没有放大作用。

3. 伏安特性

晶闸管伏安特性是以阴极 K 为参考点，阳极 A 与阴极 K 间的阳极电压 U_A 和阳极电流 I_A 之间的关系，晶闸管的伏安特性曲线如图 3-4 所示。

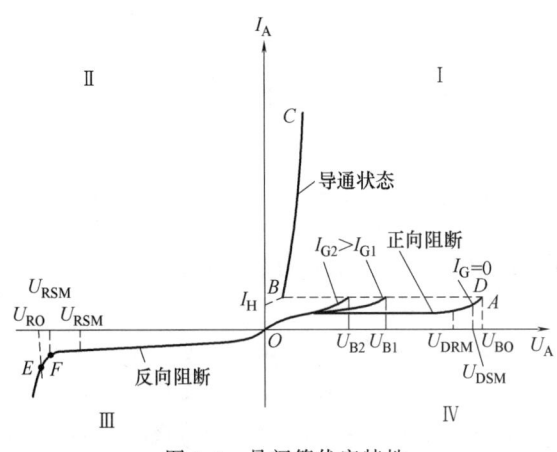

图 3-4　晶闸管伏安特性

位于第 I 象限的是正向特性，位于第 III 象限的是反向特性。当 $I_G=0$ 时，若在器件两端施加正向电压，则晶闸管处于正向阻断状态，只有很小的正向漏电流流过。若正向电压超过临界极限即正向转折电压 U_{BO}，则漏电流急剧增大，器件开通。随着门极电流幅值的增大，正向转折电压降低。导通后的晶闸管特性和二极管的正向特性相仿。晶闸管本身的压降很小，约 1V。导通期间，如果门极电流为零，并且阳极电流降至 I_H 以下，则晶闸管又回到正向阻断状态。I_H 称为维持电流。当在晶闸管上施加反向电压时，其伏安特性类似二极管的反向特性。晶闸管处于反向阻断状态时，只有极小的反向漏电流流过。当反向电压超过额定限度，到反向击穿电压后，外电路若无限制措施，则反向漏电流急剧增加，导致晶闸管发热损坏。

4. 晶闸管的主要特性参数

为了正确地选择和使用晶闸管，还必须了解它的电压、电流等主要参数的意义。晶闸管的主要参数有以下几项：

（1）额定电压 U_{TN}。通常取晶闸管的正向重复峰值电压 U_{DRM} 和反向断态重复峰值电压 U_{RRM} 中较小的标值作为该器件的额定电压。选用时，额定电压要留有一定余量，一般取额定电压为正常工作时晶闸管所承受峰值电压的 2～3 倍，以确保足够的安全电量。

（2）额定电流 $I_{T(AV)}$。$I_{T(AV)}$ 也称额定通态平均电流，国标规定通态平均电流为晶闸管在环境温度为 40℃ 和规定的散热冷却状态下，稳定结温不超过额定结温 125℃ 时所允许流过的最大工频正弦半波电流的平均值。使用时按实际电流与通态平均电流有效值相等的原则来选取晶闸管，应留有一定的余量，一般取 1.5～2 倍。

（3）正向平均电流 I_F。在环境温度不大于 40℃ 和标准散热及全导通的条件下，晶闸管可以连续通过的工频正弦半波电流（在一个周期内的）平均值，称为正向平均电流 I_F，简称正向电流。通常所说多少安的晶闸管就是指这个电流。然而，这个电流值并不是一成不变的，晶闸管允许通过的最大工作电流还受冷却条件、环境温度、元件导通角、元件每个周期的导电次数等因素的影响。

（4）维持电流 I_H。在规定的环境温度和控制极断路时，维持元件继续导通的最小电流称为维持电流 I_H。当晶闸管的正向电流小于这个电流时，晶闸管将自动关断。

二、电力场效应管（MOSFET）

电力场效应管（MOSFET）按导电沟道分为 P 沟道和 N 沟道两种，如图 3-5 所示。在实际应用中，主要是 N 沟道增强型。三个引脚分别为源极 S、栅极 G 和漏极 D。

当漏极接电源正端，源极接电源负端，栅极和源极间电压为 0V 时，漏源极间无电流流过。如果在栅极源极间加一正电压 U_{GS}，由于栅极是绝缘的，所以并不会有电流流过。但当 U_{GS} 大于某一电压 U_T 时，漏极和源极之间就开始导电，电压 U_T 称开启电压或阀值电压。U_{GS} 超过 U_T 越多，导电能力越强，漏极电流越大。

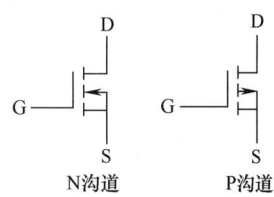

图 3-5　电力场效应管（MOSFET）电气图形符号

其优点是：第一，输入阻抗高，属于电压型控制器件，可以直接与数字逻辑集成电路连接，且驱动电路简单、功耗小。第二，开关速度快，工作频率可达 1MHz，比 GTR 约快 10 倍，而且开关损耗小。第三，热稳定性好，不存在二次击穿问题，工作可靠。它的缺点是耐压还不能太高，电流容量也不能太大，所以目前只适用于小功率电力电子变流装置。

第二节　晶闸管可控整流电路

一、单相半波可控整流电路

（一）电阻性负载

如图 3-6 所示为单相半波可控整流电路带电阻负载时的电路图和波形图。由图可见，在 $0\sim\omega t_1$ 的这段时间内，尽管交流电压 u_2 处于正半周，晶闸管阳极受到正向电压，但是因为门极没有触发脉冲 u_g，晶闸管处于正向阻断状态，负载电压 $u_d=0$。在 ωt_1 时刻门极加上触发脉冲 u_g，晶闸管被触发导通，u_2 电压输出到负载 R_d 上，如略去晶闸管的正向压降，整流输出电压（负载电压）$u_d=u_2$。

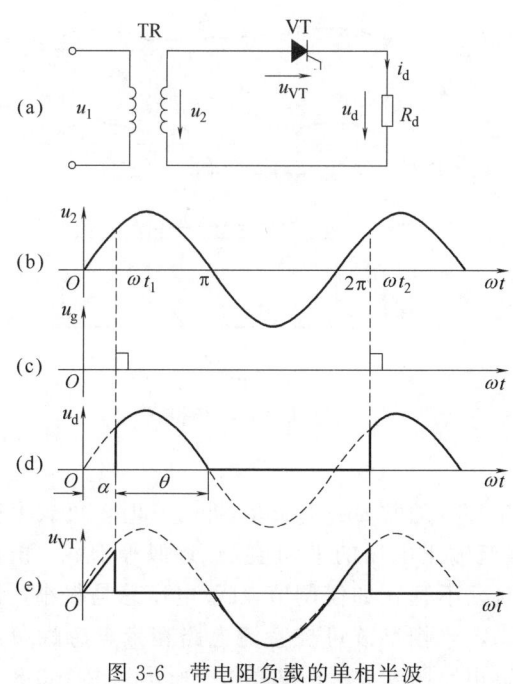

图 3-6　带电阻负载的单相半波可控整流电路图及波形图

在 $\omega t=\pi$ 时，交流电压 u_2 下降为零，晶闸管的阳极电流小于维持电流，而使晶闸管关断。在交流电压 u_2 的负半周，晶闸管由于受到反向电压，继续保持反向阻断状态，负载上的电压、电流始终为零。直到下一个周期的 ωt_2 时，门极加上触发脉冲晶闸管再次导通，这样，负载 R_d 上就得出如图 3-6（d）所示的电压波形。

在可控整流电路中，把晶闸管开始承受正向电压到触发导通的这段时间所对应的电角度称为控制角（移相角），用符号 α 表示。晶闸管在一个周期内导通的电角度称为导通角，用符号 θ 表示。在单相半波可控整流电路中，显然 $\theta=180°-\alpha$，控制角 α 越小，则导通角 θ 就越大，整流输

出电压的平均值 U_d（即 u_d 在一个周期内的平均值）就越大。由此可见，只要改变控制角 α 的大小，就能改变整流输出电压平均值 U_d 的大小。

晶闸管两端电压 u_{VT} 波形图如图 3-6 所示。当晶闸管处于导通状态时，如忽略管压降，晶闸管两端电压为零。当晶闸管处于正向和反向阻断状态时，晶闸管两端电压等于交流电压 u_2。

在可控整流电路中，使整流输出电压平均值 U_d 从最大值调整到 0V 时，控制角 α 的变化范围称为"移相范围"，故带电阻负载时，单相半波可控整流电路的移相范围为 $0°\sim180°$。

（二）电感性负载

单相半波可控整流电路带电感性负载时的电路图和波形图如图 3-7 所示。当 $\omega t_1 = \alpha$ 时，晶闸管 VT 被触发导通，u_2 电压立即加到负载（L_d 和 R_d）上，在负载上立即出现整流输出电压 u_d，但由于电感 L_d 作用，产生阻碍电流变化的感应电动势，电感中电流（即负载电流）不能突变，只能从零逐步上升。当电流上升到最大值时，感应电动势为零，然后在电流减小时，感应电动势也就改变极性。当交流电压 u_2 下降到零，由于电感的感应电动势的作用，晶闸管 VT 仍受正向电压而导通，即使交流电压 u_2 由零变负，只要 $|e_L|$ 大于 $|u_2|$，晶闸管 VT 仍受正向电压，晶闸管将继续导通，负载上整流输出电压 u_d 出现负值，直到晶闸管电流小于维持电流时，晶闸管 VT 关断并立即承受反向电压。

由图 3-7 的波形图可见，带电感性负载时，整流输出电压 u_d 和电流 i_d 的波形与带电阻负载时大不相同，由于电感 L_d 作用，整流输出电压 u_d 将出现一段时间的负电压，使整流输出电压平均值 U_d 减小。电感 L_d 越大，负电压部分越大，使整流输出电压平均值 U_d 下降越多。

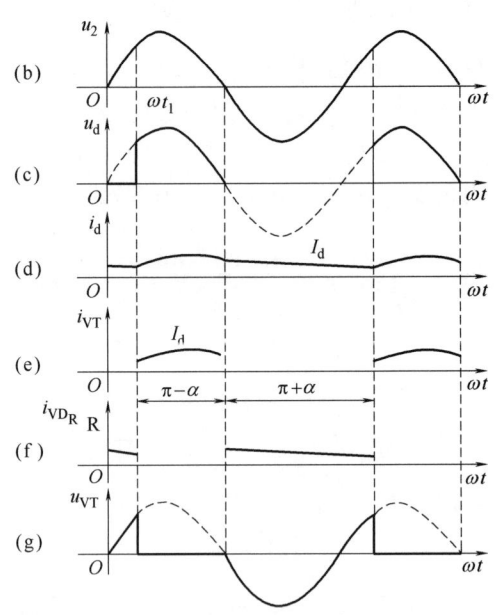

图 3-7 电感性负载电路和波形图

当电感 L_d 很大，且满足 $\omega L_d > R_d$ 的条件（通常 $\omega L_d > 10 R_d$ 即可）时，负载上整流输出直流电压 u_d 的正负面积接近相等，整流输出电压的平均值 U_d 近似等于零。由此可见，单相半波可控整流电路带大电感负载时，不管 α 如何调节，U_d 电压总是很小，因此这种电路实际上并不采用。为避免 U_d 太小，单相半波可控整流电路在带电感性负载时，都在负载两端并联有续流二极管 VD_R，其电路图和波形图如图 3-7 所示。由图 3-8 可见，当交流电压 u_2 过零变负时，VD_R 导通，u_d 为零。此时为负的 u_2 通过 VD_R 向 VT 施加反压使其关断，L_d 储存的能量保证了电流 i_d 在 $L_d-R_d-VD_R$ 回路中流通，此过程通常称为续流。

二、单相半控桥式整流电路

在可控整流电路中，比较常用的是单相半控桥式整流电路，如图 3-9 所示。电路与二极管不可控桥式整流电路相似，只是其中两个臂中的二极管被晶闸管替换。

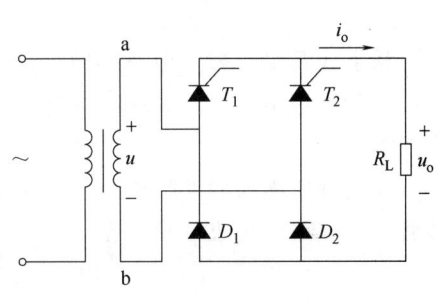

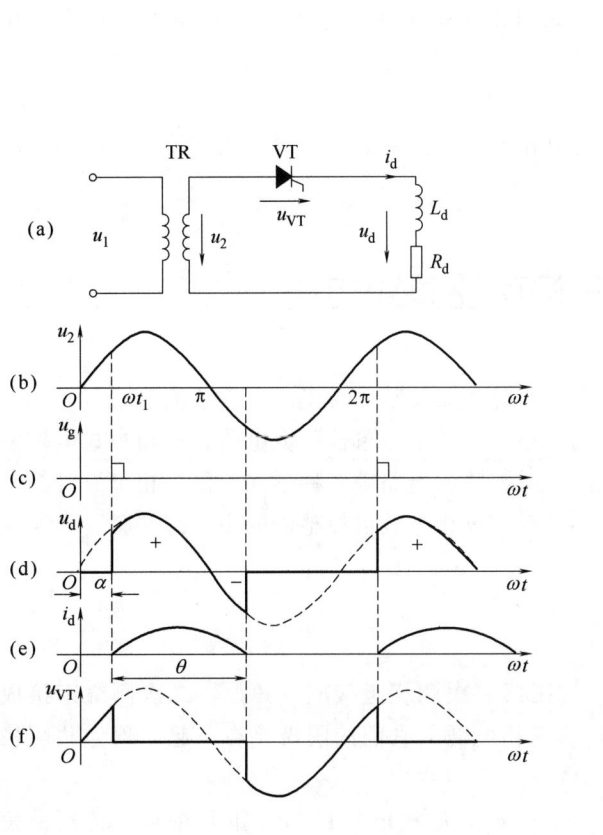

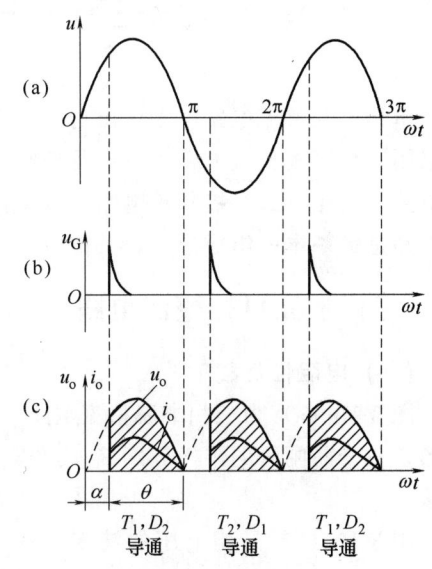

图 3-8 电感性负载有 L_d 的电路和波形图

图 3-9 接电阻性负载时单相半控桥式整流电路图及波形图

在变压器副边电压 u 的正半周，晶闸管 T_1 和二极管 D_2 承受正向电压。这时如对 T_1 引入触发脉冲 u_G（即在控制极与阴极之间加一正向脉冲），则 T_1 和 D_2 导通，电流的通路为：

$$a-T_1-R_L-D_2-b$$

这时 T_2 和 D_1 都因承受反向电压而截止。同样，在 u 的负半周，T_2 和 D_1 承受正向电压。这时如对 T_2 引入触发脉冲，则 T_2 和 D_1 导通，电流的通路为：

$$b-T_2-R_L-D_1-a$$

这时 T_1 和 D_2 截止。

晶闸管在正向电压下不导通的范围称为控制角（又称移相角），用 α 表示，而导电范围则称为导通角，用 θ 表示（图 3-9）。很显然，导通角 θ 越大，输出电压越高。整流输出电压的平均值可以用控制角表示，即

$$U_o = \frac{1}{\pi}\int_\alpha^\pi \sqrt{2}U\sin\omega t\,d(\omega t)$$
$$= \frac{\sqrt{2}}{\pi}U(1+\cos\alpha)$$
$$\approx 0.9U \cdot \frac{1+\cos\alpha}{2}$$

从上式看出，当 $\alpha=0$ 时（$\theta=180°$）晶闸管在正半周全导通，$U_o=0.9U$，输出电压最高，相当于不可控二极管单相全波整流电压。若 $\alpha=180°$，$U_o=0$，这时 $\theta=0$，晶闸管全关断。

晶闸管所需的触发脉冲由专门的触发电路提供。触发电路有单结晶体管触发电路、晶体管触发电路和集成触发器等。

第三节　三相可控整流电路

单相可控整流电路由于输出功率不大，因此在需要较大功率的可控整流电路时，几乎都采用三相可控整流电路。三相可控整流电路有三相半波可控整流电路、三相桥式全控整流电路、三相桥式半控整流电路及双反星形可控整流电路等多种形式，但三相半波可控整流电路是最基本的组成形式，其他电路都可看作三相半波可控整流的串联与并联。

一、三相半波可控整流电路

（一）电阻性负载

图 3-10（a）为三相半波整流电路，变压器一次侧绕组接成三角形，二次侧绕组接成星形，三个晶闸管的阳极分别接 u、v、w 三相电源，它们的阴极接在一起，称为共阴极接法。

图 3-10（b）是相电压的波形，在 $\omega t_1 \sim \omega t_2$，$u$ 相电压最高，如果在 ωt_1 时刻触发

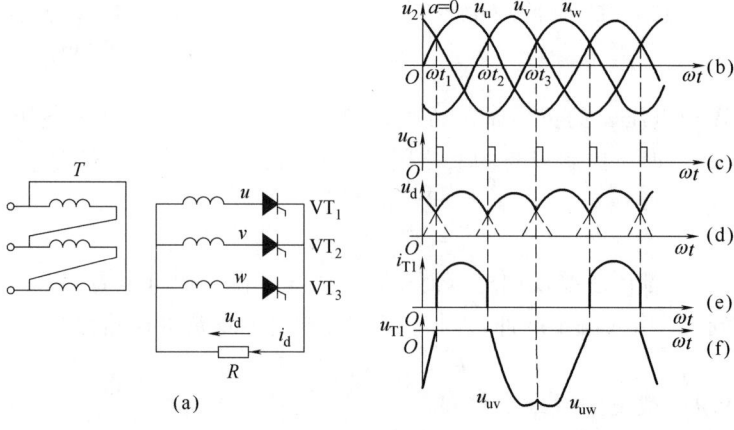

图 3-10　电阻负载当 $\alpha=0°$ 时三相半波共阴极可控整流电路及其波形

VT₁，可使其导通，负载上得到 u 相电压。在 $\omega t_2 \sim \omega t_3$，$v$ 相电压最高，如果在 ωt_2 时刻触发 VT₂，可使其导通，VT₁ 因承受反压而关断，负载上得到 v 相电压。同样，在 ωt_3 时刻触发 VT₃，可使其导通，VT₂ 因承受反压而关断，负载上得到 w 相电压。这样，各晶闸管的触发脉冲相序与电源相序相同，且互隔 120°，在一个周期里，每个晶闸管各导通 120°，如此重复下去，可在负载上得到一个比单相整流脉动小一些的连续直流电压，如图 3-10（d）所示，它是三相交流电压正半周的包络线，脉动频率是电源频率的 3 倍。

如果在整个周期晶闸管都有触发脉冲，那么根据晶闸管受正压时可触发导通的特性，每到相电压的交点处就会出现受正压的晶闸管导通而前一个晶闸管自然关断的现象。从负载来看，整流电路由某一相供电转换为另一相供电，所以称为换相。由于在这些点的换相是自然完成的，因此称这些点为自然换相点或自然换流点，对应于相电压的 30°处，把它作为控制角 α 的起点，即此处 α=0°。

由于三相的晶闸管自然换相点彼此相差 120°，所以三相触发脉冲的间隔为 120°，脉冲的顺序与电源相序一致，即按 VT₁→VT₂→VT₃→VT₁ 的顺序安排。

图 3-10（e）是变压器 u 相绕组和晶闸管 V₁ 中的电流波形，各相电流波形相同，只是相位相差 120°。变压器绕组中流过的是脉动的直流电流，它的平均值为 I_d。

图 3-10（f）是 VT₁ 承受的电压波形，可分为三部分：$\omega t_1 \sim \omega t_2$，VT₁ 导通，$u_{T1}=0$。$\omega t_2 \sim \omega t_3$，VT₂ 导通，VT₁ 承受的电压为 u 相和 v 相的电压差，即线电压 u_{uv}。$\omega t_3 \sim \omega t_1$，VT₃ 导通，VT₁ 承受的电压为 u 相和 w 相的电压差，即线电压 u_{uw}。VT₂ 和 VT₃ 上的电压波形和 VT₁ 的相同，只是相位依次相差 120°。

当触发脉冲后移时，各晶闸管的导通时刻也相应后移，输出电压随之减小。在 α=30°时，输出电压和电流的波形处于连续和断续的临界状态。当 α＞30°时，输出电压和电流将断续，并随 α 的增大而减小，当 α=150°时，整流输出电压减小为零。α=30°和 α=60°时波形如图 3-11 和图 3-12 所示。

由以上分析可见，三相半波整流电路电阻性负载时有如下特点：

(1) α=0°时，输出整流电压最大，α 增大，输出整流电压将减小。当 α=150°时，输出整流电压为零。所以，电阻性负载时的控制角的移相范围为 150°。

(2) 当 α＜30°时，负载电流连续，每个晶闸管导通 120°，即 θ=120°。

(3) 当 α＞30°时，负载电流断续，每个晶闸管每周期导通角 θ=150°−α＜120°。

(4) 各相晶闸管承受最大正向电压为变压器二次侧相电压的峰值 $\sqrt{2}U_2$，最大反向电压为变压器二次侧线电压的峰值 $\sqrt{6}U_2$。

整流输出电压和电流平均值的计算如下：

当 α≤30°时，VT₁ 在 $\left(\frac{\pi}{6}+\alpha\right)$ 至 $\left(\frac{5\pi}{6}+\alpha\right)$ 的范围里导通，所以

$$U_d = \frac{1}{2\pi/3}\int_{\frac{\pi}{6}+\alpha}^{\frac{5\pi}{6}+\alpha}\sqrt{2}U_2\sin\omega t\, d(\omega t) = \frac{3\sqrt{2}\sqrt{3}}{2\pi}U_2\cos\alpha \approx 1.17U_2\cos\alpha$$

当 α=0°时，U_d 出现最大值，即 $U_{do}=1.17U_2$。

当 α＞30°时，u_d 波形断续，u 相电压降到零时 VT₁ 关断。

$$U_d = \frac{3}{2\pi}\int_{\frac{\pi}{6}+\alpha}^{\pi}\sqrt{2}U_2\sin\omega t\, d(\omega t) = \frac{3\sqrt{2}U_2}{2\pi}\left[1+\cos\left(\frac{\pi}{6}+\alpha\right)\right]$$

$$= 0.675U_2\left[1+\cos\left(\frac{\pi}{6}+\alpha\right)\right]$$

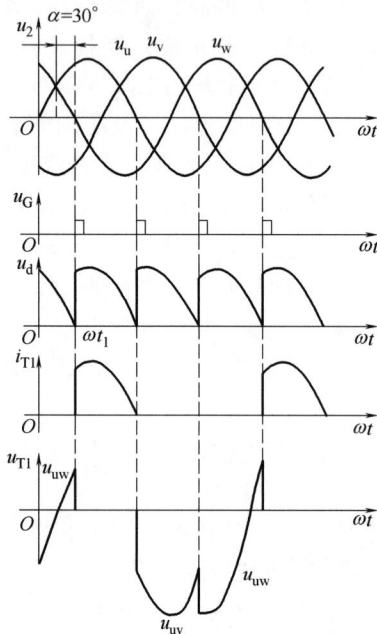

图 3-11 三相半波整流电路电阻性
负载 $\alpha=30°$ 时的波形

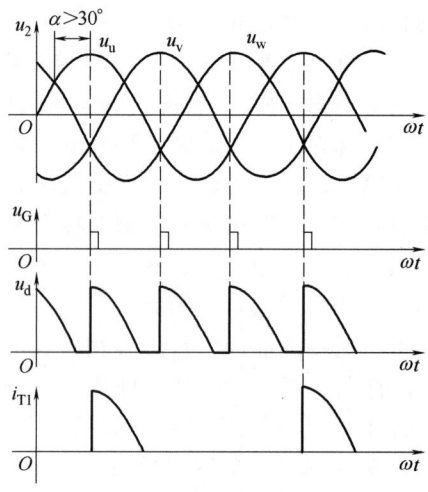

图 3-12 三相半波整流电路电阻性
负载 $\alpha=60°$ 时的波形

负载电流的平均值 I_d 为

$$I_d = \frac{U_d}{R}$$

由于晶闸管是轮流导电的，所以流过晶闸管的平均电流为

$$I_{dT} = \frac{1}{3} I_d$$

流过晶闸管的电流有效值为 I_T 为

当 $\alpha \leqslant 30°$ 时

$$I_T = \sqrt{\frac{1}{2\pi} \int_{\frac{\pi}{6}+\alpha}^{\frac{5\pi}{6}+\alpha} \left(\frac{\sqrt{2}U_2 \sin\omega t}{R}\right)^2 d(\omega t)} = \frac{U_2}{R} \sqrt{\frac{1}{2\pi}\left(\frac{2\pi}{3} + \frac{\sqrt{3}}{2}\cos 2\alpha\right)}$$

当 $\alpha > 30°$ 时

$$I_T = \sqrt{\frac{1}{2\pi} \int_{\frac{\pi}{6}+\alpha}^{\pi} \left(\frac{\sqrt{2}U_2 \sin\omega t}{R}\right)^2 d(\omega t)}$$

$$= \frac{U_2}{R} \sqrt{\frac{1}{2\pi}\left(\frac{5\pi}{6} - \alpha + \frac{\sqrt{3}}{4}\cos 2\alpha + \frac{1}{4}\sin 2\alpha\right)}$$

（二）电感性负载

如果负载电感 L 值很大，整流电流基本上是平直的，流过晶闸管的电流波形就接近矩形。带电感性负载的三相半波可控整流电路及波形如图 3-13 所示。

在 $\omega t = \pi/6 + \alpha$ 时，触发晶闸管 VT_1 使其导通，u 相电压加在负载上，VT_1 流过负载电流 I_d，当 u 相电压过零变负后，由于电感中感应电动势的作用，负载电流将维持流通，

直到 v 相晶闸管被触发导通为止。在 $\omega t = 5\pi/6 + \alpha$ 时，触发晶闸管 VT_2 使其导通，VT_1 由于承受反压而截止，v 相电压加在负载上，VT_2 流过负载电流 I_d，并一直维持到 w 相晶闸管被触发导通为止。在 $\omega t = 9\pi/6 + \alpha$ 时，触发晶闸管 VT_3 使其导通，VT_2 由于承受反压而截止，w 相电压加在负载上，VT_3 流过负载电流 I_d，并一直维持到 u 相晶闸管被触发导通为止。此过程不断重复，每个晶闸管各导通 $120°$，负载电流连续，整流输出电压脉动很大并出现负压，但负载电流的脉动却很小，电流波形中的阴影部分是靠电感中的感应电动势来维持导通的。当电流连续时，整流输出电压为

$$U_d = \frac{3}{2\pi}\int_{\frac{\pi}{6}+\alpha}^{\frac{5\pi}{6}+\alpha} \sqrt{2}U_2 \sin\omega t\,\mathrm{d}(\omega t) = \frac{2\sqrt{2}\times\sqrt{3}U_2}{2\pi}\cos\alpha$$

$$\approx 1.17 U_2 \cos\alpha$$

电感足够大时，每相电流的波形接近矩形，高度为 I_d，在一个周期内导通 $120°$，因此变压器二次侧的相电流，也就是晶闸管的电流有效值为

$$I_2 = I_T = \sqrt{\frac{120°}{360°}}I_d = \frac{I_d}{\sqrt{3}} \approx 0.577 I_d$$

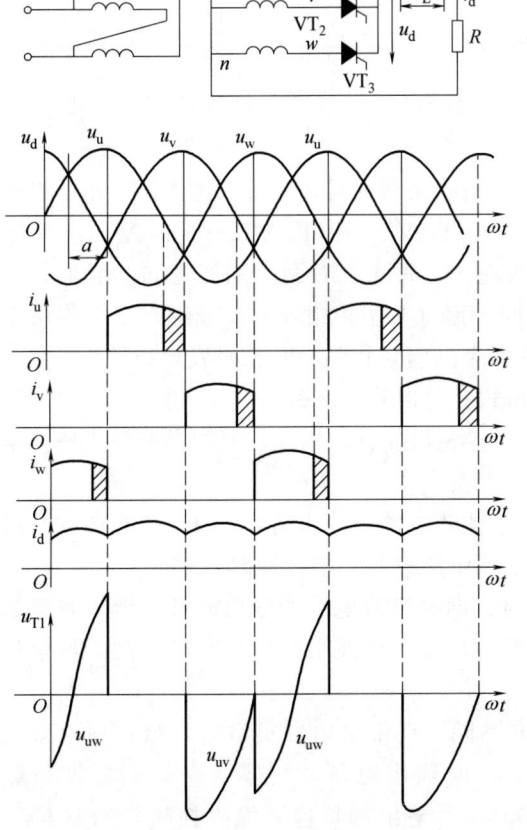

图 3-13　带电感性负载的三相半波可控整流电路接线及其波形

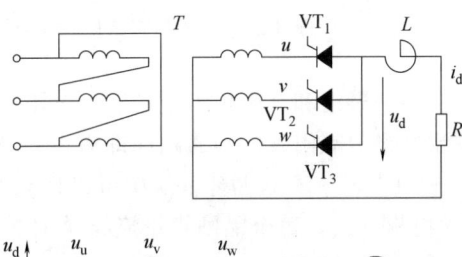

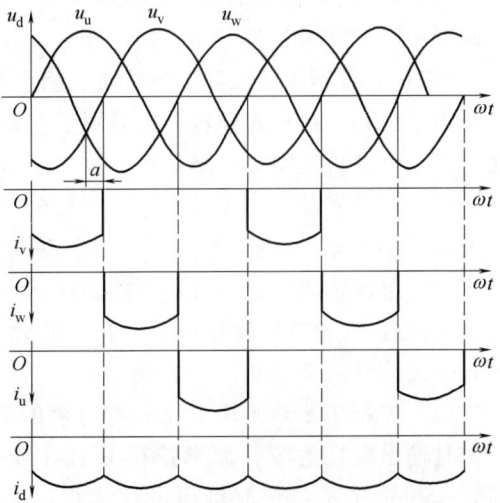

图 3-14　三相半波共阳极接法整流电路及波形

由于电流连续,所以晶闸管承受的最大正反向电压都是线电压的峰值。

$$U_{FM}=U_{RM}=\sqrt{2}\times\sqrt{3}U_2\approx 2.45U_2$$

以上分析的是晶闸管共阴极接法,若为共阳极接法,即把三个晶闸管的阳极连在一起,三个阴极接到三相电源。这种接法时晶闸管工作在电源电压的负半周,换相总是换到阴极电压负值最大的那一相去。自然换流点的确定及整流输出电压波形和数量关系与共阴极接法时相似,仅输出极性相反,如图3-14所示。

二、三相桥式全控整流电路

(一) 三相桥式全控整流电路组成

工业上广泛应用的三相桥式全控整流电路如图3-15所示。三相桥式全控整流电路实质上是一组共阴极组与一组共阳极组的三相半波可控整流电路的串联,可用三相半波电路的基本原理来分析。

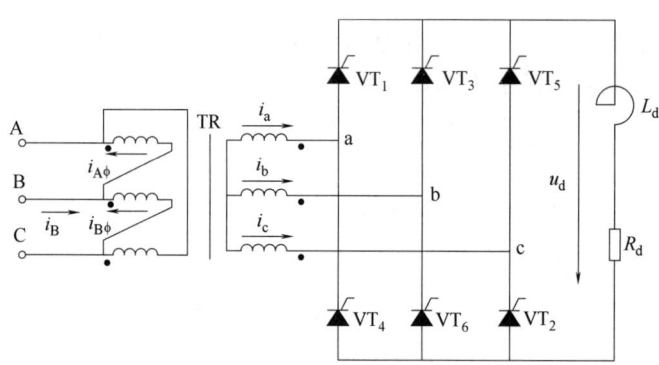

图3-15 三相桥式全控整流电路

(二) 工作原理

如图3-15所示,共阴极组的三个管子为VT_1、VT_3、VT_5,共阳极组的三个管子为VT_4、VT_6、VT_2。另外,由于中性线已断开,要使电流流通,负载上有输出电压,必须在共阴极组和共阳极组中各有一个不在同一相的晶闸管同时导通。这样,三相全控桥式整流电路中晶闸管的导通顺序即为VT_6-VT_1→VT_1-VT_2→VT_2-VT_3→VT_3-VT_4→VT_4-VT_5→VT_5-VT_6不断循环,从中可以得到一些规律:每次都有两个晶闸管同时导通;每隔60°换相一次;每个晶闸管轮流导通120°;同一组(共阴极组或共阳极组)中相邻两个晶闸管相隔120°被触发导通;同一相中所接的两个晶闸管相隔180°被触发导通等。

(三) 三相半控桥式整流电路与三相全控桥式整流电路的区别

由于三相半控桥式整流电路采用了三只不可控整流元件,因此,三相半控桥式整流电路与三相全控桥式整流电路存在一定的区别。

(1) 对触发脉冲的要求。对于三相全控桥式整流电路,要求有不小于60°的宽脉冲或总宽度不小于60°的双脉冲,而三相半控桥式整流电路只需要窄脉冲即可满足。

(2) 整流输出电压的波形不同。在α=0°时,两种整流电路的输出波形完全一致;当α>0°以后,二者波形就开始不同了。在α≥60°时,每个周波半控桥只有三个波头,全控桥每个周波有六个波头。

(3) 控制角α对平均电压和线电流的影响不同。在带电阻性负载时,全控桥在α=120°时输出电压为零,而半控桥只有在α=180°时输出电压才为零;在带电感性负载时,全控桥在α=90°时输出电压为零,α>60°以后输出为负值,而半控桥没有这样的功能。同时,为了保证整流元件可靠换流,半控桥需要在电感性负载两端并联续流二极管,而全控桥不需要这样做。当α改变时,半控桥的平均电压和线电流的变化较全控桥慢。

（4）当触发脉冲移到自然换流点之前时，半控桥易发生跳相现象，因此，在整流电路设计时应尽可能避开。

（5）在带大电感负载时，如果发生脉冲丢失，则半控桥极易发生失控现象，设计时必须采取措施保证触发回路的可靠工作。

第四节　晶闸管触发电路

一、触发电路及其分类

晶闸管的导通条件除了其阳极须承受正向电压之外，还必须同时满足门极上加正向电压。同时根据普通晶闸管门极的伏安特性，一旦门极加正向电压使晶闸管导通后，门极上电压就失去了作用。因此使晶闸管导通的门极电压可以用交流正半周的一部分，也可用直流，还可用短暂的正脉冲电压。为门极提供触发电压与电流的电路称为触发电路，它决定每个晶闸管的触发导通时刻，是晶闸管装置中的重要部分。

触发电路根据控制晶闸管的通断状况可分为移相触发和过零触发两类。移相触发就是改变晶闸管每周期导通的起始点控制角 α 的大小，以达到改变输出电压、功率的目的；而过零触发是晶闸管在设定的时间间隔内，通过改变导通的周波数来实现电压或功率的控制。在一般常用的整流或逆变电路中，广泛使用的触发电路通常都是移相触发电路。过零触发电路一般只应用于交流调功电路及晶闸管交流开关电路中。触发电路种类很多，本节介绍小功率可控整流电路中常用的单结晶体管触发电路。

二、单结晶体管触发电路

（一）单结晶体管的结构

单结晶体管的结构如图 3-16（a）所示，单结晶体管有三个电极：发射极 E、第一基极 B_1 与第二基极 B_2。由图可见，在一块高电阻率的 N 型硅片上引出两个基极 B_1 和 B_2，两个基极之间的电阻就是硅片本身的电阻，一般为 2～12kΩ。在两个基极之间靠近 B_2 的地方用合金法或扩散法掺入 P 型杂质并引出电极，成为发射极 E。它是一种特殊的半导体器件，有三个电极，只有一个 PN 结，因此称为"单结晶体管"，又因为管子有两个基极，所以又称为"双基极二极管"。

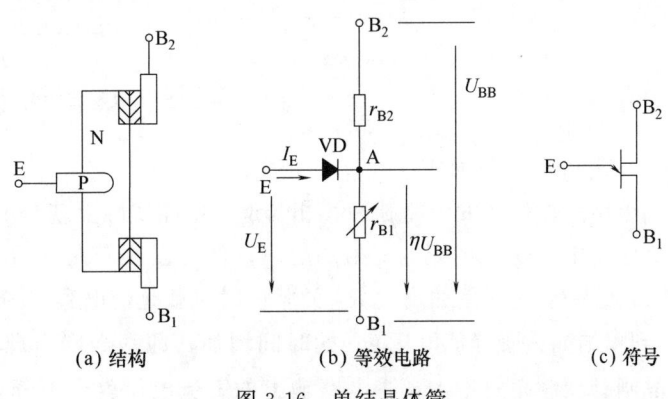

图 3-16　单结晶体管

单结晶体管的等效电路如图 3-16（b）所示，两个基极之间的电阻 $r_{BB}=r_{B1}+r_{B2}$，其

中 r_{B2} 为 E 极与 B_2 之间的电阻，r_{B1} 为 E 极与 B_1 之间的电阻，在正常工作时，r_{B1} 是随发射极电流大小而变化的，相当于一个可变电阻。PN 结可等效为二极管 VD，它的正向电压降通常为 0.7V。单结晶体管的符号如图 3-16（c）所示。

（二）单结晶体管触发电路

单结晶体管触发电路实际上就是由同步电路和弛张振荡电路两部分组成的。典型的单结晶体管触发电路如图 3-17 所示。

单结晶体管触发电路由同步电路和脉冲移相与形成两大部分组成。

1. 同步电路

此触发电路的同步电路既作为触发电路同步电压又作为触发电路工作电源。同步变压器一次侧与晶闸管整流电路接在同一相电源上，使得晶闸管的阳极电压为正时某一区间内被触发。同步电路由同步变压器 T_1、桥式整流电路 $VD_1 \sim VD_4$ 及电阻 R_1、稳压管 VZ 组成。交流电压经同步变压器降压、单相桥式整流后再经过稳压管 VZ 稳压削波形成一梯形波电压 u_B，此电压既作为同步电压又作为单结晶体管触发电路的供电电压。梯形波电压零点与晶体管阳极电压过零点一致。每当 u_B 过零时，U_{BB} 也同时过零，使电容 C 上电荷迅速放电到接近 0V，使得电容 C 在每半周之初都能从零开始充电，从而实现触发电路与整流主电路的同步。

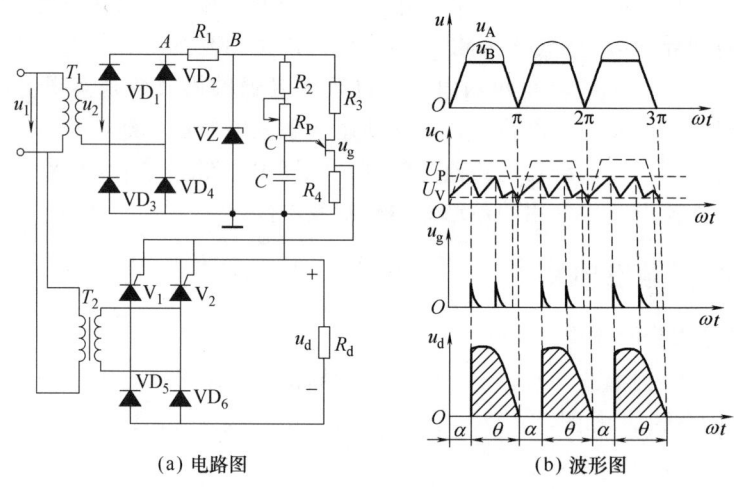

图 3-17 单结晶体管触发电路

2. 脉冲移相与形成

单结晶作触发电路脉冲移相与形成电路实际上就是上述的弛张振荡电路。改变弛张振荡电路中电容 C 的充电电阻的阻值，就可以改变充电的时间常数，图 3-17 中用电位器来实现这一变化，例如增大 R_P 的阻值时也就是使电容 C 充电时间常数增加，使电容电压 U_C 到单结晶体管峰值电压 U_P 的时间增加，即每半周出现第一个脉冲的时间后移，从而使晶闸管控制角 α 增大，主电路输出的直流电压就会下降，反之调小电位器 R_P 的阻值，控制角 α 就减小，主电路输出的直流电压就增大了。触发晶闸管的脉冲显然就是脉冲系列中的第一个脉冲，其余的脉冲是不起作用的。

用触发电路输出的尖脉冲去触发单相桥式半控整流电路中的晶闸管 V_1、V_2。这一尖脉冲同时加到了两个晶闸管上，但是只有其中一个受到正向电压的晶闸管才能导通，另一个晶闸管因为受到反向电压，即使有了触发脉冲，也是不会导通的。因此电路完全可以正常工作，即每半个周期触发一次，使晶闸管换相。本触发电路触发脉冲直接从电阻 R_4 输出，触发电路和主电路没有电隔离，不安全。实际应用中，有些场合不允许从电阻 R_4 上直接输出脉冲，经常采用脉冲变压器输出方式，如图 3-18 所示。此时电路中原来与第一基极 B_1 相连的电阻 R_4 可以用脉冲变压器来代替，当电容放电时，脉冲变压器一次侧通过脉冲电流，二次绕组也会感应出脉冲电压，用来触发主电路的晶闸管。该电路中 V_1 是 NPN 管，V_2 是 PNP 管，V_1、V_2 组成直接耦合放大电路。V_2 相当于一个可变电阻，随输入电压 U_i 的大小来改变它的阻值，即改变电容充电电流大小，对输出脉冲起移相作用。这和图 3-17（a）中改变电位器 R_P 的阻值作用相同。

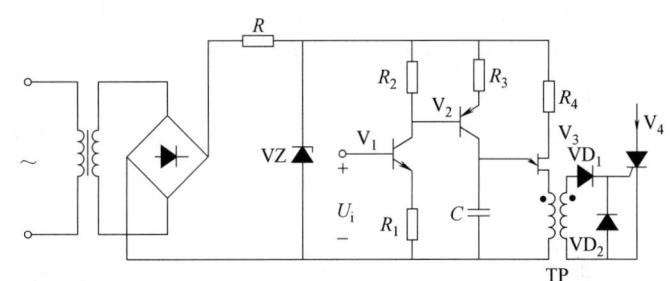

图 3-18 带有脉冲变压器的单结晶体管触发电路

脉冲变压器主要作用除了将低电压的触发电路与高电压的主电路在电气上加以隔离外，还起阻抗匹配作用，降低脉冲电压幅值，增大输出电流，还可改变脉冲正负极性或同时送出两组及以上的独立脉冲。

单结晶体管触发电路简单，但只能产生窄脉冲，输出功率小，移相范围也较小，常用于 50A 以下单相电路。

第五节　晶闸管有源逆变电路

在实际应用中，有些场合需要将交流电变为直流电，这就是前面所研究的整流电路。而有些场合则需要将直流电变为交流电，这就是下面要研究的逆变电路。逆变电路又分成有源逆变和无源逆变，将直流电变为和电网同频率的交流电反送到电网去的过程称为有源逆变，而将直流电变为某一频率或可变频率的交流电直接供给负载应用的过程称为无源逆变。本节讨论有源逆变。有源逆变在生产上应用很多，如直流电动机的可逆调速、绕线转子异步电动机的串级调速、高压直流输电等。

一、晶闸管有源逆变电路组成及工作原理

如图 3-19 所示，两组单相全控桥式整流电路，开关 Q 的初始位置是接通 1 的，Ⅰ 组晶闸管的控制角 $\alpha_Ⅰ<90°$，$u_{dⅠ}$ 波形如图 3-19（b）所示，输出电压 $u_{dⅠ}$ 上正下负，直流电动机作电动运行，流过电枢的电流为 i_1，直流电动机产生的反电动势 E 极性为上正下负。这时电源供给能量，直流电动机吸收能量。

如果此时给 Ⅱ 组晶闸管加触发脉冲，而且 $\alpha_Ⅱ<90°$。与此同时将开关 Q 快速掷向 2 位置，这时由于机械惯性，直流电动机的转速暂不变，因而 E 也不变，Ⅱ 组晶闸管在 E 和

u_2 的作用下导通，Ⅱ组输出电压 $u_{dⅡ}=U_{do}\cos\alpha_Ⅱ$，而且有 $|U_{dⅡ}|<|E|$，产生电流 i_2，$u_{dⅡ}$ 波形如图 3-19（c）所示。此时直流电动机供给能量，运行在发电制动状态，而Ⅱ组晶闸管吸收能量送回交流电网，这就是有源逆变。

如果在 Q 掷向位置 2 时给Ⅱ组晶闸管加触发脉冲 $\alpha_Ⅱ<90°$，则Ⅱ组晶闸管处于整流状态。$U_{dⅡ}$ 极性为下正上负，而 E 的极性是上正下负，则两电源反极性顺Ⅱ组晶闸管都供给能量，电路中将出现很大的短路电流，很容易造成事故。

由上述分析可知，对晶闸管变流装置来说，$\alpha<90°$ 时，处于整流状态时，变流装置吸收能量，处于逆变状态。

对于半控桥式晶闸管电路或接有续流二极管的电路来说，由于它们不可能输出负电压，而且也不允许在直流侧接上反极性的直流电源，因而这些电路不能实现有源逆变。

二、逆变角及最小逆变角的限制

当变流器运行于逆变状态时，控制角 $\alpha>90°$，整流输出电压平均值 U_d 为负值。为计算方便，若令 $\alpha=180°-\beta$，则 $\cos\alpha=\cos(180°-\beta)=-\cos\beta$，于是，整流输出电压就可写成 $U_d=U_{do}\cos\alpha=-U_{do}\cos\beta$。当 $\alpha>90°$ 时，$\beta=180°-\alpha<90°$，则用 $U_d=-U_{do}\cos\beta$ 来计算。因为 $\alpha>90°$（$\beta<90°$）是处于逆变状态，用 β 来计算时总是在逆变状态下，所以 β 称为逆变角。

对于三相半波逆变路而言（可以推广到其他逆变电路），晶闸管的换相必须在交流相电压负半周换相点之前完成，否则逆变就可能失败。在确定最小逆变角时，首先要考虑换相重叠角 γ 的影响。因换相重叠角 γ 随变流装置、负载情况、工作电流等因素的不同而不同，一般需考虑 $15°\sim25°$ 电角度。其次需考虑晶闸管关断时间 t_q，而 t_q 由晶闸管的参数决定，对普通晶闸管来说，一般为 $0.2\sim0.3$ ms，这段时间折合电角度 δ_0 为 $4°\sim5°$。

再考虑到交流电源电压波动、交流电源电压波形畸变等因素，还必须留有一定的安全裕角 θ_a，一般取 $\theta_a=10°$ 左右。

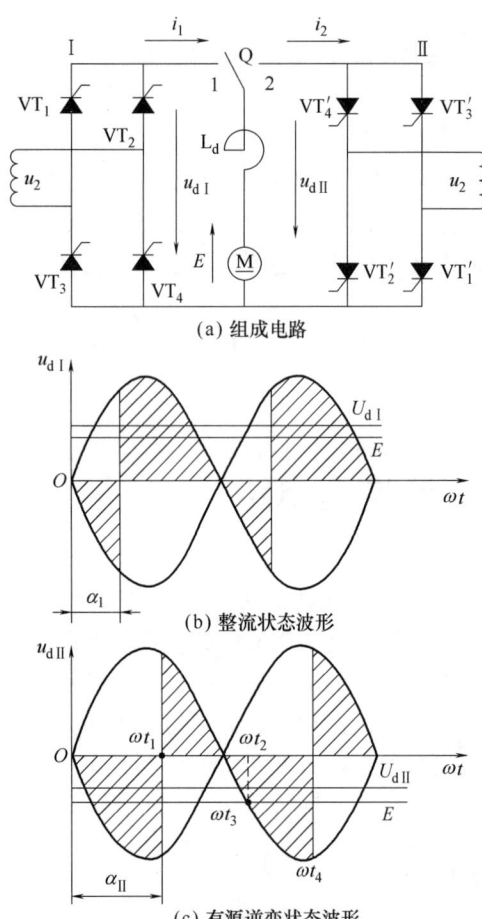

图 3-19 有源逆变电路组成及工作原理示意图

综合考虑上述各种因素，所需要的最小逆变角 β_{min} 为：$\beta_{min}\geqslant\gamma+\delta_0+\theta_a=30°$。

在实际可逆调速系统中，为保证 $\beta\geqslant\beta_{min}$，必须采取各种保护措施，如采用附加安全脉冲装置控制电压限幅电路、保护电路等。

第六节 电力电子技术技能操作实例

一、技能操作实例一：单结晶体管触发电路安装、调试及故障分析

（一）实训目的

（1）熟悉单结晶体管触发电路的工作原理及电路中各元件作用。

（2）掌握单结晶体管触发电路的安装、调试步骤及方法。

（3）对单结晶体管触发电路中故障原因能加以分析并能排除故障。

（4）熟悉示波器的使用方法。

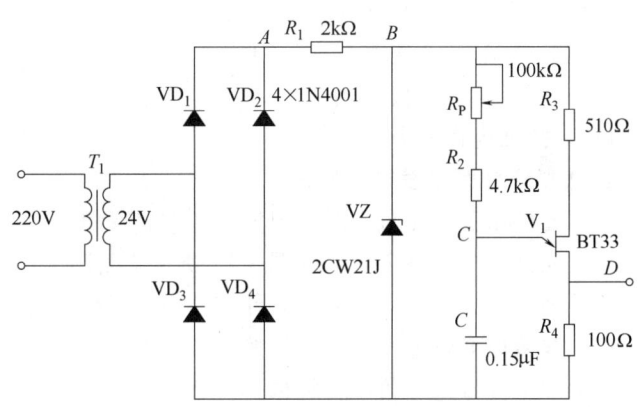

图 3-20 单结晶体管触发电路（一）

（二）实训设备及器材

（1）器材。单结晶体管触发电路的底板及其元件各 1 套，如图 3-20 和图 3-21 所示。

（2）示波器 1 台。

（3）万用表 1 台。

（三）实训线路：单结晶体管触发电路及其分析

单结晶体管触发电路如图 3-20 和图 3-21 所示。

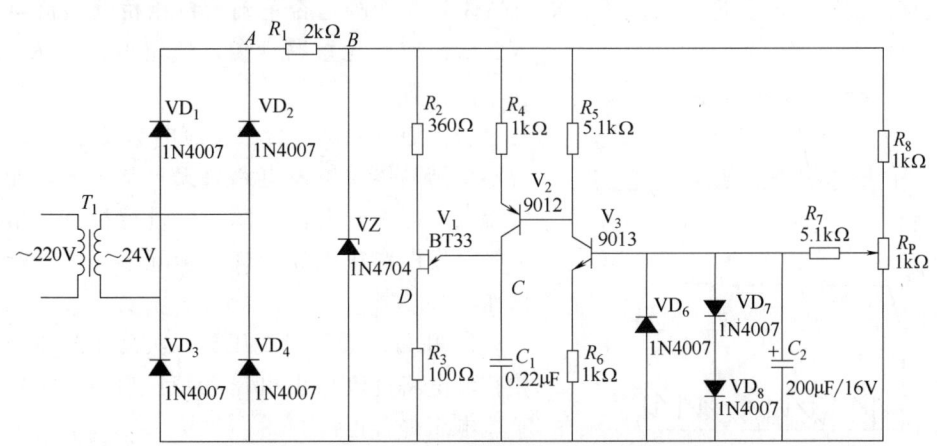

图 3-21 单结晶体管触发电路（二）

由图 3-20 可知，变压器的二次侧 24V 电压经单相桥式整流，经稳压管 VZ 削波得到梯形波电压，该电压既作为单结晶体管触发电路的同步电压又作为单结晶体管的工作电源

电压。调节电位器 R_P 就可改变电容 C 的充电电流大小，改变电容 C 的电压达到单结晶体管峰值电压 U_p 的时间，改变第一个触发脉冲出现的时间，即改变晶闸管的控制角 α。图 3-21 所示电路与图 3-20 所示电路不同之处是图 3-21 电路中单结晶体管触发电路带有 V_2、V_3 组成直接耦合放大电路，V_2 采用 PNP 型管 (9012)，V_3 采用 NPN 型管 (9013)，触发电路的给定电压 U_1 由电位器 R_P 调节，U_1 经 V_3 放大后加到 V_2。当 U_1 增大时，V_3 的集电极电流增加，使 V_3 的集电极电位降低，V_2 的基极电位降低，V_2 的集电极电流增大，使电容 C_1 的充电电流增大，使出现第一个触发脉冲的时间前移，即晶闸管的控制角 α 减小。同理 U_1 减小时，V_3 的集电极电流减小，V_3 的集电极电位升高，V_2 的基极电位升高，V_2 的集电极电流减小，使出现第一个触发脉冲的时间后移，即晶闸管的控制角 α 增大。三极管 V_2 相当于由 U_1 控制的一个可变电阻，它的作用和图 3-21 电路中电位器 R_P 的作用相同起移相作用。图中 $VD_6 \sim VD_8$ 起三极管 V_3 的基极正反向电压保护作用。

（四）实训内容及步骤

1. 单结晶体管触发电路安装

(1) 元件布置图和布线图。根据图 3-21 所示电路图画出元件布置图和布线图。

(2) 元件选择与测量。根据图 3-21 所示电路图选择元件并进行测量，重点对二极管、三极管、稳压管、单结晶体管等元件的性能、极性、管脚进行测量和区分。

(3) 焊接前准备工作。将元件按布置图在电路底板上焊接位置做引线成形。弯脚时，切忌从元件根部直接弯曲，应将根部留有 5~10mm 长度以免断裂。引线端在去除氧化层后涂上助焊剂，上锡备用。

(4) 元件焊接安装。根据电路布置图和布线图将元件进行焊接安装。焊接应无虚抖、销焊、漏焊，焊点应圆滑无毛刺。焊接时应重点注意二极管、稳压管、三极管、单结晶体管等元件的管脚。

2. 单结晶体管触发电路的调试

(1) 通电前检查。对已焊接安装完毕的电路板根据图 3-21 所示电路进行详细检查。重点检查二极管、稳压管、三极管、单结晶体管等管脚是否正确。单相桥式整流电路输入、输出端有无短路现象，给定电位器 R_P 调节在中间位置。

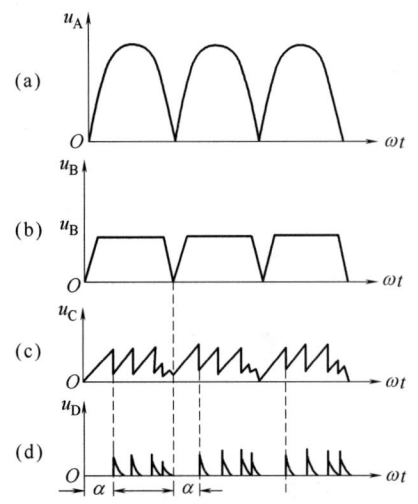

图 3-22 单结晶体管触发电路各点波形

(2) 通电调试。合上交流电源接通触发电路，观察单结晶体管触发电路有无异常现象，如有异常现象立即断开交流电源，并进行检查。单结晶体管触发电路板无异常现象情况下，可进行如下操作：

① 用万用表测量变压器二次侧 24V 电压和单相整流电路直流输出电压和稳压管（VD_5）两端直流电压是否正常。

② 用示波器逐一观察并记录单结晶体管触发电路中整流输出、梯形波、电容 C_1 两端锯齿波电压，单结晶体管输出脉冲波形如图 3-22 所示。

③ 改变给定电位器 R_P 上的输入给定电压，

用示波器观察并记录电容 C_1 两端锯齿波电压及单结晶体管输出脉冲移动及其移相范围。

3. 单结晶体管触发电路故障分析及处理

单结晶体管触发电路在安装、调试及运行中,由元件及焊接等原因产生故障,为此可根据故障现象,用万用表、示波器等仪表进行检查测量并根据电路原理进行分析,找出故障原因并进行处理,现举例如下:

当改变给定电位器 R_P 时,单结晶体管触发电路触发脉冲移相范围较小,此时用示波器测量观察电容 C_1 两端锯齿波电压如图 3-23 所示。由图分析可知,说明电阻 R_4 阻值太大,使电容 C_1 充电时间常数太大(即充电电流太小),使触发脉冲不能前移。此时应减小电阻 R_4 的阻值,但电阻 R_4 阻值不可太小,否则,可能使单结晶体管无法关断造成触发电路工作不正常,只产生一只脉冲甚至无法产生脉冲。另外,也可能由于电容 C_1 充电时间常数太小,使产生的尖脉冲幅度较小,难以触发晶闸管导通。

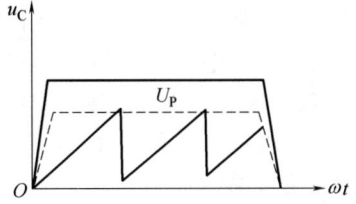

图 3-23 电阻 R_4 阻值太大时电容 C_1 两端锯齿波电压

二、技能操作实例三:晶闸管延时电路安装、调试及其测量

(一) 实训目的

(1) 熟悉晶闸管延时电路的工作原理及电路中各元件作用。
(2) 掌握晶闸管延时电路的安装、调试步骤及方法。
(3) 熟悉示波器的使用方法。

(二) 实训设备及器材

(1) 器材。晶闸管延时电路的底板及其元件各 1 套。
(2) 示波器 1 台。
(3) 万用表 1 台。

(三) 实训线路:晶闸管延时电路及其分析

晶闸管延时电路实训线路如图 3-24 所示。

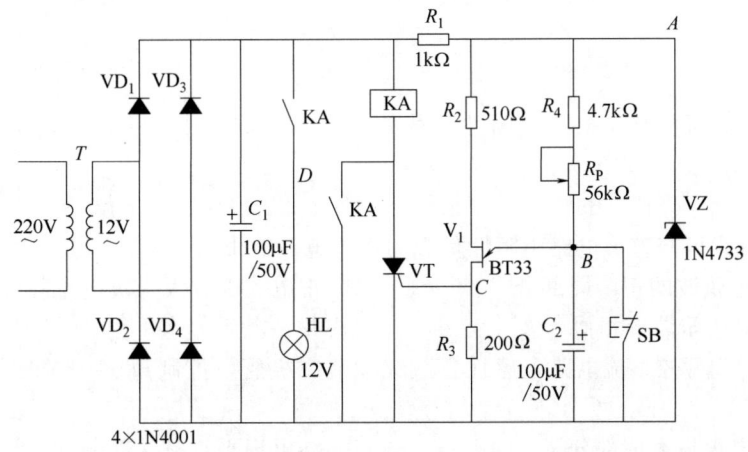

图 3-24 晶闸管延时电路

由图 3-24 可知，变压器的二次侧交流 12V 电压经单相桥式整流后供给晶闸管 VT 和继电器 KA，经稳压管 VZ 稳压后作为单结晶体管 VT 的工作电压。当按钮 SB 未按下时，电容 C_2 被短接，此时晶闸管 VT 未导通，继电器 KA 未吸合，指示灯 HL 不亮。当按钮 SB 按下时，电容 C_2 经电位器 R_P 和电阻 R_4 充电，经过一段延时时间后，电容 C 上的电压达到单结晶体管峰值电压 U_P 时发出触发脉冲，晶闸管 VT 导通，继电器 KA 吸合，继电器 KA 的常开触点闭合，指示灯 HL 亮，同时继电器 KA 的常开触点将晶闸管 VT 短接并自锁。调节电位器 R_P 的大小就可改变延时时间。

（四）实训内容及步骤

实训内容及步骤也分为晶闸管延时电路安装、调试和测量，具体可参考上述技能操作实例介绍与说明。

练 习 题

一、判断题

1. 施加于晶闸管的触发脉冲与对应的电源电压间必须频率相等。　　　　　　（　　）
2. 三相半控桥式整流电路由三只晶闸管和三只功率二极管组成。　　　　　　（　　）
3. 三相半波可控整流电路大电感负载无续流二极管的控制角 $α$ 移相范围是 0～90°。
　　　　　　　　　　　　　　　　　　　　　　　　　　　　　　　　　　（　　）
4. 三相半控桥式整流电路电感性负载的控制角 $α$ 移相范围是 0～90°。　　　（　　）
5. 三相半控桥式整流电路电阻性负载的控制角 $α$ 移相范围是 0～120°。　　（　　）
6. 三相半波可控整流电路电阻性负载的输出电流波形在控制角 $0<α<30°$ 的范围内连续。　　　　　　　　　　　　　　　　　　　　　　　　　　　　　　　（　　）
7. 三相可控整流触发电路调试时，首先要保证相同步电压互差 60°。　　　　（　　）
8. 电压负反馈调速系统中必有放大器。　　　　　　　　　　　　　　　　　（　　）
9. 晶闸管交流调压电路输出的电压波形是非正弦波，导通角越小，波形与正弦波差别越大。　　　　　　　　　　　　　　　　　　　　　　　　　　　　　　　（　　）

二、选择题

1. 单相桥式可控整流电路电阻性负载的输出电压波形中一个周期内会出现（　　）个波峰。
    A. 2　　　　　　B. 1　　　　　　C. 4　　　　　　D. 3
2. 单相桥式可控整流电路电阻性负载的输出电流波形（　　）。
    A. 只有正弦波的正半周部分　　　　B. 正电流部分大于负电流部分
    C. 与输出电压波形相似　　　　　　D. 是一条近似水平线
3. 单相桥式可控整流电路电感性负载无续流二极管，控制角 $α=30°$ 时，输出电压波形中（　　）。
    A. 不会出现最大值部分　　　　　　B. 会出现平直电压部分
    C. 不会出现负电压部分　　　　　　D. 会出现负电压部分

4. 三相半波可控整流电路中的三只晶闸管在电路上（　　）。
　　A. 绝缘　　　　　　B. 混联　　　　　　C. 并联　　　　　　D. 串联

5. 三相半波可控整流电路电阻负载，每个晶闸管电流平均值是输出电流平均值的（　　）。
　　A. 1/3　　　　　　B. 1/2　　　　　　C. 1/6　　　　　　D. 1/4

6. 三相半波可控整流电路电阻负载的控制角α移相范围是（　　）。
　　A. 0～90°　　　　B. 0～100°　　　　C. 0～120°　　　　D. 0～150°

7. 三相半波可控整流电路电阻负载的输出电压波形在控制角（　　）的范围内连续。
　　A. 0<α<30°　　　B. 0<α<45°　　　C. 0<α<60°　　　D. 0<α<90°

8. 三相半波可控整流电路电阻负载的导通角θ的变化范围是（　　）。
　　A. 0～90°　　　　B. 0～100°　　　　C. 0～120°　　　　D. 0～150°

9. 三相半波可控整流电路中的每只晶闸管与对应的变压器二次绕组（　　）。
　　A. 绝缘　　　　　　B. 混联　　　　　　C. 并联　　　　　　D. 串联

10. 三相半波可控整流电路大电感负载有续流管的控制角α移相范围是（　　）。
　　A. 0～120°　　　B. 0～150°　　　C. 0～90°　　　　D. 0～60°

11. 三相半波可控整流电路大电感负载无续流管的最大导通角θ是（　　）。
　　A. 60°　　　　　　B. 90°　　　　　　C. 150°　　　　　D. 120°

12. 晶闸管电路中串入快速熔断器的目的是（　　）。
　　A. 过压保护　　　B. 过流保护　　　C. 过热保护　　　D. 过冷保护

13. 一只100A的双向晶闸管可以用两只（　　）的普通晶闸管反并联来代替。
　　A. 100A　　　　　B. 90A　　　　　　C. 50A　　　　　　D. 45A

14. 晶闸管电路中串入小电感的目的是（　　）。
　　A. 防止电流尖峰　B. 防止电压尖峰　C. 产生触发脉冲　D. 产生自感电动势

15. 单相桥式可控整流电路电阻性负载，晶闸管中的电流平均值是负载的（　　）倍。
　　A. 0.5　　　　　　B. 1　　　　　　　C. 2　　　　　　　D. 0.25

16. 单相半波可控整流电路中晶闸管所承受的最高电压是（　　）。
　　A. $1.414U_2$　　B. $0.707U_2$　　C. U_2　　　　　D. $2U_2$

17. 晶闸管型号KS20-8中的8表示（　　）。
　　A. 允许的最高电压800V　　　　　　B. 允许的最高电压80V
　　C. 允许的最高电压8V　　　　　　　D. 允许的最高电压8kV

18. 双向晶闸管的额定电流是用（　　）来表示的。
　　A. 有效值　　　　B. 最大值　　　　C. 平均值　　　　D. 最小值

19. 晶闸管两端并联压敏电阻的目的是实现（　　）。
　　A. 防止冲击电流　B. 防止冲击电压　C. 过流保护　　　D. 过压保护

20. 普通晶闸管属于（　　）器件。
　　A. 不控　　　　　B. 半控　　　　　C. 全控　　　　　D. 自控

21. 单相桥式可控整流电路电感性负载，当控制角α=（　　）时，续流二极管中的电流与晶闸管中的电流相等。
　　A. 90°　　　　　　B. 60°　　　　　　C. 120°　　　　　D. 300°

22. 单相桥式可控整流电路电感性负载带续流二极管时,晶闸管的导通角为（　　）。
   A. $180°-\alpha$　　B. $90°-\alpha$　　C. $90°+\alpha$　　D. $180°+\alpha$

23. 单相半波可控整流电路电感性负载接续流二极管,$\alpha=90°$时,输出电压U_d为（　　）。
   A. $0.45U_2$　　B. $0.9U_2$　　C. $0.225U_2$　　D. $1.35U_2$

24. 单相半波可控整流电路的电源电压为220V,晶闸管的额定电压要留2倍裕量,则需选购（　　）的晶闸管。
   A. 250V　　B. 300V　　C. 500V　　D. 700V

25. 单相桥式可控整流电路电感性负载时,控制角α的移相范围是（　　）。
   A. 0～360°　　B. 0～270°　　C. 0～90°　　D. 0～180°

第四章

供配电技术

第一节 供电系统基本知识

一、电力系统

电力系统是由发电厂、电力网和电能用户组成的一个发电、输电、变电、配电和用电的整体。电能的生产、输送、分配和使用的全过程，实际上是同时进行的，即发电厂任何时刻生产的电能等于该时刻用电设备消耗的电能与输送、分配中损耗的电能之和。发电机生产电能，变压器、电力线路输送、分配电能，电动机、电灯、电炉等用电设备使用电能。在这些用电设备中，电能转化为机械能、光能、热能等。这些生产、输送、分配、使用电能的发电机、变压器、电力线路及各种用电设备联系在一起组成的统一整体，就是电力系统。

与电力系统相关联的还有"电力网络"和"动力系统"。电力网络或电网是指电力系统中，除发电机和用电设备之外的部分，即电力系统中各级电压的电力线路及其联系的变配电所。动力系统是指电力系统加上发电厂的"动力部分"，所以"动力部分"包括水力发电厂的水库、水轮机，热力发电厂的锅炉、汽轮机热力网和用电设备，以及核电厂的反应堆等。所以，电力网络是电力系统的一个组成部分，而电力系统又是动力系统的一个组成部分。

（一）发电厂

发电厂是将自然界蕴藏的各种一次能源转换为电能（二次能源）的工厂。发电厂有很多类型，按其所利用的能源不同，分为火力发电厂、水力发电厂、核能发电厂以及风力、地热、太阳能、潮汐发电厂等类型。目前在我国接入电力系统的发电厂最主要的有火力发电厂和水力发电厂以及核能发电厂（又称核电站）。

（1）水力发电厂，简称水电厂或水电站。它用水流的位能来生产电能，主要由水库、水轮机与发电机联轴，带动发电机转子一起转动发电，其能量转换过程是水流位能→机械能→电能。

（2）火力发电厂，简称火电厂或火电站。它利用燃料的化学能来生产电能，其主要设备有锅炉汽轮机、发电机，我国的火电厂以燃煤为主。为了提高燃料的效率，现代火电厂都将煤块粉碎成煤粉燃烧。煤粉在锅炉的炉膛内充分燃烧，将锅炉的水烧成高温高压的蒸汽，推动汽轮机转动，使与之联轴的发电机旋转发电，其能量转换过程是化学能→热能→

机械能→电能。

（3）核能发电厂通常称为核电站，它主要利用原子核的裂变能来生产电能，其生产过程与火电厂基本相同，只是核反应堆（俗称原子锅炉）代替燃煤锅炉，以少量的核燃料代替了煤炭，其能量转化过程是核裂变能→热能→机械能→电能。

（4）风力发电、地热发电、太阳能发电。风力发电是利用风力的动能来生产电能的，它应建在有丰富风力资源的地方。地热发电是利用地球内部蕴藏的大量的热能来生产电能的，它应建在有足够的热资源的地方。太阳能发电是利用太阳光能或者太阳热能来生产电能的，它应建在常年日照时间长的地方。

（二）变配电所

变电所的任务是接受电能、变换电压和分配电能，即受电—变压—配电。配电所的任务是接受电能和分配电能，即受电—配电，变电所可分为升压变电所和降压变电所两大类。升压变电所一般建在发电厂，主要任务是将低电压变换为高电压。降压变电所一般建在靠近负荷中心的地点，主要任务是将高电压变换到一个合理的电压等级。降压变电所根据其在电力系统中的地位和作用不同，又分为枢纽变电站、地区变电所和工业企业变电所等。

（三）电力线路

电力线路的作用是输送电能，并把发电厂、变配电所和电能用户连接起来。水力发电厂须建在水力资源丰富的地方，火力发电厂一般多建在燃料产地，即所谓的"坑口电站"。因此，发电厂一般距电能用户均较远，所以需要多种不同电压等级的电力线路，将发电厂生产的电能源源不断地输送到各级电能用户，通常把电压在35kV及以上的高压电力线路称为高压送电线路，而把10kV及以下的电力线路称为配电线路，电力线路按其传输电流的种类又分为交流线路和直流线路。按其结构和数设方式又可分为架空线路、电缆线路及户内配电线路。

（四）电能用户

电能用户又称电力负荷。在电力系统中，一切消费电能的用电设备均称为电能用户。用电设备按电流不同可分为直流设备和交流设备两类，而大多数设备是交流设备。按电压高低可分为低压设备和高压设备，1000V及以下的属低压设备，高于1000V的属于高压设备。按频率高低可分为低频（50Hz以下）、工频（50Hz）及中、高频（50Hz以上）设备，绝大部分设备采用工频。按工作制不同可分为连续运行、短时运行和反复短时运行设备三类。按用途不同可分为动力用电设备（如电动机）、电热用电设备（如电炉、干燥箱、空调器等）、照明用电设备、试验用电设备、工艺用电设备（如电解、电镀、冶炼、电焊、热处理等）。用电设备分别将电能转换为机械能、热能和光能等不同形式的适于生产、生活需要的能量。

二、供电系统概况

供配电系统由总降压变电所（高压配电所）、高压配电线路、车间变电所低压配电线路及用电设备组成。下面分别介绍几种不同类型的供配电系统次变压的供配电系统。

（1）只有一个变电所的一次变压系统。对于用电设备组成较少的小型工厂或生活区，通常只设一个将6～10kV电压降为380V/220V电压的变电所，这种变电所通常称为车间变电所，如图 4-1 所示为装有一台电力变压器的车间变电所和装有两台电力变压器的车间变电所。

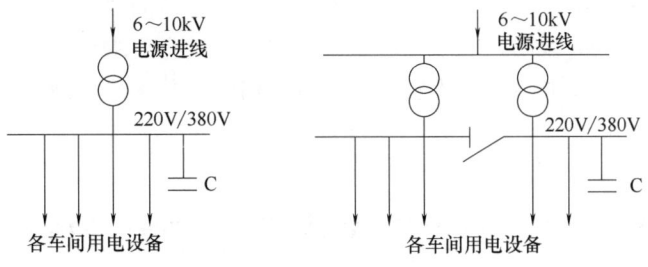

图 4-1　车间配电所

（2）拥有高压配电所的一次变压供配电系统。一般中小型工厂，多采用 60kV 电源进线，经高压配电所将电能分配给各个车间变电所，由车间变电所再将 6～10kV 电压降至 380V/220V，供低压用电设备使用。同时，高压用电设备直接由高压配电所的 6～10kV 母线供电。

（3）高压深入负荷中心的一次变压供配电系统。某些中小型工厂，如果本地电源电压为 35kV，且工厂的各种条件允许时，可直接采用 35kV 作为配电电压，将 35kV 线路直接引入靠近负荷中心的工厂车间变电所，再由车间变电所一次变压为 380V/220V，供低压用电设备使用。如图 4-2 所示的这种高压深入负荷中心的一次变压的供配电方式，可节省一级

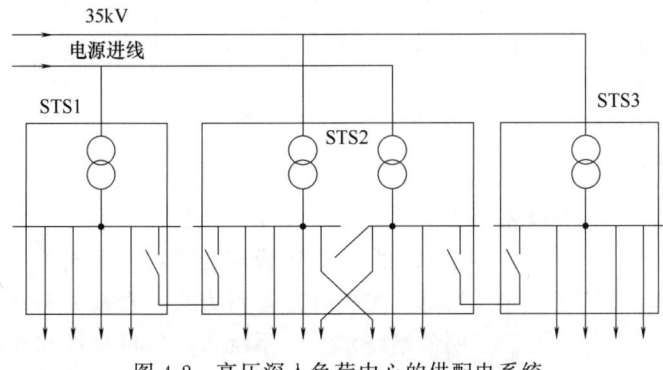

图 4-2　高压深入负荷中心的供配电系统

中间变压，从而简化了供配电系统，节约有色金属，降低电能损耗和电压损耗，提高了供电质量，而且有利于工厂电力负荷的发展。

（4）二次变压的供配电系统。大型工厂和某些电力负荷较大的中型工厂，一般采用具有总降压变电所的次变压供电系统。该供配电系统，一般采用 35～110kV 电源进线，先经过工厂总降压变电所，将 35～110kV 的电源电压降至 6～10kV，然后经过高压配电线路将电能输送到各车间变电所，再将 6～10kV 的电压降至 380V/220V，供低压用电设备使用；高压用电设备则直接由总降压变电所的 6～10kV 母线供电。这种供配电方式称为二次变压的供配电方式。

（5）低压供配电系统。某些无高压用电设备且用电设备总容量较小的小型工厂，有时也直接采用 380V/220V 低压电源进线，只需设置一个低压配电室，将电能直接分配给各车间低压用电设备使用。

三、供电系统基本要求

为了切实保证生产和生活用电的需要并做好节能工作，供配电工作必须达到以下基本

要求：

（1）安全。在电能的供应分配和使用中，不应发生人身事故和设备事故。

（2）可靠。应满足电能用户对供电可靠性及供电连续性的要求。

（3）优质。应满足电能用户对电压和频率等方面的质量要求。

（4）经济。应使供配电系统的投资少，运行费用低，并尽可能地节约电能和减少有色金属的消耗量。

第二节 电力系统的中性点运行方式

电力系统中性点是指三相绕组作星形连接的变压器和发电机的中性点。电力系统中性点与大地间的电气连接方式称为电力系统中性点接地方式（即中性点运行方式）。电力系统中性点的运行方式，可分为中性点非有效接地和中性点有效接地两大类。中性点非有效接地包括中性点不接地、中性点经消弧线圈接地和中性点经高电阻接地的系统，当发生单相接地时，接地电流被限制到较小数值，故又称为小接地电流系统。而中性点有效接地包括中性点直接接地和中性点经小阻抗接地的系统，因发生单相接地时接地电流很大，故又称为大接地电流系统。我国电力系统广泛采用的中性点接地方式主要有中性点不接地、中性点经消弧线圈接地及中性点直接接地三种。

一、中性点不接地运行方式

电力系统中性点的运行方式不同，其技术特性和工作条件也不同，还与故障分析、继电保护配置、绝缘配合等均密切相关。采用哪一种中性点运行方式，直接影响到电网的绝缘水平、系统供电的可靠性和连续性、电网的造价以及对通信线路的干扰程度。中性点不接地的电力系统正常时的电路图和相量图如图4-3所示，三相线路的相间及相与地间都存在着分布电容。这里只考虑相与地间的分布电容，且用集中电容来表示。

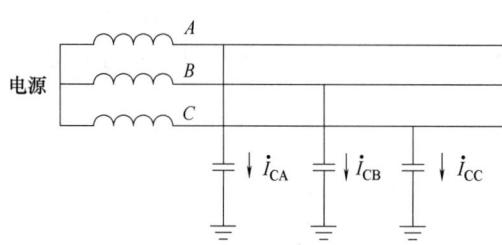

图4-3 正常运行时中性点不接地系统电路图

当系统某一相发生故障，而故障相通过一定的阻抗接地，称为不完全接地。此时，接地相电压大于零而小于相电压，非故障相对地电压则大于相电压而小于线电压。接地电流电压比完全接地时小，其具体的电压、电流值与故障相接地电阻值有关。单相接地故障时，由于线电压保持不变，对电力用户没有影响，用户可继续运行，提高了供电可靠性。理论上长期带单相接地故障运行不会危及电网绝缘，但实际上是不允许过分长期带单相接地运行的，因为未故障相电压升高为线电压，长期运行可能在绝缘薄弱处发生绝缘破坏而造成相间短路。因此，为防止由于接地点的电弧伴随产生的过电压，使系统由单相接地故障发展为多相接地故障，引起故障范围扩大，所以在这种系统中必须装设交流绝缘监察装置，当发生单相接地故障时，发出报警信号或指示，以提醒运行值班人员注意，及时采取措施，查找和消除接地故障；单相接地故障时，由于线电压保持不变，对电力用户没有影响，用户可继续运行，提高了供电可靠性。发生单相接地故障时中性点不接地系统如图4-4所示。

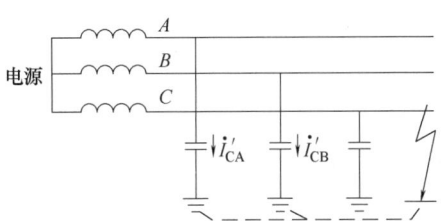

如有备用线路，则可将重要负荷转移到备用线路上，当危及人身和设备安全时，单相接地保护应动作于跳闸。

电力系统的有关规程规定：在中性点不接地的三相系统中发生单相接地时，允许继续运行的时间不得超过2h，并要加强监视。

图4-4　发生单相接地故障时中性点不接地系统电路图

由于非故障相的对地电压升高到线电压，所以在这种系统中，电气设备和线路的对地绝缘必须按能承受线电压考虑设计，从而相应地增加了投资。

二、中性点经消弧线圈接地系统

中性点不接地系统，具有单相接地故障时可继续给用户供电的优点，即供电可靠性比较高。但有种情况比较危险，即在发生单相接地时，如果接地电流较大，将在接地点产生断续电弧，这就可能使线路发生谐振过电压现象，因此不宜用于单相接地电流较大的系统（图4-5）。

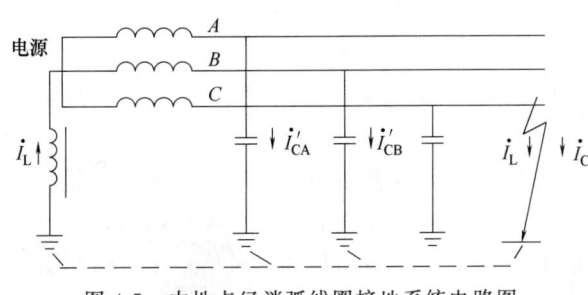

图4-5　中性点经消弧线圈接地系统电路图

为了克服这个缺点，可将电力系统的中性点经消弧线圈接地。消弧线圈实际上是一种带有铁芯的电感线圈，其电阻很小，感抗很大，其铁芯柱有很多间隙以避免磁饱和，使消弧线圈有一个稳定的电抗值。

消弧线圈有多种类型，包括离线分级调匝式、在线分级调匝式、气隙可调铁芯式、气隙可调柱塞式、直流偏磁式、直流磁阀式、调容式、五柱式等。

三、中性点直接接地系统

正常运行时，由于三相系统对称，中性点的电压为零，中性点没有电流流过。当系统中发生单相接地时，由于接地相直接通过大地与电源构成单相回路，故称这种故障为单相短路。单相短路电流I很大，继电保护装置应立即动作，使断路器断开，迅速切除故障部分，不会产生稳定电弧或间歇电弧，系统其他部分仍能正常运行。

中性点直接接地系统中发生单相接地时，相间电压的对称关系被破坏，但未发生接地故障的另两个相的对地电压不会升高，仍维持相电压（图4-6）。因此，中性点直接接地系统中的供电设备的相绝缘只需按相电压来考虑。这对110kV及以上的高压系统来说，具有显著的经济技术价值，因为高压电器，特别是超高压电器，其绝缘问题是影响电器设计制造的关键问题。电器绝缘要求的降低直接降低了电器的造价，同时也改善了电器

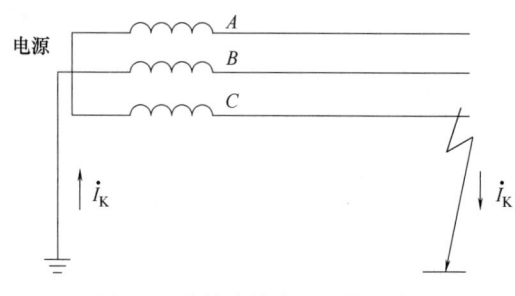

性能。

中性点直接接地系统中发生单相接地即形成单相短路，必须立即断开电路，这样造成的后果是短期停电（重合闸成功），或者是长期停电（永久性故障，则重合闸不成功）。此外，在短路过程中，巨大的短路电流引起的电动力和热效应可能使一些电气设备造成损坏。一些断路器由于切断短路电流的次数增加，会增加其维护检修的工作。

图 4-6 中性直接接地系统电路图

中性点直接接地系统中发生单相接地故障时的接地电流对邻近的通信线路干扰大，感应电压可能危及工作人员安全或引起信号装置误动作，因此，电力线和通信线间必须保持一定的距离。

第三节 接地电阻的测试

接地电阻是指埋入地下的接地体电阻和土壤散流电阻，通常采用 ZC-8 型接地电阻测量仪（或称接地电阻摇表）进行测量。

ZC-8 型测量仪其外形与普通绝缘摇表差不多，也就按习惯称为接地电阻摇表。ZC 型摇表的外形结构随型号的不同稍有变化，但使用方法基本相同。ZC-8 型接地电阻测量仪的结构如图 4-7 所示，测量仪还随表附带接地探测棒两支、导线三根。

一、接地电阻测试要求

(1) 交流工作接地，接地电阻不应大于 4Ω。

(2) 安全工作接地，接地电阻不应大于 4Ω。

图 4-7 ZC-8 型接地电阻测量仪外形

(3) 直流工作接地，接地电阻应按计算机系统具体要求确定。

(4) 防雷保护地的接地电阻不应大于 10Ω。

(5) 对于屏蔽系统如果采用联合接地时，接地电阻不应大于 1Ω。

二、接地电阻测试仪

ZC-8 型接地电阻测试仪适用于测量各种电力系统、电气设备、避雷针等接地装置的电阻值，也可测量低电阻导体的电阻值和土壤电阻率。

本仪表由手摇发电机、电流互感器、滑线电阻及检流计等组成，全部机构装在塑料壳内，外有皮壳便于携带。附件有辅助探棒导线等，装于附件袋内，其工作原理采用基准电压比较式。

使用前检查测试仪是否完整，测试仪包括如下器件：

① ZC-8 型接地电阻测试仪一台。

② 辅助接地棒两根。

③ 导线 5m、20m、40m 各一根。

三、接地电阻的使用与操作

1. 接地电阻的使用

测量接地电阻值时接线方式的规定：仪表上的 E 端钮接 5m 导线，P 端钮接 20m 线，C 端钮接 40m 线，导线的另一端分别接被测物接地极 E′，电位探棒 P′和电流探棒 C′，且 E′、P′、C′应保持直线，其间距为 20m。测量接地电阻≥1Ω 时接线图见图 4-8，将仪表上两个 E 端钮连接在一起。

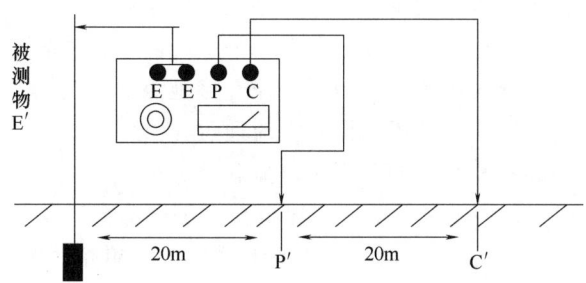

图 4-8　测量接地电阻≥1Ω 时的接线图

测量接地电阻＜1Ω 时接线，如图 4-9 所示，测量接地电阻＜1Ω 时将仪表上两个 E 端钮导线分别连接到被测接地体上，以消除测量时连接导线电阻对测量结果引入的附加误差。

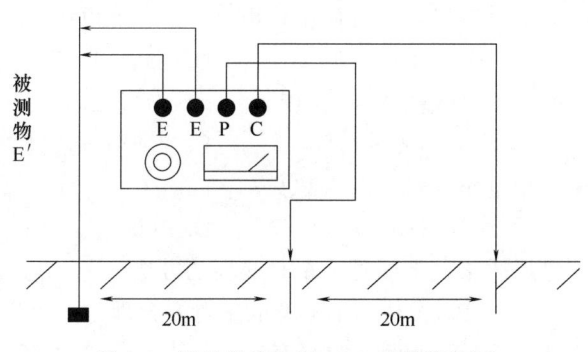

图 4-9　测量接地电阻＜1Ω 时的接线图

2. 操作步骤

（1）仪表端所有接线应正确无误。

（2）仪表连线与接地极 E′、电位探棒 P′和电流探棒 C′应牢固接触。

（3）仪表放置水平后，调整检流计的机械零位，归零。

（4）将"倍率开关"置于最大倍率，逐渐加快摇柄转速，使其达到 150r/min。当检流计指针向某一方向偏转时，旋动刻度盘，使检流计指针恢复到"0"点。此时刻度盘上读数乘上倍率挡即为被测电阻值。

（5）如果刻度盘读数小于 1 时，检流计指针仍未取得平衡，可将倍率开关置于小一挡的倍率，直至调节到完全平衡为止。

（6）如果发现仪表检流计指针有抖动现象，可变化摇柄转速，以消除抖动现象。

四、注意事项

（1）禁止在有雷电或被测物带电时进行测量。

（2）仪表携带、使用时须小心轻放，避免剧烈振动。

（3）为了保证所测接地电阻值的可靠，应改变方位重新进行复测。取几次测得值的平均值作为接地体的接地电阻。

练 习 题

一、判断题

1. 电气二次回路与一次回路的中间联系设备是各种互感器。（   ）
2. 能承受高电压、大电流的设备属于电力系统二次设备。（   ）
3. 经消弧线圈接地的运行方式主要应用在 35～66kV 的电力系统。（   ）
4. 中性点不接地的系统发生单相接地时，流经接地点的电流为感性电流。（   ）
5. 当三相负载不对称时，中性线上没有电流通过。（   ）
6. 中性线不可以传导三相系统的不平衡电流和单相电流。（   ）
7. TN-C 系统适用于各种配电场所，三相负荷不平衡不会对其产生影响。（   ）
8. PEN 线上不得装设开关和熔断器，否则断线会烧坏单相用电设备。（   ）
9. 在同一低压配电系统中，保护接零和保护接地不能混用。（   ）
10. 保护接地和保护接零是防止直接接触电击最基本的措施。（   ）

二、选择题

1. 我国三相交流电网中电力设备的额定电压规定为：低压是指（   ）的电压。
   A. 1V 以下　　　　B. 1kV 以下　　　　C. 3kV 以下　　　　D. 10kV 以下
2. 一般场所中电气照明负荷允许的电压偏移的范围为（   ）。
   A. ±5%　　　　　B. ±7%　　　　　C. 5%～10%　　　　D. 7.5%～10%
3. 供电企业供电的额定电压中低压三相电压为（   ）V。
   A. 110　　　　　　B. 220　　　　　　C. 380　　　　　　D. 1000
4. 为了保证电力系统运行有良好的电压质量，下面哪一个是必要的方法（   ）。
   A. 有足够的无功功率电源　　　　　B. 无功功率电源的配置要合理
   C. 必要的电力系统调压手段　　　　D. 上面三个都有
5. 对一类负荷的供电要求是（   ）。
   A. 至少两个独立电源　　　　　　　B. 两回输送线路
   C. 一条输送线路　　　　　　　　　D. 没有特殊要求
6. 对三类负荷的供电要求是（   ）。
   A. 至少两个独立电源　　　　　　　B. 两回输送线路
   C. 一条输送线路　　　　　　　　　D. 没有特殊要求
7. 下面属于电气一次设备的是（   ）。
   A. 继电器　　　　B. 电压表　　　　C. 电流表　　　　D. 变压器
8. 电压互感器二次回路应设（   ）保护。
   A. 短路　　　　　B. 开路　　　　　C. 断线　　　　　D. 绝缘

9. 下面属于电气二次设备的是（　　）。
A. 发电机　　　　B. 变压器　　　　C. 电流表　　　　D. 断路器
10. 电气主接线属于电力（　　）次回路。
A. 一　　　　　　B. 二　　　　　　C. 三　　　　　　D. 四
11. 电力系统的中性点是指（　　）。
A. 变压器的中性点　　　　　　　　B. 星形接线变压器的中性点
C. 发电机的中性点　　　　　　　　D. 以上均是
12. 小电流接地方式是指（　　）。
A. 中性点不接地、中性点直接接地
B. 中性点不接地、中性点经消弧线圈接地或经高阻抗接地
C. 中性点直接接地、中性点经消弧线圈接地或经高阻抗接地
D. 直接接地和经低阻抗接地
13. 大电流接地方式是指（　　）。
A. 中性点不接地、中性点直接接地
B. 中性点不接地、中性点经消弧线圈接地或经高阻抗接地
C. 中性点直接接地、中性点经消弧线圈接地或经高阻抗接地
D. 直接接地和经低阻抗接地
14. 低压配电系统中，中性线用来接（　　）设备。
A. 单相　　　　　B. 三相　　　　　C. 高压　　　　　D. 直流
15. 凡含有中性线 N 和保护线 PE 的三相系统，称为（　　）系统。
A. 三相三线制　　B. 三相四线制　　C. 三相五线制　　D. 以上均不是
16. 在三相交流电路中，当三相负载不对称时，中性线（　　）。
A. 可以不要　　　　　　　　　　　B. 一定不要
C. 一定要　　　　　　　　　　　　D. 根据情况而定是否要
17. 我国 380V/220V 低压配电系统采用中性点（　　）的运行方式。
A. 直接接地　　　B. 不接地　　　　C. 经消弧线圈接地　　D. 经高阻抗接地
18. 我国 380V/220V 中性点直接接地系统中保护接地的接地电阻（　　）。
A. 不大于 10Ω　　B. 不大于 5Ω　　C. 不大于 4Ω　　D. 不大于 1Ω
19. 我国低压配电系统分为（　　）。
A. TN 系统　　　　B. TT 系统　　　　C. IT 系统　　　　D. 以上均是
20. 我国工矿企业低压配电系统主要为（　　）。
A. TN 系统　　　　B. TT 系统　　　　C. IT 系统　　　　D. 以上都不是

第五章 电动机与驱动

第一节 直流电动机

一、直流电动机结构与工作原理

直流电动机与交流电动机相比有下列优点：启动转矩大；容易实现无级调速；适宜于频繁启动等，因此，在启动转短要求较大，调速性能要求较高的场合，多用直流电动机驱动，如电力机车、轧钢机等。

直流电动机存在一些缺点：制造工艺较复杂，成本较高，换向器故障较多，维护比较麻烦等。

（一）直流电动机结构

直流电动机由两个部分组成：静止部分（称为定子）、转动部分（称为电枢），如图 5-1 所示为直流电动机的组成部分。从图中可见：定子部分主要有主磁极、换向磁极、机座、端盖、轴承和电刷装置等；电框部分主要有电枢铁芯、电枢绕组、换向器、转轴和风扇等。

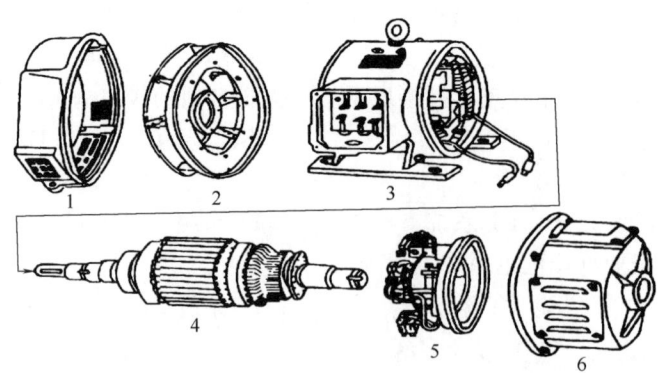

图 5-1 直流电动机的组成部件
1—前端盖 2—风扇 3—机座 4—电枢 5—电刷架 6—后端盖

（二）工作原理

如图 5-2 所示为直流电动机的原理示意图。把电刷 A、B 接到电源上，电流从电刷 A 进入线圈，沿 $a \rightarrow b \rightarrow c \rightarrow d$ 的方向从电刷 B 流出。由左手定则（伸开左手，掌心迎着磁力线，四指指向电流方向，绕组拇指的指向就是导体受力方向），线圈边 ab 受力向左，线圈边 cd 受力向右，结果使电枢绕组逆时针转动，如图 5-2（a）所示。当电枢转过 180°时，如图 5-2（b）所示。电流仍由电刷 A 流入线圈，沿 d→c→b→a 方向从电刷 B 流出。虽然通过线圈的电流方向改变了，但两个线圈边

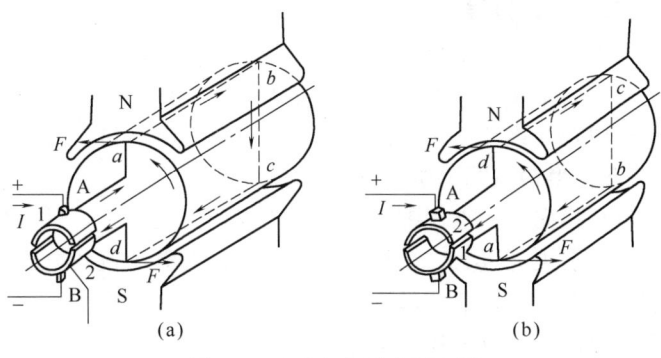

图 5-2　直流电机基本原理图

受力仍使电刷逆时针转动。这就是直流电动机的工作原理。

二、直流电动机的换向

（一）电枢反应

直流电动机主磁极产生的磁场称为主磁场。主磁场的分布情况如图 5-3（a）所示。磁

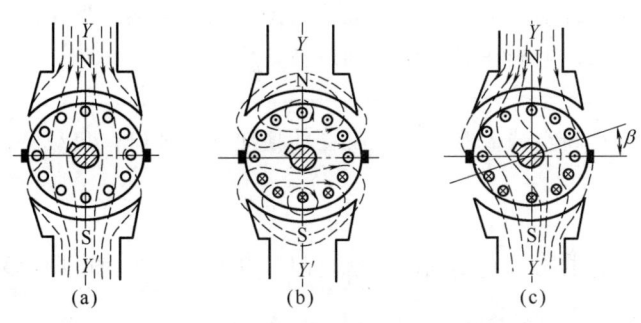

图 5-3　直流发电机的电枢反应情况

场的轴线与磁板的轴线 YY' 重合。两极之间通过电动机轴与 YY' 垂直的平面称为几何中性面。通过电动机轴的平面与电枢圆周表面相交的两直线处，磁通密度为零，这两条直线所在的平面称为物理中性面。在图 5-3（a）中，物理中性面与几何中性面重合，当电动机有负载时，电枢绕组中有电流通过，也产生一个磁场，称为电枢磁场，其分布如图 5-3（b）所示。在有负载的电动机中，主磁场与电枢磁场是同时存在的。电枢磁场对主磁场的分布会发生影响，这种影响称为电枢反应。

（1）直流发电机的电枢反应。设发电机的主磁如图 5-3（a）所示，则合成磁场如图 5-3（c）所示，发生了偏转，结果使总磁场的物理中性面顺电枢转动方向移过了一个 β 角，几何中性面处的磁通密度不再为零了，这是电枢反应的第一个影响。每个极的一边的磁通受到削弱，另一边得到加强，由于磁极工作在近似饱和状态，使得加强的量小于削弱的量，结果主磁场被削弱了，这是第二个影响。

由于上述两个影响，使发电机的电动势有所减小，同时换向器与电刷间火花增大。

（2）直流电动机的电枢反应。与发电机类似，电枢反应的第一个影响是使物理中性面偏移了一个 β 角，但是逆电枢旋转方向偏移，电枢磁场也削弱了主磁场，是第二个影响。由于电枢反应使换向器火花增大，电动机输出转矩有所减小。电枢反应对发电机和电动机都是不利的。

(二) 换向过程

直流电动机的电枢旋转时,电枢中的绕组元件从一个支路经电刷进入另一个支路,这时工件中的电流方向改变一次,称为换向。换向不良,将使电刷下产生火花,火花超过一定限度时,会损坏电刷和换向片,严重时使电动机不能继续运行。

(三) 换向故障分析

电流换向时,电刷下会出现火花。若火花很小,呈蓝色,对电动机的正常运行没有什么影响。若火花过大,呈红色甚至白色,对电动机的电刷和换向片便有危害,火花将烧坏电刷和换向片,造成接触不良,于是火花更大,形成恶性循环,甚至无法工作。产生换向火花的原因主要有下述几个方面。

1. 电磁方面

(1) 电枢反应。它使几何中性面与电枢表面相交处的磁通密度不为零,导体经过此处会产生电势,此时绕组元件被电刷短接,于是元件与电刷间产生环流。此环流使电刷与换向片表面的电流密度不均匀,产生火花。

(2) 自感电势影响。绕组元件的换向过程时间短,电流变化率大,自感电势也很大,使电刷与换向片产生火花。

2. 机械方面

压紧电刷的弹簧压力不适宜,电刷跳动;换向片间绝缘物凸出;电刷与换向器接触不良;电动机装配不良,转动时发生振动;电刷在刷握中跳动或被卡住等。

3. 工作环境方面

空气中有尘土、烟雾、化学气体及高空缺氧等情况,都会使换向火花加剧。负载突然变化过大,也会造成过大火花。

(四) 改善换向的方法

(1) 选用适当的电刷。不同牌号的电刷,有不同的接触电阻。维修中,更换电刷应采用与原牌号相同的电刷,不宜随便更改。

(2) 移动电刷的位置。把电刷从几何中性面移到合成磁场的物理中性面处即可,但这种方法只能用于负载不变的电动机中。

(3) 加装换向磁极。为了解决移动电刷的困难,一般都装置换向磁极,加装在相邻两个主磁极之间。换向磁极的励磁绕组必须和电枢串联,使磁场强弱能跟随电枢电流变化。同时换向磁极的磁场方向必须与电枢磁场的方向相反,以抵消电枢磁场对主磁场的影响。如直流电动机电枢反应使物理中性面逆旋转方向偏移 β 角,那么换向磁极的极性与旋转方向前一个主磁极极性相同。

三、直流电机的电磁转矩与机械特性

(一) 电磁转矩

通电导体在磁场中会受到力的作用,在直流电动机中电枢表面导体受力方向与电枢直径垂直,形成的电磁转矩为:

$$T = PN\Phi I / 2\pi a$$

对已制成的电动机,P (磁极对数)、N (导体总数)、a (并联支路数) 是已确定的数值,上式可写为:

$$T = C_T \Phi I_a$$

式中 $C_T = PN/2\pi a$，为电动机转矩常数，与电动机结构有关；

I_a——电枢总电流，A；

Φ——每极的气隙磁通，Wb；

T——电动机的电磁转矩，N·m。

对于电动机来说，电磁转矩是驱动转矩。它是电源供给电动机的电流与磁场作用而产生的；对于发电机来说是制动转矩，因为它的方向和电枢旋转方向相反，原动机必须克服制动转矩才能使电枢旋转发电。

（二）直流电动机机械特性

在分析电力拖动问题时，经常要研究电动机的转速与转矩的关系。在端电压 U、励磁电路电流 I_B 和电枢电阻 R_a 都等于常数的条件下，转速 n 与转矩 T 的关系称为电动机的机械特性。

直流电动机一般根据励磁绕组与电枢绕组的连接方式不同而分为并励电动机（励磁绕组与电枢绕组并联），串励电动机（励磁绕组与电枢绕组串联），复励电动机（励磁绕组有两个，其中一个与电枢串联；另一个并联）及他励电动机（励磁绕组与电枢绕组互相独立）。下面介绍并励和串励电动机的机械特性。

1. 并励电动机机械特性

公式如下：

$$n = \frac{U}{C_e \Phi} - \frac{R_a}{C_e C_T \Phi^2} T$$

式中 C_e——由电动机结构决定的电动势常数；

R_a——转子电阻，Ω。

这是一个直线方程，为并励电动机的自然机械特性。电动机从空到额定负载时，转速下降不多，称为硬机械特性。

如果在电枢回路中串入电阻 R_{pa}，R_{pa} 越大，直线越陡，称为并励电动机的人造机械特性；负载增大时，转速下降较多，称为软机械特性。

2. 串励电动机机械特性

其特点是励磁绕组与电枢绕组串联，励磁电流等于电枢电流。磁极未饱和时基本上与电枢电流成正比，写成 $\Phi = CI_a$，因而可得：

$$T = C_T \Phi I_a = C_T C I_a^2$$

3. 串、并励机械特性比较

并励电动机有硬机械特性；串励电动机机械特性较软。负载变化时，前者转速变化不大，后者变化较大。并励电动机启动转矩与启动电流成正比；串励电动机启动转矩与启动电流的平方成正比。并励电动机启动转矩不大，而串励电动机启动转矩较大。

综上所述，并励电动机适用于启动转矩要求不高且负载变化时要求转速稳定的场合；串励电动机适用于有较大启动转矩，负载变化时转速允许变化的场合。必须注意，串励电动机空载或轻载时，转速过高，造成换向困难，甚至使电枢因过大的离心力而甩坏，故串励电动机不允许空载或轻载启动，同时不准用带或链条传动，防止因带、链条断裂造成电动机转速过高。

四、直流电力驱动系统的一般知识

(一) 直流电动机的启动和制动

1. 启动

直流电动机转子由静止到转速达到额定值的过程称为启动过程。使用直流电动机时，如直接合闸，则启动电流很大，启动瞬间，启动电流 $I_q=U/R_a$，由于 R_a 很小，所以启动电流可达额定电流的 10 倍以上。这样大的启动电流，会使电刷下产生强烈的火花，同时产生很大的启动转矩，对转轴及电动机形成很大冲击。一般不允许直接启动，而要在电枢回路中串联电阻以限制其启动电流。电动机启动后，随转速升高，反电动势增大，电枢电流逐渐减小。当电动机达到额定转速时，把启动电阻从线路中切除。目前直流电动机大多采用晶闸管电路作可调电源，启动时使电源电压从零逐步升到额定值，而不必串联启动电阻。

2. 制动

与交流电动机制动类似，直流电动机的电气制动也有能耗制动、反接制动等。

(1) 能耗制动。一台并励电动机在切断枢框电源后，把它的电枢两端接到一只适宜的电阻上，把开关 S_1 从位置 1 转到位置 2，这样电动机就能迅速停止。

因为切断电流后，保持励磁电流，电枢靠惯性转动时，电枢导体切割磁力线而产生电动势和与旋转方向相反的电磁转矩，因而起到制动作用。制动过程中，电枢的动能变成了电能而消耗在电阻上，所以称为能耗制动。能耗制动减速平稳，停止位置准确。

(2) 直流电动机反转与反接制动。使直流电动机反转的方法有两种：保持电枢两端电压极性不变，把励磁绕组反接；保持励磁绕组的电流方向不变，把电框绕组反接。磁通和电流方向中，任意改变一个，即可改变电动机的转向。一般采用电枢反接的方法。

直流电动机反接制动的方法是把电枢或把励磁绕组反接，产生与原转向相反的电磁转矩，从而实现制动。进行反接制动时注意，电枢反接时，电枢必须串外接电阻，以限制动电流；当电动机转速接近于零时，要切断电源，否则电动机将反向转动。反接制动法适用于要求制动迅速的场合，制动时，机械冲击较大，消耗电能较多。

(二) 直流电动机调速

在电动机负载不变的条件下改变电动机的转速称为调速，调速的方法可由电动机的机械特性 T 看出，当 T 不变时，影响电动机转速的有电源电压 U、电枢电阻 R_a 和主磁通三个因素。改变其中的任何一个，电动机的转速就可以得到调节。

1. 改变电枢回路电阻调速

改变电枢回路电阻调速一般在电枢回路串接一个电阻来进行。但应注意，调速电阻可用于启动，启动电阻不能用于调速，因为设计时，启动电阻是按短时工作制考虑的。这种调速的特点是：

(1) 电动机的机械特性变软，转速只能降低。

(2) 低速时，调速电阻 R_{pa} 上电流较大，耗能较多。

(3) 负载若有变化，电动机的转速就会有较大的变化。

其优点是设备简单、对转速的稳定性要求不高、功率不大，目前还常被采用。

2. 改变励磁回路电阻的调速法

为了改变主磁通，在励磁电路中串一只调速电阻 R_{pe}，当电枢回路电阻 $R_{pa}=0$ 时，调

节励磁回路中的 R_{pe} 以调节转速。若超过了额定电流,必须减小负载的转矩才行。这种调速法的特点是:

（1）可得到平滑的无级调速。

（2）因励磁电流小,调速时,R_{pe} 上功耗小。

（3）专门用来调速的电动机,其最高转速可以达到最低转速的3~4倍。

（4）调速的稳定性较好。

这种调速法只能使转速升高,因为不能增加 Φ 来调速（否则磁极的磁性饱和）,所以又称为弱磁调速。

3. 改变电枢电压调速

晶闸管整流设备作为可调电压的直流电源,使这种调速方法得到广泛应用,其特点是:

（1）可以得到平滑无级调速。

（2）机械特性硬,转速稳定。

（3）转速只能调低不能调高。

在调速性能要求较高的场合,一般把改变电枢电压和改变励磁的调速法配合使用可以得到良好的调速性能和宽广的调整范围。

（三）晶闸管—直流电动机调速系统简介

1. 调速系统静态指标

（1）调速范围（D）。在额定负载下,电动机所能达到的最高转速 n_{max} 与最低转速 n_{min} 之比叫调速范围。即

$$D = n_{max}/n_{min}$$

不同生产机械的调速范围要求不同,如金属切削机床 $D=4 \sim 100$,轧钢机 $D=3 \sim 15$ 等。

（2）静差率（S）。又称静差度或调速的稳定度,表示负载转矩变化时转速变化的程度,其含义为电动机由理想空载变为满载时的转速降落 Δn_N 与理想空载转速 n_0 之比的百分数,用 S 表示,即:

$$S = \Delta n_N/n_0 \times 100\%$$

不同机械加工设备对静差率有不同的要求,例如普通车床 $S=20\% \sim 30\%$；龙门刨床 $S=5\% \sim 10\%$ 等。若 S 过大,将影响工件的加工精度和表面粗糙度。

（3）调速的平滑性。平滑的程度用平滑系数 α 来衡量,它是相邻两级的转速之比。

2. 调速系统

实用的调速系统千差万别,但从信号传递的角度看,不外乎两种:开环调速系统与闭环调速系统。

（1）开环调速系统。当改变电位器 R_g 的滑动触头时,U_g 相应变化,从而改变了触发电路的控制角及整流器的输出电压 U_a,使电动机有不同的转速。在这个系统中,电动机是被控对象,电动机的转速是被控量,U_g 是给定量,即控制量。此系统只有控制量对被控量 n 的控制作用,而被控量 n 对控制量没有反作用。这种控制量决定被控量,而被控量对控制量不能反施影响的控制系统称为开环控制系统。该系统在一般情况下可正常工

作,但电源电压波动、负载变化等因素(称扰动)会对转速产生影响,而开环系统对这些扰动的影响无法克服,所以开环调速系统不具备抗干扰能力。

(2) 闭环调速系统。在开环调速系统中,若在电动机轴上装一个转速表,当发现转速偏离给定值,由人工调节 U_g,使转速恢复到给定值,那么就构成了一个闭环调速系统,这时被控量对给定量的影响是靠人工完成的,称为人工闭环系统。在实际运行中,对控制的质量和反应速度越来越高,靠人工是无法胜任的。如果用测速发电机 TG 代替转速表,然后将其电压的一部分 U_f 反馈到系统的输入端,与 U_g 进行比较,形成偏差信号 $\Delta U = U_g - U_f$,用该信号控制触发电路,从而控制电动机的转速。转速负反馈闭环调速系统的调整过程如下:设电动机正常情况下稳定运行,转速为 n_1,且电磁转矩 T 与负载转矩 T_c 相等。如果由于某种原因使负载转矩 T_c 增加,则电动机转速降低;在 U_g 不变时,$\Delta U = U_g - U_f$ 增大,于是触发电路脉冲前移,整流器输出增加,电动机转速回升。

五、计算机数字控制双闭环直流调速系统

计算机数字控制双闭环直流调速系统,硬件系统由主电路、检测电路、控制电路、给定电路、故障综合等几部分组成,计算机数字控制系统的控制规律是靠软件来实现的,所有的硬件也必须由软件实施管理。计算机数字控制双闭环直流调速系统的软件有主程序、初始化子程序、中断服务子程序等。

(一) 硬件系统

1. 主回路

计算机数字控制双闭环直流调速系统主电路中的 UPE 有两种方式:直流 PWM 功率变换器和晶闸管可控整流器。

2. 检测回路

检测回路包括电压、电流、温度和转速检测,其中电压、电流和温度检测由 A/D 转换通道变为数字量送入计算机。转速检测用数字测速。电流和电压检测除了用来构成相应的反馈控制外,还是各种保护和故障诊断信息的来源。电流、电压信号也存在幅值和极性的问题,需经过一定的处理后,经 A/D 转换送入计算机,其处理方法与转速相同。转速检测有模拟测速和数字测速两种检测方法。

(1) 模拟测速一般采用测速发电机,其输出电压不仅表示了转速的大小,还包含了转速的方向,在调速系统中(尤其在可逆系统中),转速的方向也是不可缺少的。因此须经过适当的变换,将双极性的电压信号转换为单极性的电压信号,经 A/D 转换后得到的数字量送入计算机。但偏移码不能直接参与运算,必须用软件将偏移码变换为原码或补码后,然后进行闭环控制。

(2) 对于要求精度高、调速范围大的系统,往往需要采用旋转编码器测速,即数字测速。

3. 数字控制器

数字控制器是该系统的核心,可选用单片计算机或数字信号处理器(DSP),如 Intel8X196MC 系列或 TMs320X240 系列等专为电动机控制设计的微处理器,本身都带有 A/D 转换器、通用 I/O 和通信接口,还带有一般计算机并不具备的故障保护、数字测速和 PWM 生成功能,可大大简化数字控制系统的硬件电路。

4. 系统给定

系统给定有两种方式：

（1）模拟给定。模拟给定是以模拟量表示的给定值，例如给定电位器的输出电压模拟给定须经 A/D 转换为数字量，再参与运算。

（2）数字给定。数字给定是用数字量表示的给定值，可以是拨盘设定、键盘设定或者采用通信方式由上位机直接发送。

5. 计算机逻辑判断

利用计算机拥有的强大逻辑判断功能，对电压、电流、温度等信号进行分析比较，若发生故障立即进行故障诊断，以便及时处理，避免故障进一步扩大。

（二）软件系统

（1）主程序。完成实时性要求不高的功能，完成系统初始化后，实现键盘处理刷新显示、与上位计算机和其他外围设备通信等功能。

（2）初始化子程序。完成硬件元件工作方式的设定、系统运行参数和变量的初始化等。

（3）中断服务子程序。中断服务子程序完成实时性强的功能，如故障保护、PWM 生成、状态检测和数字 PI 调节等。中断服务子程序由相应的中断源提出申请，CPU 实时响应。中断服务子程序主要有转速调节中断服务子程序、电流调节中断服务子程序和故障保护中断服务子程序。

第二节　三相异步电动机

一、定子旋转磁场的产生

（一）产生旋转磁场的条件

旋转磁场产生必须要有两个条件：

（1）三相绕组必须对称分布，在定子铁芯空间上相差 120°电角度。

（2）通入三相对称绕组的电流也必须对称，大小、频率相同，相位相差 120°。

如图 5-4（a）所示的是最简单的三相绕组分布剖面图，图上标出了三个绕组首尾端分布的位置，实际上是线圈的有效边嵌放位置，三个线圈的绕组结构完全对称，空间位置上互差 120°电角度。

图 5-4（b）是三相绕组星形连接的电路图，绕组的首端接三相电源，图中还标出了电流的参考方向。图 5-5（a）是定子绕组流入的三相交流电波形图，

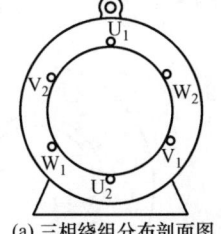
(a) 三相绕组分布剖面图

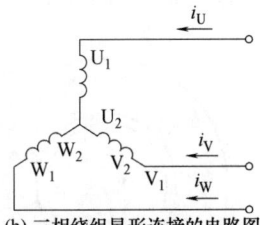
(b) 三相绕组星形连接的电路图

图 5-4　三相异步电动机定子剖面及电源

各相的电流为三相交流电流，通入后，电动机气隙磁场的变化情况如下：

（1）当 $\omega t=0$ 时，电流为 0，i_W 电流为正，说明电流实际方向与图 5-5（b）中的 W

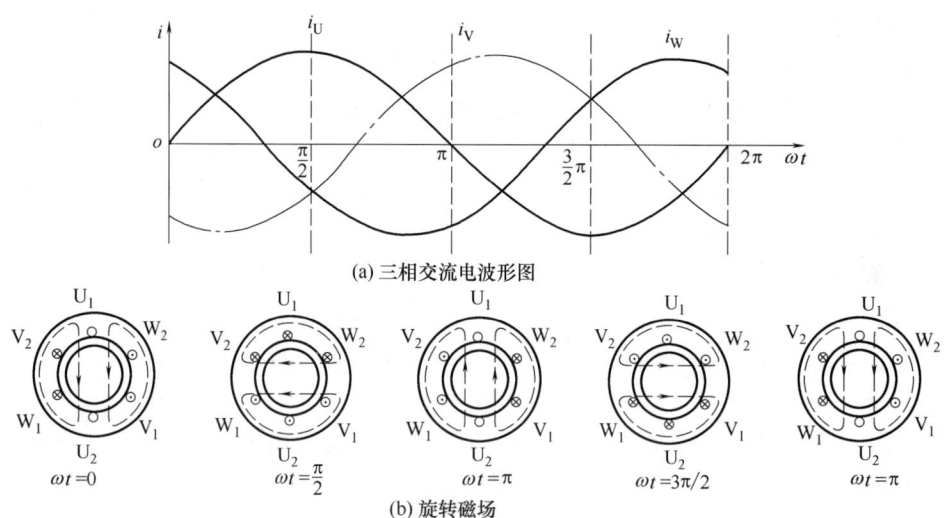

(a) 三相交流电波形图

(b) 旋转磁场

图 5-5 三相异步电动机旋转磁场的形成

相所标的参考方向相同，从 W_1 流进为"⊗"，W_2 流出为"⊙"（规定"⊗"表示向纸面流进，"⊙"表示从纸面流出），i_V 电流为负，说明电流实际方向应与图中的 V 相所标的参考方向相反，即从 V_2 流进，V_1 流出。通电导体产生的磁场方向可用安培定则判断：W_1、V_2 线圈有效边电流流入，产生的磁力线为顺时针方向，W_2、V_1 线圈有效边电流流出，产生的磁力线为逆时针方向。V、W 两相电流的合成磁场应如图 5-5（b）中的 $\omega t=0$ 所示。磁力线穿过定子、转子的间隙部位时，磁场恰好合成一对磁极，上方是 N 极，下方是 S 极。

（2）当 $\omega t=\pi/2$ 时，电流达到正最大值，i_V、i_W 电流为负值，实际电流方向从 U_1 流入 U_2 流出后，分别再由 W_2、V_2 流入，W_1、V_1 流出，电流合成磁场方向应如图 5-5（b）中的 $\omega t=\pi/2$ 所示，可见，磁场方向已较 $\omega t=0$ 时顺时针转过 90°。

（3）用同样的方法可以分别画出 $\omega t=\pi$、$\omega t=3\pi/2$、$\omega t=2\pi$ 时的合成磁场，如图 5-5（b）中所示，从这几个图中可以看出，随着交流电一周的结束，三相合成磁场刚好顺时针旋转了一周。

（二）旋转磁场的旋转方向

图 5-6 中三相交流电按正序 U→V→W 接入电动机 U 相、V 相、W 相绕组，三个电流相量的相序是顺时针的，由此产生的旋转磁场的旋转方向也是顺时针的，即由电流相位超前的绕组转向电流相位落后的绕组。如果任意调换电动机两相绕组所接交流电的相序，假定 U 绕组仍接 U 相交流电，V 相绕组接 W 相交流电，W 相绕组接 V 相交流电，画出 $\omega t=0$、

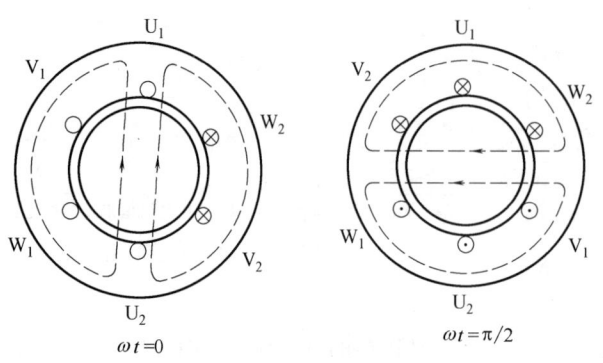

图 5-6 旋转磁场的方向

$\omega t = \pi/2$ 时的合成磁场,如图 5-6 所示,可见三个电流相量的相序是逆时针的,由此产生的旋转磁场的转向也是逆时针的,即由电流相位超前的绕组转向电流相位滞后的绕组,由此可以得出结论:电动机的旋转方向是由接入三相绕组的电流相序决定的,只要调换电动机任意两相绕组所接的电源接线(相序),旋转磁场即反向转动,电动机也随之反转。

(三) 旋转磁场的旋转速度

如图 5-5 所示电机为一对磁极时,电流变化一个周期,旋转磁场旋转一周。若电源交流电频率为 f_1,则每分钟变化 $60f_1$ 次,旋转磁场每分钟要转 $60f_1$ 周,即 $n_0 = 60f_1$(单位为 r/min),说明旋转磁场的转速与电源频率 f_1 成正比。电流变化一个周期,旋转磁场相应旋转了 360°电角度,对于一对磁极电机,电流变化一个周期,旋转磁场也旋转了 360°机械角度,即旋转了一周。对于两对磁极电机,则旋转磁场在空间旋转 360°/2 机械角度,即旋转了 1/2 周。则对于 p 对极电机,旋转磁场在空间旋转 360°/p 机械角度,即旋转了 1/P 周,这就是说,旋转磁场的转速与磁极对数成反比。

综上所述,旋转磁场的同步转速与电源频率 f_1,磁极对数 p 的关系可以用以下数学表达式表示:$n_0 = 60f_1/p$,式中 n_0 为定子旋转磁场的转速(也称同步转速,单位为 r/min),f_1 为三相交流电源的频率(Hz),p 为磁极对数。

二、三相异步电动机的工作原理

(一) 三相异步电动机的工作原理

在异步电动机的定子铁芯里,嵌放着对称的 U 相、V 相、W 相三相绕组,如图 5-7 所示。以鼠笼式异步电动机为例,转子是一闭合的多相绕组,下面分析异步电动机工作原理。当异步电动机三相对称定子绕组接通三相对称交流电流时,定子电流便产生一个旋转磁场,且以同步转速 n_0 沿着顺时针方向旋转。转子导体开始是静止的,故转子导体将切割定子磁场而感应电动势并产生感应电流。假设转子为纯电阻性电路,转子电流与感应电动势同相位,其方向由右手定则确定。转子载流导体在磁场中受到电磁力作用,由左手定则可判定电磁力 F 的方向。电磁力 F 对转轴形成一个电磁转矩,其作用方向与旋转磁场方向一致,拖着转子沿着旋转磁场方向旋转,将输入的电能变成转子旋转的机械能。

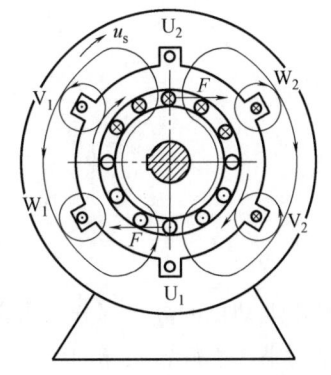

图 5-7 三相异步电动机工作原理

异步电动机的转子旋转方向始终与旋转磁场的方向一致,而旋转磁场的方向取决于通入交流电的相序,因此任意对调电动机的两根电源线,可使电动机反转。

(二) 转差率

异步电动机的转子转速 n 总是低于定子旋转磁场转速 n_0,这是异步电动机转子产生感应电动势和电流并形成电磁转矩的必要条件。因为电机转速 n 与旋转磁场转速 n_0 不同步,"异步"由此而得名。由于异步电动机的转子电流是依靠电磁感应作用产生的,所以又称为感应式电动机,同步转速 n_0 与转子转速 n 之差与同步转速 n_0 之比称为转差率,用

字母 S 表示，即 $S=(n_0-n)/n_0$。

异步电动机带额定负载时，转差率很小，一般 S 在 0.01～0.07，通常为 0.05 左右。由于转差率 S 反映了转子与旋转磁场之间的相对运动，故 S 大小对异步电动机转子电动势、电流、频率、电抗、功率因数等物理量都有直接影响，转差率 S 是异步电动机的一个重要参数。

三、三相异步电动机的分类与结构

（一）异步电动机的分类

异步电动机种类很多，根据其特征可作以下分类：按电源相数可分为单相、两相、三相异步电动机；按转子结构形式可分为鼠笼式和绕线式异步电动机；按外壳的防护形式可分为开启式、防护式、封闭式异步电动。

（二）三相异步电动机的结构

三相异步电动机均由定子和转子两大部分组成，定子与转子间存在很小的间隙，称为气隙，一般为 0.25～2mm。三相鼠笼式异步电动机的组成如图 5-8 所示。

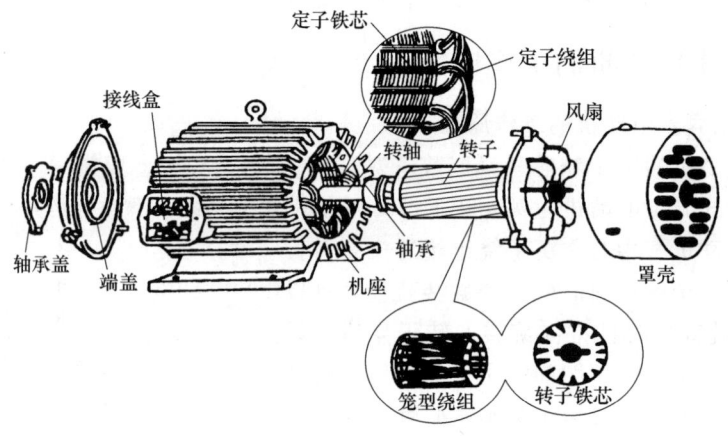

图 5-8 三相鼠笼式异步电动机的结构

1. 定子

异步电动机的静止部分称为定子，主要由定子铁芯、定子绕组和机座等部件组成，其作用是用来产生旋转磁场的。

（1）定子铁芯是电机磁路的一部分，由于异步电动机中的磁场是旋转的，定子铁芯中的磁通为交变磁通。为了减小磁场在铁芯中引起的涡流及磁滞损耗，定子铁芯由导磁性能较好的 0.35～0.5mm 厚、表面具有绝缘层（涂绝缘漆或硅钢片表面具有氧化膜绝缘层）的硅钢片叠压而成。定子铁芯叠片内圆冲有均匀分布的一定形状的槽，用以嵌放定子绕组。

（2）定子绕组是电动机的电路部分，由许多线圈按一定的规律连接而成。小型异步电动机的定子绕组由高强度漆包圆铜线或铝线绕制而成；大、中型异步电动机的定子绕组用截面较大的扁铜线绕制成型，再包上绝缘。定子绕组在槽内嵌放完毕后，按规律接好线，把三相绕组的六个出线端引到电动机机座的接线盒内，可按需要将三相绕组接成星形接法或三角形接法。

(3) 机座是电动机的外壳，用以固定和支承定子铁芯及端盖，机座应具有足够的强度和刚度，同时还应满足通风散热的需要。小型异步电动机的机座一般用铸铁铸成，也可用铝铸造。大型异步电动机机座常用钢板焊接而成。为了增加散热面积、加强散热，封闭式异步电动机机座外壳上面有散热筋，防护式电动机机座两端端盖开有通风孔或机座与定子铁芯间留有通风道等。

2. 转子

转子由转子铁芯、转子绕组和转轴等部件构成。转子的作用是用来产生电磁转矩。

(1) 转子铁芯也是电机磁路的一部分，通常用定子冲片内圆冲下来的原料制成转子叠片，即一般仍用 0.5mm 厚的硅钢片叠压而成，套装在转轴上，转子铁芯叠片外圆冲有嵌放转子绕组的槽。为了改善电动机的启动及运行性能，鼠笼式异步电动机转芯一般采用斜槽结构。

(2) 转子绕组的作用是感应电势和电流并在旋转磁场的作用下产生电磁而使转子转动。转子绕组根据结构不同分为笼型和绕线型两种。

① 笼型转子：用铸铝的方法，把转子导条和端环、风扇叶片用铝液一次浇铸而成，称为铸铝转子。中、小型异步电动机的鼠笼转子一般采用铸铝转子。在每个转子槽中插入一铜条，在铜条两端各用一铜质端环焊接起来形成一个鼠笼的样子，称为铜条转子。

为了提高电动机的启动转矩，在容量较大的异步电动机中，可采用双鼠笼式或深槽式结构的转子，因鼠笼式转子结构简单、制造方便、运行可靠，所以得到广泛应用。

② 绕线转子：绕线转子异步电动机的定子绕组结构与笼型异步电动机完全一样，但二者的转子绕组却不同。绕线转子异步电动机的转子绕组是一个与定子绕组具有相同极数的三相对称绕组。转子绕组一般都接成星形，绕组的末端接在一起，绕组的首端分别接到转轴上的三个与转轴绝缘的滑环上，再通过安装在定子端盖上的电刷装置与外电路相连。有些绕线转子电动机上装有举刷装置，启动时转子绕组与外电路接通，在不需调速情况下短接，同时把三组电刷举起，不再与滑环接触。

3. 转轴

一般由中碳钢或合金钢制成，其作用是支承转子和传递转矩，因此要求它有一定的机械强度。

转轴型号。以 Y-112M-4 型为例，Y 为电动机的系列代号，112 为基座至输出转轴的中心高度（mm），M 为基座类别（L 为长机座，M 为中机座，S 为短机座），4 为磁极数。

四、三相异步电动机的机械特性

（一）转矩特性

当电源电压及频率一定，电磁转矩与转差率的函数关系 $T=f(S)$ 称为转矩特性。如图 5-9 所示为电磁转矩 T 与转差率 S 的关系曲线，称为转矩特性曲线。

异步电动机的转矩特性曲线分为两大部分，即异步电动机稳定运行区和非稳定运行区。

(1) $0 < S < S_m$ 区域为异步电动机稳定

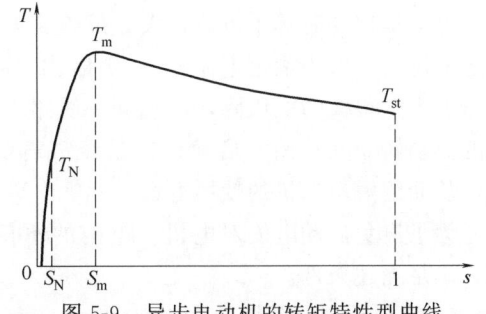

图 5-9 异步电动机的转矩特性型曲线

运行区。设异步电动机原在额定转矩 T_N 下运行，$S=S_N$，转速为额定转速 n_N。若负载转矩增加，则电动机转速下降，转差率增加，由转矩特性曲线可知，随着 S 的增加，电磁转矩也相应增加，当增加到与新的负载转矩相平衡时，电动机即在低于额定转速的新的转速下稳定运行，当电动机在稳定区域运行时，若机械负载突然发生短时变化，势必引起转速改变，当此负载变化量消失后，电动机能自动地恢复到原来转速下稳定运行。

（2）$S_m < S < 1$ 区域为非稳定运行区。在该区域内负载转矩增加，转速下降，转差率增加，随着 s 的增加，电磁转矩减小，转速继续减慢，直至停转，异步电动机在该区域内不能正常、稳定地运行。

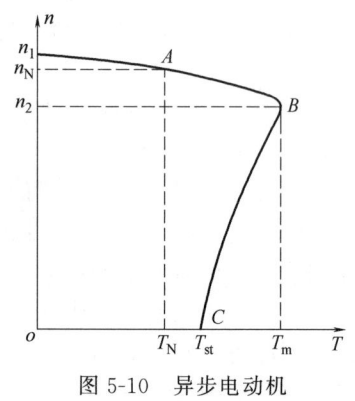

图 5-10 异步电动机的机械特性曲线

（二）机械特性

表示电动机转速与电磁转矩之间的关系，即 $n = f(T)$，称为机械特性。把转矩特性曲线顺时针转过 90°，并将转差率 S 换成转速 n，即可得到机械特性曲线，如图 5-10 所示通过对异步电动机机械特性的分析，可以得出以下结论：

（1）在稳定运行区内，负载变化时电动机转速变化很小，属于硬机械特性。

（2）异步电动机有较大过载能力。

（3）电源电压发生变化时，电动机转矩变化较大，转速略有变化，电压过低容易损坏电动机。

（4）加大转子电路的电阻可增大电动机的启动转矩，也可用于调速，但机械特性变软。

（5）除风机型负载外，一般负载不能在非稳定运行区工作。

五、三相异步电动机的启动、调速和制动

（一）异步电动机的启动

电动机的启动是指电动机加入电压开始转动到正常运转为止的过程。在生产过程中，电动机要经常启动与停机。因此，对启动提出下列要求：

（1）电动机应有足够大的启动转矩，以使启动时间尽量短。

（2）保证足够的启动转矩前提下，启动电流应尽可能小。

（3）转速尽可能平滑上升，减少对电动机及负载的冲击。

（4）启动设备尽量简单、经济、可靠、维护方便。

电动机启动时转子电流很大，反映到电动机的定子侧，使电动机的启动电流大大超过额定电流，一般为额定电流的 4~7 倍。大启动电流将引起两种情况：一是大启动电流在线路上产生很大的电压降，影响同一线路上其他负载的正常工作，严重时还可能使本电动机的启动转矩太小而不启动；二是经常需要启动的电动机，往往造成绕组发热，绝缘老化，从而缩短电动机的使用寿命。

为了避免启动电流对电机、电网的不良影响，要采取适当的启动方法来降低启动电流，满足上述条件。

1. 笼型异步电动机的直接启动

电动机直接启动又称为全压启动,启动时加在电动机定子绕组上的电压为额定电压,一台电动机只需满足下述三个条件中的一个即能直接启动。

(1) 容量在 7.5kW 以下的三相异步电动机。

(2) 电动机在启动瞬间造成电网电压波动小于 10%(对于不经常启动的电动机可放宽到 15%);如有专用变压器,其变压器的容量大于等于 5 倍的电动机的功率,电动机允许直接频繁启动。

(3) 满足经验公式。

2. 笼型异步电动机的降压启动

降压启动是指在电动机启动时降低加在定子绕组上的电压,启动结束时加额定电压,降压启动能减小电动机的启动电流,但也大大减小了电动机的启动转矩,因为转矩与电压的平方成正比,故降压启动只适用于空载或轻载启动,常用的启动方法如下:

(1) 自耦变压器(补偿器)降压启动。自耦变压器将电源电压降低后加到电动机上,待电动机转速升高后,再把开关投向"运行"位,电动机就正常全压运行,自耦变压器在启动阶段使用,启动结束切除。

由于电压的下降已使电动机的启动电流下降至原来的 $1/K$ 倍,而自耦变压器又使原边电流比副边电流下降至原来的 $1/K$ 倍,所以启动电流下降至 $1/K^2$ 倍。自耦变压器的电压降低到 $1/K$ 倍,而电动机的转矩与电压的平方成正比,所以电动机的启动转矩降为全压启动转矩的 $1/K^2$ 倍。此时限流作用很好,但启动转矩也下降了。

为了满足不同的负载要求,自耦变压器副边有 2~3 组抽头,其电压分别为原边电压的 80%、60%、40%。实际使用中都把自耦变压器、开关触头、操作手柄等组合在一起构成自耦减压启动器(又称为启动补偿器),有手动或自动切换两种控制线路。

自耦补偿启动的优点是自耦变压器的不同抽头可供不同负载启动时选择,适用 Y 形或△形接法的电动机,缺点是体积大、价格高、质量重。

(2) 星形-三角形(Y-△)启动。启动时先把绕组接成星形,待电动机转速上升到一定值后再把绕组接成三角形运行。采用星形、三角形启动的电动机,正常运行时应是三角形接法,定子每相绕组实际可承担的额定电压是电源的线电压。采用星形-三角形启动时,由于星形接法时定子绕组上的电压只有 $1/\sqrt{3}$ 倍线电压,因此启动电流为直接采用三角形启动电流的 $1/3$,启动转矩也只有直接用三角形启动时的 $1/3$,故此方法不适宜重载启动。

星形-三角形启动方法的优点是设备简单、价格低。一般做成自动切换,应用极为广泛。

(3) 延边三角形启动。延边三角形启动与星形三角形启动类似,启动时定子绕组一部分接成星形,另一部分接成三角形,看上去像三角形的三个边延长,故称为"延边三角形图"。

这种启动方法的启动电流比星形-三角形启动电流要大,当然启动转矩也随之增大。如果改变每相两段绕组的匝数比,可以得到不同的启动电流和启动转矩,但延边三角形启动的笼型异步电动机三相定子绕组的抽头多,限制了它的使用。

(4) 定子串电阻(或电抗)降压启动。这种启动法是启动时定子绕组中串联适当的电阻(或电抗),启动电流在电阻(或电抗)上产生电压降,定子绕组上的电压就相对减小,待电动机启动结束时再将电阻（或电抗）短接，由于在串联电阻上有电能的损耗，一般使用电抗器以减少电能的损耗，但电抗器体积、成本都较大，本方法已很少使用。

3. 绕线转子电动机的启动

三相绕线转子异步电动机有转子串联电阻和转子串接频敏变阻器两种启动方法。绕线式异步电动机转子回路串入可调电阻或频敏变阻器之后，可以减小启动电流，同时增大启动转矩，因而启动性能比鼠笼式异步电动机好。

（1）转子串接电阻启动。启动时，为了增大电动机在整个启动过程中的转矩，缩短启动时间，随着电动机转速的升高，应把转子回路串入的电阻逐级切除。电动机刚开始启动时，变阻器的电阻全部串入转子回路，启动后，转速逐渐上升，切除一部分电阻，使电动机转子加速；随着转速的升高，又切除一部分电阻；随着转速的再升高，电阻全部切除；电动机转速继续上升，最后在额定转速稳定运行，启动过程结束。

这种启动方法既减少了启动电流，又有较大的启动转矩，适合电动机重载启动。所以，广泛用在起重机、卷扬机、龙门吊等机械上。缺点是控制设备复杂、投资大，启动时有部分能量消耗在电阻上，且启动过程中存在电流的以及机械上的冲击，不是平滑启动。

（2）转子串接频敏变阻器启动。频敏变阻器的三个绕组分别绕在三个铁芯柱上，铁芯用厚 6～12mm 的钢板制成。设计时有意使铁芯在饱和情况下工作，工作时会产生较大的涡流和磁滞损耗，由于铁芯较饱和，线圈匝数不多，所以绕组的感抗和直流电阻都较小，三个绕组接成星形，通过集电环和电与转子电路相接。

启动开始时，电动机转速很低，转子频率很高，频敏变阻器的损耗较大，即损耗电阻 R_m 值较大，限制了启动电流，增大了启动转矩。随着转速的上升，转子频率不断下降，频敏变阻器的损耗等效电阻 R_m 值随着平滑下降，使电动机平滑启动。启动结束，应将滑环短接，切除频敏变阻器。

频敏变阻器实际上是利用转速上升，转子频率的平滑变化来达到使转子回路电阻平滑减小的目的，故是一种无触点的变阻器，能实现无级平滑启动，可获得恒转矩的启动特性，没有机械冲击，且频敏变阻器结构较简单、成本低、使用寿命长、维护方便，其缺点是体积较大、设备较重。由于其电抗的存在，功率因数较低，启动转矩并不是很大。因此，当绕线式异步电动机在轻载启动时采用频敏变阻器启动，重载时一般采用串接变阻器启动。

（二）三相异步电动机的调速

为了适应生产的需要，满足生产机械的要求，在生产过程中需要人为地改变电动机的转速，称为调速。选择异步电动机调速方法的基本原则是，调速范围广、调速平滑好、调速设备简单、调速中的损耗小，根据异步电动机的转速关系式可以看出，异步电动机调速有三种方法。

（1）改变定子绕组磁极对数 p——变极调速。

（2）改变电动机的转差率 S——变转差率调速。

（3）改变供给电动机电源的频率 f_1——变频调速。

1. 变极调速

通过对定子绕组引出线的不同连接，得到相应的极对数。变极调速只用于笼型异步电动机，因为定子变极时，笼型转子也能进行相应的变极。绕线转子电动机的转子绕组极数是固定不变的，所以不能进行变极调速。

变极调速的优点是所需设备简单；缺点是电动机绕组引出头多，调速只能有极调节。变极调速通常不单独使用，往往与机械调速配套使用，以达到相互补充、扩大调速范围的目的。金属切削机床、通风机、升降机等机械中，多速电动机得到了比较广泛的应用。

2. 变转差率调速

(1) 变阻调速。变阻调速是通过改变电动机转子电路的外接电阻实现的，因此只适于绕线转子电动机的调速。对应一定的负载转矩就有不同的转速 n_1、n_2、n_3。这种调速方法简单方便，但机械特性曲线较软，而且外接电阻越大曲线越软，致使如果负载有较小的变化，便会引起很大的转速波动。另外，在转子电路上的串接电阻要消耗功率，使电动机效率较低。变阻调速主要应用于起重、运输机械的调速。

应该注意到启动用的转子外接串联电阻功率往往较小，不能用于调速。而调速用的外接串联电阻功率较大，可以用作启动。

(2) 变压调速。变压调速是改变电动机定子绕组上的电压，由于转矩与电压平方成正比，对于不同的定子电压，可以得到一组不同的机械特性曲线。对于恒转矩负载，可得到不同的稳定转速 n_1、n_2、n_3。可见，恒转矩负载的调速变化很小，实用价值不大，但是风机型的负载转矩与转速的平方成正比，随着转速的上升，其负载转矩急剧增大，可得 A、B、C 工作点，调速效果显著。

3. 变频调速

变频调速是改变电动机电源的频率，应用最广的是磁恒通调速，或称为恒转矩调速。将转速往额定转速以下调节，由式 $U_1 \approx E_1 = 4.44 K_1 N_1 f_1 \Phi_m$ 可看出，降低交流电源频率 f_1，如果电压 U_1 不变，则主磁通 Φ_m 将增加，铁芯饱和损耗增大，导致电动机发热。为此将通常要求主磁通保持不变，即在改变频率的同时改变电源电压，并保持 U_1/f_1 为常数。低频时，由于定子绕组所加的电压减少，定子绕组电阻和漏抗上的电压降不能忽略，电动机的最大转矩、启动转矩也相应减小，造成电动机启动困难。异步电动机的变频调速有三种方式。

(1) 恒磁通控制。

(2) 恒电流控制（过载能力 λ 不变）机械特性曲线与恒磁通控制的机械特性曲线相类似，只是过载能力小，用于负载容量小且变化不大的场合。

(3) 恒功率控制。如果电动机的调速要高于额定转速，而电源电压又不能提高，此时电动机应为恒功率调速。

变频调速具有质量轻、体积小、惯性小、效率高等优点，价格也在逐步下降。随着计算机技术的发展，采用矢量控制技术，异步电动机调速的机械特性曲线可以做得像直流电动机调速一样硬，是目前交流调速的发展方向。

（三）三相异步电动机的制动

电动机与电源断开之后，由于转子有惯性，要经过一段时间后才会停车。为了使电动机迅速准确地停转，必须对电动机实行制动，通常采用的制动方法有机械制动和电气制动，电气制动又分为反接制动、能耗制动和再生制动。

1. 机械制动

机械制动是利用机械装置使电动机在电源切断以后迅速停转的方法。常用的机械制动有电磁离合器和电磁抱闸。

2. 电气制动

电气制动是使异步电动机产生一个与其旋转方向相反的电磁转矩作为制动转矩，从而使电动机减速或停转。电气制动的主要方法有反接制动、能耗制动及再生制动。

（1）反接制动。反接制动是改变正在转动的电动机定子绕组中任意两相与电源接线的相序，使旋转磁场的转向与原来相反，从而使转子受到反力矩作用，转速很快下降到零。当电动机转速接近零时，立即切断电源，以免电动机反转。

反接制动时，转子与旋转磁场的相对速度非常大，转子感生电流将比启动瞬间的电流还大，因此经常进行反接制动，电流冲击大，电动机会过热，甚至损坏。电磁转矩从驱动立刻变为制动，对电动机转轴及传动部分有很大的机械冲击，故反接制动时通常接入限流电阻，以缓和电流及机械冲击。为了准确停车，常采用速度继电器来控制，及时切断电源。

反接制动的优点是停车迅速、设备简易；缺点是对电动机及负载冲击大。一般只用于小型电动机，且不经常停车制动的场合。

（2）能耗制动。假定电动机是顺时针旋转，拉开开关，电动机脱离三相电源，但由于惯性的作用，转子仍沿着顺时针方向继续转动，立即合上开关，直流电源通过电阻 R 加在定子 W 相、V 相绕组上，通入的直流电流大小应为 $(1.5\sim2)I_N$，直流电流在定子绕组 W 相、V 相流过，会产生一个固定的磁场。惯性运动的转子导体切割固定磁场的磁通，产生感应电动势及电流（用右手定则判别），这个电流又与固定磁场作用产生电磁力矩，其方向与转子转动方向相反（用左手定则判别），使转子较快地停止转动。实质是将电动机转为发电机状态，产生与转速反向的转动力矩。

这种制动方法是利用转子惯性转动切割磁通而产生制动转矩，把转子的动能消耗在转子回路的电阻上，所以称为能耗制动。它的优点是制动力较强，能耗少，制动较平稳，对电网及机械设备冲击小。但在低速时制动力矩也随之减小，不易制停，需要另加直流电源。

（3）再生制动（发电制动）。在电动机工作过程中，由于外来因素的影响，使电动机转速 n 超过旋转磁场的同步转速 n_s（一般指势能负荷，如起重机在下放重物时），电动机进入发电机状态，此时电磁转矩的方向与转子的旋转方向相反，变为制动转矩，电机将机械能转变成电能向电网反馈，故又称为再生制动或回馈制动。发电机制动的优点是经济性能好，可将负载的机械能转换成电能反馈回电网，其缺点是应用范围窄，仅当电动机转速 $n>n_s$ 时才能实现制动，常用于起重机、电力机车和多速电动机中。

第三节　控制电机及特种电机

一、交流伺服电机

交流伺服电动机实质上是一个两相异步电动机。交流伺服电动机的电气原理图如图 5-11 所示。

交流伺服电动机特性：交流伺服电动机的输出功率一般是0.1～100W。

交流伺服电动机的工作原理与单相异步电动机有相似之处。当交流伺服电动机的励磁绕组"2"接到"u_f"上，如果控制绕组加上控制电压为"0"时，所产生的是脉动的磁通势，建立的是脉动磁场，电动机无启动转矩。当控制绕组加上控制电压"u_f"且产生的控制电流与励磁电流的相位不同，建立起椭圆形旋转磁场，于是产生了启动转矩，电动机转子就转动起来了。如果控制电压消失，转速会下降，但不会停止。交流伺服电动机具有自转的能力。

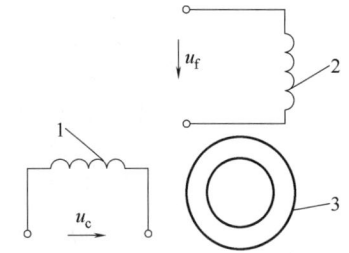

图 5-11 交流伺服电动机的组成
1—控制绕组 2—励磁绕组 3—笼型转子

二、直流伺服电机

直流伺服电动机按控制方式可分为电枢控制和磁极控制两种。工作原理如图5-12所示。工作原理：直流伺服电动机的工作原理和普通直流电动机相同，其励磁方式一般采用他励式，也有不用励磁绕组而用永久磁铁的永磁式。工作时将励磁绕组接在固定的直流电源上，而将控制电压加在电枢绕组上，这种方式称电枢控制。改变电流的大小和方向，电动转矩大小方向也随之改变，当控制电压为零时，电动机停转。

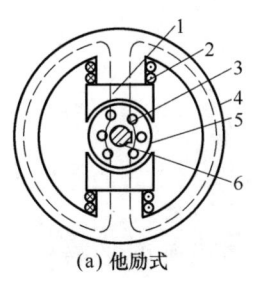 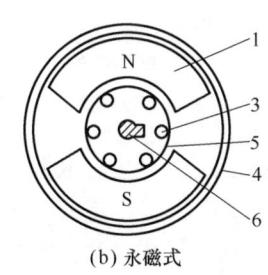

图 5-12 直流伺服电机剖面图
1—磁极 2—励磁绕组 3—电枢绕组
4—机壳 5—电枢铁芯 6—转轴

三、步进电机

步进电动机的结构如图5-13所示。三相单三拍控制中"三相"指三相步进电动机，"单"指每次只给一相绕组通电，"三拍"指通电三次完成一个通电循环，工作原理如图5-14所示。

三相六拍控制方式通电顺序按 U→UV→V→VW→W→WU→U 进行，即一开始U相绕组通电，而后是U、V两相同时通电，然后是V相通电，接着是V、W两相同时通电。

三相双三拍控制方式是每次有两相绕组同时通电，即按照 UV→VW→WU→UV 顺序通电，如图5-15所示。

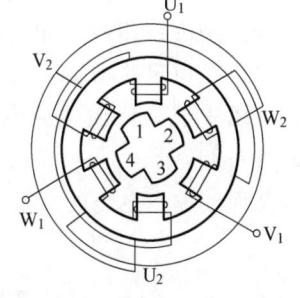

图 5-13 步进电动机的结构

四、测速发电机

测速发电机是指能将旋转机械的转速信号转换为与转速成一定比例的电压信号的发电机，测速发电机同样有交、直流之分。

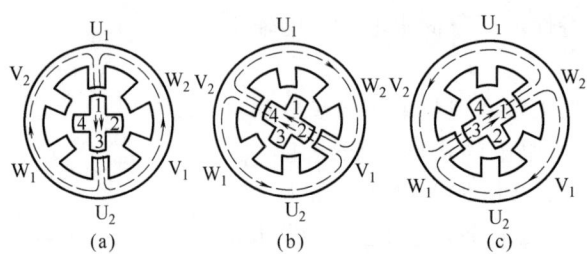

图 5-14 三相单三拍控制时步进电动机的工作原理

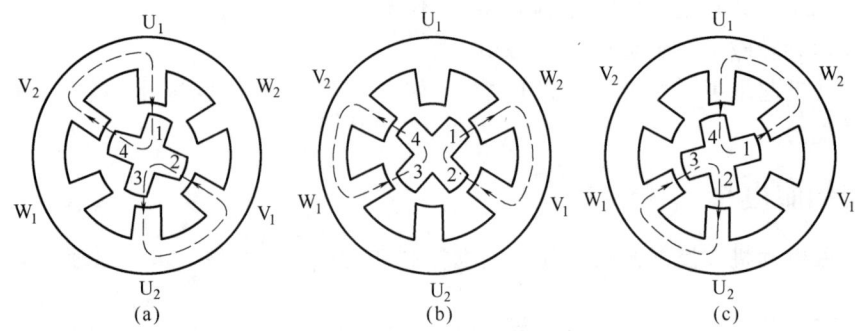

图 5-15 双三拍控制时步进电动机的工作原理

(一) 交流测速发电机

交流异步测速发电机有两个绕组,在空间相与交流电源相接差 90°,一个为励磁绕组 W,另一个为输出绕组,对外输出电压。交流测速发电机原理如图 5-16 所示。

当转子静止时,W 通以交流电时,将在定子中产生脉动磁场,其磁通 Φ_1 在转子中产生感应电动势和电流,并由此而产生转子脉动磁场,由于这一磁场的轴线与励磁磁场的轴线重合,所以,W_2 中没有感应电动势产生,即无输出。当转子转动后,转子切割励磁绕组的脉动磁场而产生感应电动势,对外输出电压。

(二) 直流测速发电机

直流测速发电机在结构上与普通小型直流发电机相同,按励磁方式分为他励式和永磁式。他励式测速发电机的工作原理与普通发电机工作原理一样。励磁绕组接在电源上,电枢绕组作为输出绕组。在恒定的励磁磁场作用下,转子转动时,电枢绕组中就会产生感应电动势 E,根据直流电机原理可知,$E = Cn$,即感应电动势与转速成正比,从而使输出电压的大小反映了转速的高低,所以称测速发电机。

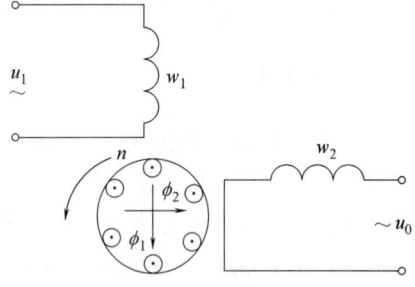

图 5-16 交流测速发电机的原理

第四节 交、直流电焊机

(一) 交流电焊机

交流电焊机又称交流焊变压器,交流电焊机由于结构简单、成本低、制造容易和维护方便而得到广泛应用,电焊变压器是交流电焊机的主要组成部分,它实质上是一个特殊性能的降压变压器,为了保证媒介质量和电弧燃烧的稳定性,电焊变压器应满足以下条件。

(1) 二次侧空载电压应为 60~75V,以保证容易起弧的同时也为了安全,空载电压最高不超过 85V。

(2) 具有陡降的外特性,即当负载电流增大时,二次侧输出电压应急剧下降,通常额定运行时的输出电压 U_{2N} 约为 30V(即电弧上电压)。

(3) 短路电流 I_K 不能太大,以免损坏电焊机,电焊变压器的外特性要求变压器有足够的电动稳定性和热稳定性。焊条开始接触工件短路时,产生一个短路电流,引起电弧,然后焊条再拉起产生一个适当长度的电弧间隙。所以,变压器要能经常承受这种短路电流的冲击。一般短路电流不超过额定电流的两倍。

(4) 为了适应不同的加工材料、工件大小和焊条,焊接电流应能在一定范围内调节。一般最大焊接电流是最小焊接电流的 4~5 倍。

为了满足以上要求,电焊变压器必须具有较大的漏抗,而且可以调节。因此,改变漏流可以达到调节输出电流的目的,根据形成漏抗和调节方法的不同,下面介绍几种不同的电焊变压器。

1. 带电抗器的电焊变压器

在电焊变压器副绕组中串接可调电抗器,如图 5-17 所示。可以看成是由一台普通变压器和一台可调电抗器组合而成。增大串联电抗时,外特性下降陡度加快,焊接电流变小,电抗大小的调节可以通过调节电抗器的气隙大小来实现,气隙越大,电抗越小,媒介电流越大。此外,在原绕组上还备有分接头,以便调节起弧电压的大小。

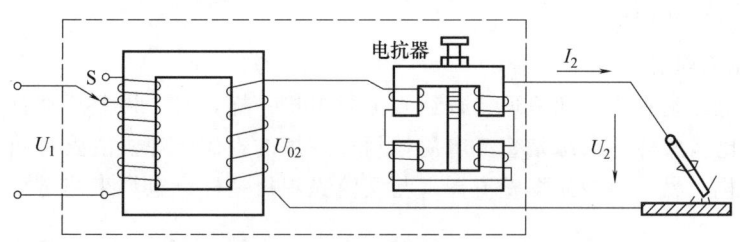

图 5-17 带电抗的电焊变压器

2. 磁分路动铁式交流电焊变压器

在原、副绕组铁芯柱中间,加装了一个可移动的铁芯,用来构成分路,如图 5-18 所示。当可动铁芯移入时,原、副绕组间通过磁分路的漏磁通增多,总的漏抗增大,焊接时二次电压迅速下降,焊接电流变小;当可动铁芯移出时,原、副绕组间总的漏抗变小,外特性下降坡度变小,焊接电流较大。因动铁芯与固定铁芯之间有气隙存在,故动铁芯的位置如何对空载电压大小的影响不大。

(1) 粗调调节。副绕组分两部分:一部分在左边与原绕组同在一个铁芯柱上,另一部分在右边一个铁芯柱上。改变副绕组的接法就达到改变匝数和改变漏抗的目的,从而达到改变起始空载电压和改变电压下降陡度的作用。

(2) 细调调节。要微调中间动铁芯的位置。动铁芯在最内位置时,漏磁通多,输出电压随输出电流的增大则下降较快,输出特性很陡。动铁芯在最外位置时,漏磁通少,输出

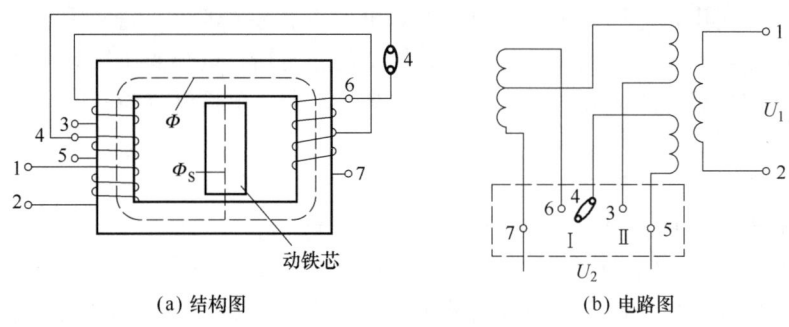

(a) 结构图　　　　　　　(b) 电路图

图 5-18　磁分路动铁式交流电焊变压器

特性将变得较为平缓，因为动铁芯往外移动，气隙加大，磁阻也加大，漏磁通就减少，漏抗随之减少，电流下降速度就慢。

3. 动圈式电焊变压器

动圈式电焊变压器的铁芯是壳式结构，铁芯气隙是不可调的，原绕组固定在铁芯下部，副绕组置于它的上面，并且可借手轮转动螺杆，使副阻上下移动，从而改变原、副绕组的距离来调节漏磁的大小，以改变漏抗。显然，原、副绕组越近则耦合越紧，漏抗就小，输出电压也高，下降度也小，输出电流就大，反之则电流就小。以上介绍的是微调，还可通过将原边和副边的部分绕组接成串联或并联来扩大调节范围，这是电焊变压器的粗调。

动圈式电焊变压器的优点是没有活动铁芯，从而不会因铁芯振动而造成电弧的不稳定。但是它在绕组距离较近时，调节作用会大大减弱，需加大绕组的间距，铁芯要做得较高，增加了硅钢片的用量。

(二) 直流电焊机

直流电焊机的基本构造和原理与普通直流发电机一样，是一种差复励直流发电机，直流电焊机维持电弧燃烧的电源是直流电源，目前应用的直流电焊机主要有两大类：一类为直流弧焊发电机；另一类为弧焊整流器，与交流弧焊机一样，电焊工艺对直流电焊机有相似的要求：

(1) 发电机应具有足够的起弧电压（即空载电压），以保证焊条与工件接触后能可靠起弧。

(2) 正常焊接时，电压应急剧下降，在短路时（即焊条与工件接触时），短路电流不能太大，以免损坏电焊机，为了满足以上要求，直流电焊机和交流电焊机一样应具有陡降的外部特性。

(3) 为了适应不同的焊接工件和焊条的需要，直流电焊机能在一定的范围内调节焊接电流。

第五节　三相异步电动机的绝缘电阻测试

一、材料准备

(1) 三相异步电动机。

(2) 兆欧表（500V，1000V，2500V 各一只），学生根据需要合理选用。

二、测试前兆欧表的校核与接线

1. 兆欧表的校核

如果空载摇动手柄，兆欧表指针指向"∞"位置，短路"线路""接地"两接线端，摇动手柄，兆欧表指针指向"0"位置，则兆欧表校核成功。

2. 电动机绝缘测试接线

测试三相异步电动机相间的绝缘时，接线端（L）和接线端（E）分别接电动机端子的 U 和 V、V 和 W 及 W 和 U，测试出每两相之间的绝缘电阻值。测试相对地绝缘电阻时，接线端（L）和接线端（E）分别接电动机端子 U 和地、V 和地及 W 和地，测试出每相对地的绝缘电阻值。接线如图 5-19 所示。

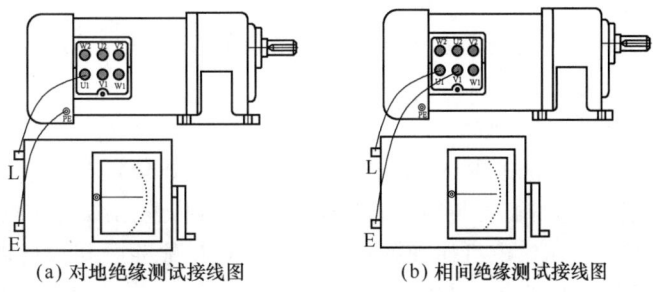

(a) 对地绝缘测试接线图　　(b) 相间绝缘测试接线图

图 5-19　三相异步电动机绝缘测试接线图

三、三相异步电动机绝缘电阻的测试与读数

测试过程中注意摇动表的转速为 120r/min，摇动一分钟读数，读数时保持摇表的转速，读数完毕方可停止摇表，并将读数填入下表中。

接线方式	U-V	V-W	W-U	U-地	V-地	W-地
绝缘电阻/MΩ						

注意事项：

(1) 绝缘电阻的测量必须在被测电气设备和线路停电状态下进行。对于电容量较大的设备，必须进行 2～3min 的充分放电后再进行测量，以保障人身和设备的安全。

(2) 测量前，应将被测设备表面擦干净，以免引起误差。

(3) 兆欧表和被测设备之间的连接导线应用单股线分开单独连接，不要用双股绝缘导线，否则有可能因导线绝缘不良而引起误差。

(4) 兆欧表虽然采用了比率表测量机构，测量结果与手摇发电机电压无关，但是由于仪表本身的灵敏度有限，线圈需要一定的电流才能产生足够的转动力矩与反作用力矩，因此手摇发电机必须供给足够的电源电压，为此手摇发电机应达到一定的转速以保证仪表的正常工作。测量时应使手摇发电机的转速稳定在规定范围内，一般要求约为 120r/min。由于绝缘电阻阻值随着测量时间的长短而有所不同，因此规定以摇测 1min 后的读数为准。如果在测量过程中，发现指针指"0"，则不能再继续摇动手摇发电机，以防表内线圈过热而损坏。

(5) 测量完毕后，在兆欧表没有停止转动和被测电气设备没有完全放电之前不要急于拆除导线。在对电容量较大的设备进行测量后，也应注意先将被测电气设备对地短路放电，然后才能拆除导线，以防发生触电事故。

练 习 题

一、判断题

1. 在直流电机启动时，要先接通电枢电源，后加励磁电压。停车时，要先关电枢电压，再关励磁电源。（   ）
2. 直流电动机一般都不采取降压启动。（   ）
3. 异步测速发电机的杯形转子是由铁磁材料制成的，当转子不转时，励磁后由杯形转子电流产生的磁场与输出绕组轴线垂直，因此输出绕组中的感应电动势一定为零。（   ）
4. 测速发电机作计算元件用时，应着重考虑其线性误差要小，电压稳定性要好，线性误差一般要求 $δ_x≤0.05\%～0.1\%$。（   ）
5. 步进电动机是一种由电脉冲控制的特殊异步电动机，其作用是将电脉冲信号变换为相应的角位移或线位移。（   ）
6. 步进电动机空载连续运转后，调节并降低脉冲频率，直至步进电动机声音异常或出现转子来回偏摆，即为步进电动机的振荡状态。（   ）

二、选择题

1. 变压器油属于（   ）。
   A. 固体绝缘材料   B. 液体绝缘材料   C. 气体绝缘材料   D. 导体绝缘材料
2. 变压器的绕组可以分为同心式和（   ）两大类。
   A. 同步式   B. 交叠式   C. 壳式   D. 芯式
3. 变压器的器身主要由铁芯和（   ）两部分所组成。
   A. 绕组   B. 转子   C. 定子   D. 磁通
4. 变压器的铁芯应该选用（   ）。
   A. 永久磁铁   B. 永磁材料   C. 硬磁材料   D. 软磁材料
5. 将变压器的一次侧绕组接交流电源，二次侧绕组开路，这种运行方式称为变压器（   ）运行。
   A. 空载   B. 过载   C. 满载   D. 负载
6. 将变压器的一次侧绕组接交流电源，二次侧绕组（   ），这种运行方式称为变压器空载运行。
   A. 短路   B. 开路   C. 接负载   D. 通路
7. 变压器基本作用是在交流电路中变电压、变电流、（   ）、变相位和电气隔离。
   A. 变磁通   B. 变功率   C. 变频率   D. 变阻抗
8. 变压器的基本作用是在交流电路中变电压、变电流、变阻抗、（   ）和电气隔离。
   A. 变磁通   B. 变相位   C. 变功率   D. 变频率

9. 交压器的基本作用是在交流电路中变电压、变电流、变阻抗、变相位和（　　）。
   A. 电气隔离　　　B. 改变频率　　　C. 改变功率　　　D. 改变磁通

10. 直流电动机启动时没加励磁，电动机会过热烧毁，原因是电动机不转时（　　），导致电枢电流很大。
    A. 电枢回路的电阻很小　　　　　　B. 电枢回路的反电动势很高
    C. 电枢电压高　　　　　　　　　　D. 电枢回路的反电动势为零

11. 直流电动机运行中转速突然急速升高并失控，故障原因可能是（　　）。
    A. 突然失去励磁电流　　　　　　　B. 电枢电压过大
    C. 电枢电流过大　　　　　　　　　D. 励磁电流过大

12. （　　）由于它的机械特性接近恒功率特性，低速时转矩大，故广泛用于电动车辆牵引。
    A. 串励直流电动机　　　　　　　　B. 并励直流电动机
    C. 交流异步电动机　　　　　　　　D. 交流同步电动机

13. 三相异步电动机的定子由（　　）、定子铁芯、定子绕组、端盖、接线盒等组成。
    A. 电刷　　　B. 机座　　　C. 换向器　　　D. 转子

14. 三相异步电动机的转子由转子铁芯、（　　）、风扇、转轴等组成。
    A. 电刷　　　B. 转子绕组　　　C. 端盖　　　D. 机座

15. 电流流过电动机时，电动机将电能转换成（　　）。
    A. 机械能　　　B. 热能　　　C. 光能　　　D. 其他形式的能

16. 三相异步电动机具有结构简单、工作可靠、重量轻、（　　）等优点。
    A. 调速性能好　　　B. 价格低　　　C. 功率因数高　　　D. 交直流两用

17. 三相异步电动机的优点是（　　）。
    A. 调速性能好　　　B. 交直流两用　　　C. 功率因数高　　　D. 结构简单

18. 三相异步电动机的缺点是（　　）。
    A. 结构简单　　　B. 重量轻　　　C. 调速性能差　　　D. 转速低

19. 交流异步电动机的电磁转矩与（　　）关系。
    A. 定子电压成反比　　　　　　　　B. 定子电压的平方成反比
    C. 定子电压成正比　　　　　　　　D. 定子电压的平方成正比

20. 某异步电动机的额定功率是10kW，额定转速是955r/min，则该电动机的额定转矩是（　　）。
    A. 100N·m　　　B. 10N·m　　　C. 955N·m　　　D. 95.5N·m

21. 有电枢电压，电动机嗡嗡响但不转，一会出现过流跳闸，故障原因可能是（　　）。
    A. 电动机气隙磁通不饱和　　　　　B. 电动机气隙磁通饱和
    C. 励磁电路损坏或没有加励磁　　　D. 电枢电压过低

22. 有一台三相交流电动机，每相绕组的额定电压为220V，对称三相电源的线电压为380V，则电动机的三相绕组应采用的连接方式是（　　）。
    A. 星形连接，有中线　　　　　　　B. 星形连接，无中线
    C. 三角形连接　　　　　　　　　　D. A、B均可

23. 三相六拍运行比三相双三拍运行时（　　）。
   A. 步距角不变　　　　　　　　　　B. 步距角增加一半
   C. 步距角减少一半　　　　　　　　D. 步距角增加一倍

24. 基本步距角 θ_S、转子齿数 Z_R，通电循环拍数 N，三者的关系是（　　）。
   A. Z_R 一定时，θ_S 与 N 成反比　　　B. Z_R 一定时，θ_S 与 N 成正比
   C. N 一定时，θ_S 与 Z_R 成正比　　D. θ_S 一定时，N 与 Z_R 成正比

25. 三相双三拍运行，转子齿数 $Z_R=40$ 的反应式步进电动机，转子以每拍（　　）的方式运转。
   A. 5°　　　　B. 9°　　　　C. 3°　　　　D. 6°

26. 步进电动机有多种，若选用结构简单，步距角较小，不需要正负电源供电的步进电动机应是（　　）。
   A. 直线步进电动机　　　　　　　　B. 永磁式步进电动机
   C. 反应式步进电动机　　　　　　　D. 混合式步进电动机

27. 步进电动机双三拍与单三拍工作方式，前者（　　）。
   A. 电磁转矩小，易产生失步　　　　B. 电磁转矩小，不易产生失步
   C. 电磁转矩大，易产生失步　　　　D. 电磁转矩大，不易产生失步

28. 对转矩惯量较大的负载，步进电动机启动时失步，其原因可能是（　　）。
   A. 负载过大　　B. 电动机过大　　C. 启动频率过低　　D. 启动频率过高

29. 步进电动机的（　　）与脉冲频率 f 成正比。
   A. 线位移或角位移　　　　　　　　B. 线位移或转速 n
   C. 转速 n 或线速度 v　　　　　　D. 转速 n 或角位移

30. 步进电动机的速度与（　　）有关。
   A. 环境温度　　　　　　　　　　　B. 负载变化
   C. 与驱动电源电压的大小　　　　　D. 脉冲频率

31. 步进电动机的角位移或线位移与（　　）。
   A. 脉冲数成正比　　　　　　　　　B. 脉冲频率 f 成正比
   C. 驱动电源电压的大小有关　　　　D. 环境波动有关

32. 为避免步进电动机在低频区工作易产生失步的现象，不宜采用（　　）工作方式。
   A. 单双六拍　　B. 单三拍　　C. 双三拍　　D. 单双三拍

33. 步进电动机加减速时产生失步和过冲现象，可能原因是（　　）。
   A. 电动机的功率过小　　　　　　　B. 设置升降速时间过慢
   C. 设置升降速时间过快　　　　　　D. 工作方式不对

34. 步进电动机在高频区工作产生失步的原因是（　　）。
   A. 励磁电流过大
   B. 励磁回路中的时间常数（$T=L/R$）过小
   C. 输出转矩随频率 f 的增加而升高
   D. 输出转矩随频率 f 的增加而下降

35. 把单双六拍工作方式改为双三拍工作方式运行，可能使步进电动机严重过热，其

故障原因是（　　）。
　　A. 负载过大　　　　　　　　　　　B. 负载或大或小
　　C. 负载转动惯量过大　　　　　　　D. 工作方式不对
36. 测速发电机的用途广泛，可作为（　　）。
　　A. 检测速度的元件、微分、积分元件　B. 微分、积分元件、功率放大元件
　　C. 加速或延迟信号、执行元件　　　D. 检测速度的元件、执行元件
37. （　　）直流测速发电机受温度变化的影响较小，输出变化小，斜率高，线性误差小。
　　A. 电磁式　　　B. 他励式　　　C. 永磁式　　　D. 霍尔无刷式
38. 永磁式直流测速发电机受温度变化的影响较小，输出变化小，（　　）。
　　A. 斜率高，线性误差大　　　　　　B. 斜率低，线性误差大
　　C. 斜率低，线性误差小　　　　　　D. 斜率高，线性误差小
39. 在计算解答系统中，要求测速发电机误差小、剩余电压低。（　　）的线性误差、剩余电压等方面能满足上述的精度要求。
　　A. 永磁式直流测速发电机　　　　　B. 交流异步测速发电机
　　C. 交流同步测速发电机　　　　　　D. 电磁式直流测速发电机
40. 直流测速发电机输出电压与转速之间不能保持确定的线性关系，其主要原因是（　　）。
　　A. 电枢电阻的压降　　　　　　　　B. 电枢电流的去磁作用
　　C. 负载电阻的非线性　　　　　　　D. 电刷的接触压降
41. 实际的直流测速发电机一定存在某种程度的非线性误差，CYD系列永磁式低速直流测速发电机的线性误差为（　　）。
　　A. 1%～5%　　B. 0.5%～1%　　C. 0.1%～0.25%　　D. 0.01%～0.1%
42. 异步测速发电机的定子上安装有（　　）。
　　A. 一个绕组　　　　　　　　　　　B. 两个串联的绕组
　　C. 两个并联的绕组　　　　　　　　D. 两个空间相差90°电角度的绕组
43. 异步测速发电机的误差主要有：线性误差、剩余电压、相位误差。为减小线性误差，交流异步测速发电机都采用（　　），从而可忽略转子漏抗。
　　A. 电阻率大的铁磁性空心杯转子　　B. 电阻率小的铁磁性空心杯转子
　　C. 电阻率小的非铁磁性空心杯转子　D. 电阻率大的非铁磁性空心杯转子
44. 交流测速发电机有空心杯转子异步测速发电机、笼型转子异步测速发电机和同步测速发电机三种，目前应用最为广泛的是（　　）。
　　A. 同步测速发电机
　　B. 笼型转子异步测速发电机
　　C. 空心杯转子异步测速发电机
　　D. 同步测速发电机和笼型转子异步测速发电机
45. 交流测速发电机的转子转动时，由杯形转子电流产生的磁场与输出绕组轴线重合，在输出绕组中感应的电动势的频率与（　　）。
　　A. 励磁电压频率相同，与转速相关　B. 励磁电压频率不同，与转速无关

C. 励磁电压频率相同，与转速无关　　　　D. 励磁电压频率不同，与转速相关

46.（　　）与交流伺服电动机相似，因输出的线性度误差，仅用于要求不高的检测场合。

A. 笼式转子异步测速发电机　　　　　　B. 空心杯转子异步测速发电机
C. 同步测速发电机　　　　　　　　　　D. 旋转变压器

47. 测速发电机的灵敏度高，对调速系统性能的影响是（　　）。

A. 没有影响

B. 对系统的稳定性能没有影响，但对动态性能有影响

C. 有影响，灵敏度越高越好

D. 有影响，灵敏度越低越好

第六章

典型设备电气控制电路的分析与检修

车床是现代化生产车间常见的设备,通过对 C650 车床和 VMC850 立式加工中心的主要结构和运动形式,电气拖动的方法、控制要求的分析,了解机床电气电路的特点。

第一节 低压电器

一、常用低压电器工作原理

(一) 交流接触器

交流接触器结构如图 6-1 所示。

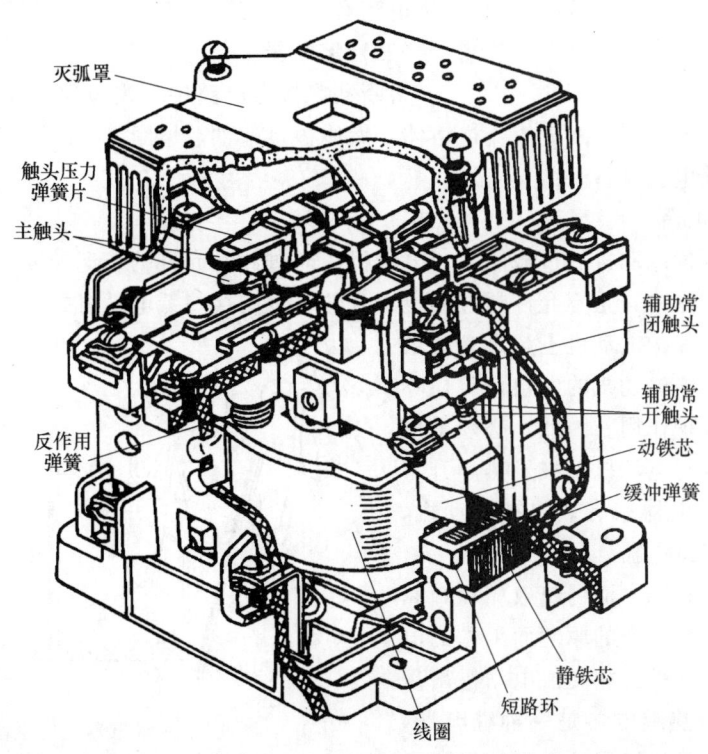

图 6-1 交流接触器结构图

(1) 电磁机构由线圈、动铁芯(衔铁)和静铁芯组成,其作用是将电磁能转换成机械能，产生电磁吸力带动触点动作。

（2）触点系统包括主触点和辅助触点。主触点用于通断主电路，通常为三对常开触点。辅助触点用于控制电路，一般常开、常闭各两对。

（3）灭弧装置。容量在10A以上的接触器都有灭弧装置，对于小容量的接触器，常采用双断口触点灭弧、电动力灭弧、相间弧板隔弧及陶土灭弧罩灭弧。对于大容量的接触器，采用纵缝灭弧罩及栅片灭弧。

（4）其他部件。包括反作用弹簧、缓冲弹簧、触点压力弹簧、传动机构及外壳等。

电磁式接触器的工作原理如下：线圈通电后，在铁芯中产生磁通及电磁吸力。此电磁吸力克服弹簧反力使得衔铁吸合，带动触点机构动作，常闭触点打开，常开触点闭合。线圈失电或线圈两端电压显著降低时，电磁吸力小于弹簧反力，使得衔铁释放，触点机构复位。

（二）组合开关

组合开关又称转换开关，其结构如图6-2所示。在电气控制线路中，组合开关常被作为电源引入的开关，可以用它来直接启动或停止小功率电动机或使电动机正反转、倒顺等。局部照明电路也常用它来控制。组合开关有单极、双极、三极、四极几种，额定持续电流有10A、25A、60A、100A等多种。

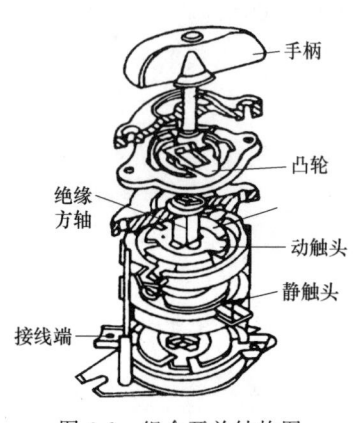

图6-2 组合开关结构图

（三）熔断器

熔断器串接在电路中，当电路发生过负荷或发生短路时，过负荷电流或短路电流流过熔体，熔体被迅速加热熔断，切断故障电流，从而保护了电路中其他电气设备。

（四）热继电器

为了充分发挥电动机的过载能力，电动机短时过载是允许的。但长期过载电动机就要发热，电动机工作时，是不允许超过额定温升的，否则会降低电动机的寿命。熔断器和过电流继电器只能保护电动机不超过允许最大电流，不能反映电动机的发热情况，不能起到恰当的保护作用。因此，必须采用一种其工作原理与电动机过载发热温升特性相吻合的保护电器来有效保护电动机，这种电器就是热继电器。

热继电器是利用电流的热效应和金属材料的热膨胀系数差异的原理而工作的电器。它主要用来保护三相交流电动机出现的长时间过载。热继电器是一种继电器，它在电路中几乎都是以保护元件的形式出现，所以本书把它归类为保护电器。

如图6-3所示是热继电器的原理结构

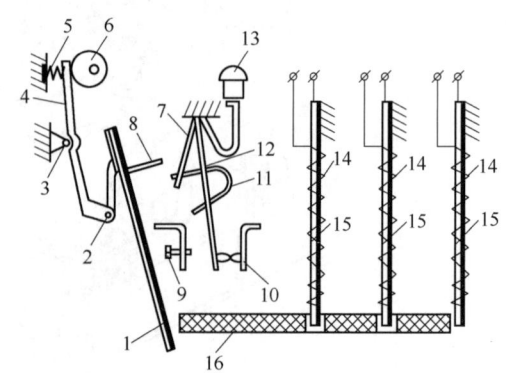

图6-3 热继电器结构原理图
1、14—双金属片 2—绕轴 3—支点 4、8—推杆
5—弹簧 6—凸轮 7、12—簧片 9—动合触点
10—动断触点 11—弓形弹簧 13—复位按钮
15—发热元件 16—导板

示意图，其主要由发热元件、双金属片和触点组成。发热元件与双金属片作为反映温度信号的感应部分；触点作为控制电流通、断的执行部分。发热元件 15 用镍铬合金丝等电阻材料做成，直接串联在被保护的电动机主电路内，它随电流 I 的大小和时间的长短而发出不同的热量，这些热量加热双金属片 14。双金属片是由两种膨胀系数不同的金属片碾压而成，右层采用高膨胀系数的材料，如铜或铜镍合金，左层采用低膨胀系数的材料，如因瓦钢。双金属片的一端是固定的，另一端为自由端。当电动机正常运行时，热元件产生的热量使双金属片略有弯曲，并与周围环境保持热交换平衡。当电动机过载运行时，热元件产生的热量来不及与周围环境进行热交换，使双金属片进一步弯曲，推动导板 16 向左移动，并推动补偿双金属片 1 绕轴 2 顺时针转动，推杆 8 向右推动簧片 7 到一定位置时，弓形弹簧片 11 作用力方向发生改变，使簧片 12 向左运动，动合触点 9 闭合，动断触点 10 断开。用此触点断开电动机的控制电路，从而使电动机得到保护。主电路断电后，随着温度的下降，双金属片恢复原位。可使用手动复位按钮 13 使触点 10 复位。借助凸轮 6 和推杆 4 可以在额定电流的 66% ~ 100% 范围内调节动作电流。

缺相运行是三相交流电机烧坏的主要原因之一。由于热继电器是串联在电机主电路中的，所以其通过的电流就是线电流。对于 Y 形接法，当电路发生缺相运行时，另两相电流明显增大，流过热继电器的电流等于电机相（绕组）电流，热继电器可以起到保护作用。而对于 △ 形接法，电机的相电流小于线电流，热继电器是按线电流来整定的，当电路发生缺相运行时，另两相电流明显增大，但不至于超过线电流值或超过的数值有限，这时热继电器就不会动作，也就起不到保护作用。所以，对于 △ 形接法的电路必须采用带缺相保护装置具有三个热元件的热继电器。

使用热继电器时要注意以下几个问题：

（1）为了正确地反映电动机的发热，在选择热继电器时应采用适当的热元件，热元件的额定电流与电动机的额定电流值相等，继电器便能准确地反映电动机的发热。同一种热继电器有许多种规模的热元件。

（2）注意热继电器所处的周围环境温度，应保证它与电动机有相同的散热条件，特别是有温度补偿装置的热继电器。

（3）由于热继电器有热惯性，大电流出现时它不能立即动作，故热继电器不能用作短路保护。

（4）用热继电器保护三相异步电动机时，至少需要用有两个热元件的热继电器，从而在不正常的工作状态下，也可对电动机进行过载保护。例如，电动机单相运行时，至少有一个热元件能起作用。当然，最好采用有三个热元件带缺相保护的热继电器。

（五）中间继电器

中间继电器用在继电保护与自动控制系统中，以增加触点的数量及容量。它用于在控制电路中传递中间信号。中间继电器的结构和原理与交流接触器基本相同，与交流接触器的主要区别在于：交流接触器的主触头可以通过大电流，而中间继电器的触头只能通过小电流。所以，它只能用于控制电路中。它一般是没有主触点的，因为过载能力比较小，所以它用的全部都是辅助触头，数量比较多。

中间继电器一般由铁芯、衔铁、线圈、触点系统、反作用弹簧和缓冲弹簧等组成。如图 6-4 所示，触点采用双断点桥式结构，上下两层各有四对触点，下层触点只能是动合触

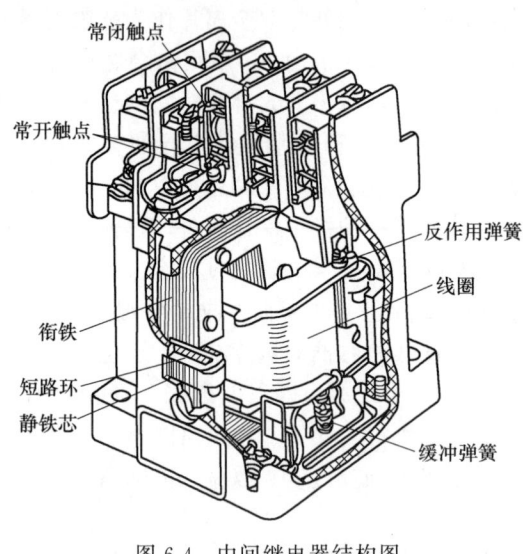

图 6-4 中间继电器结构图

点。继电器吸引线圈额定电压有 12V、36V、110V、220V、380V 等。

（六）时间继电器

时间继电器是电气控制系统中一个非常重要的元器件，它广泛用于需要按时间顺序进行控制的线路中。作为简单程序控制中的一种执行器件，其接受启动信号后开始计时，计时结束后它的工作触头进行开或合的动作，从而推动后续的电路工作。

时间继电器有多种类型，常用的时间继电器主要有电磁式、电动式、空气阻尼式、电子式等。延时方式有通电延时和断电延时两种。目前在电力拖动线路中应用较多的是空气阻尼式时间继电器。

空气阻尼式时间继电器的延时范围大，它结构简单，但准确度较低。

空气阻尼式时间继电器是一种利用电磁原理或机械原理实现延时控制的控制电器。当线圈通电时，衔铁及托板被铁芯吸引而瞬时下移，使瞬时动作触点接通或断开。但是活塞杆和杠杆不能同时跟着衔铁一起下落，因为活塞杆的上端连着气室中的橡皮膜，当活塞杆在释放弹簧的作用下开始向下运动时，橡皮膜随之向下凹，上面空气室的空气变得稀薄而使活塞杆受到阻尼作用而缓慢下降。经过一定时间，活塞杆下降到一定位置，便通过杠杆推动延时触点动作，使动断触点断开，动合触点闭合。从线圈通电到延时触点完成动作，这段时间就是继电器的延时时间。延时时间的长短可以用螺钉调节空气室进气孔的大小来改变。吸引线圈断电后，继电器依靠恢复弹簧的作用而复原。

（七）速度继电器

速度继电器是依靠速度大小使继电器动作与否的装置，配合接触器实现对电动机的反接制动，故速度继电器又称为反接制动继电器。

感应式速度继电器是靠电磁感应原理实现触头动作的。从结构上看，与交流电动机类似，速度继电器主要由定子、转子和触头三部分组成。如图 6-5 所示，定子的结构与笼型异步电动机相似，是一个笼型空心圆环，由硅钢片冲压而成，并装有笼型绕组。转子是一个圆柱形永久磁铁。

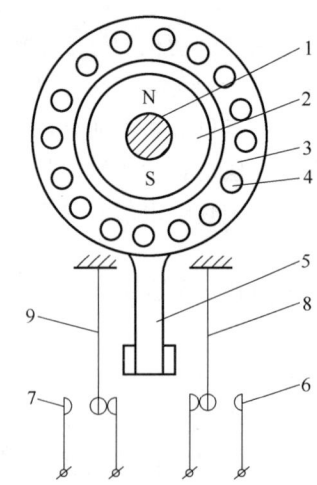

图 6-5 速度继电器的结构原理图
1—转轴 2—转子 3—定子 4—绕组 5—定子柄 6—静触头 7—动触头 8、9—簧片

二、常用低压电器符号

1. 刀开关 QS（图 6-6）

2. 组合开关 QS（图 6-7）

图 6-6 刀开关符号图

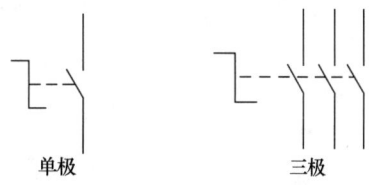

图 6-7 组合开关符号图

3. 自动空气开关 QF（图 6-8）

4. 按钮 SB（图 6-9）

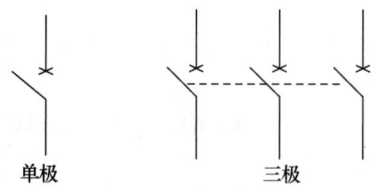

图 6-8 自动空气开关符号图

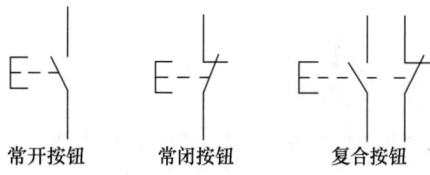

图 6-9 按钮符号图

5. 交流接触器 KM（图 6-10）

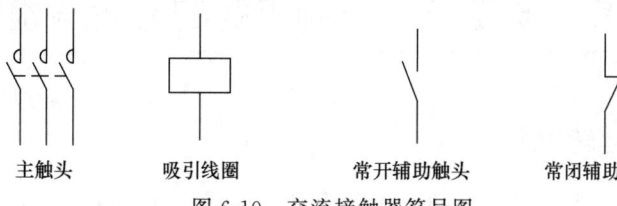

图 6-10 交流接触器符号图

6. 热继电器 FR（图 6-11）

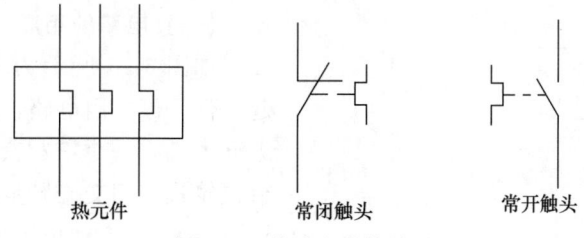

图 6-11 热继电器符号图

7. 熔断器 FU（图 6-12）

8. 中间继电器 K（图 6-13）

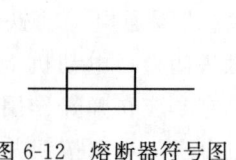

图 6-12 熔断器符号图

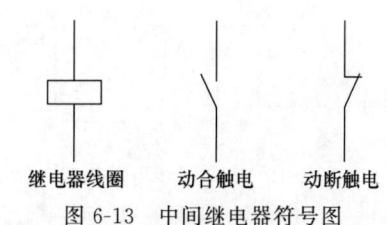

图 6-13 中间继电器符号图

9. 时间继电器 KT（图 6-14）

10. 速度继电器 KS（图 6-15）

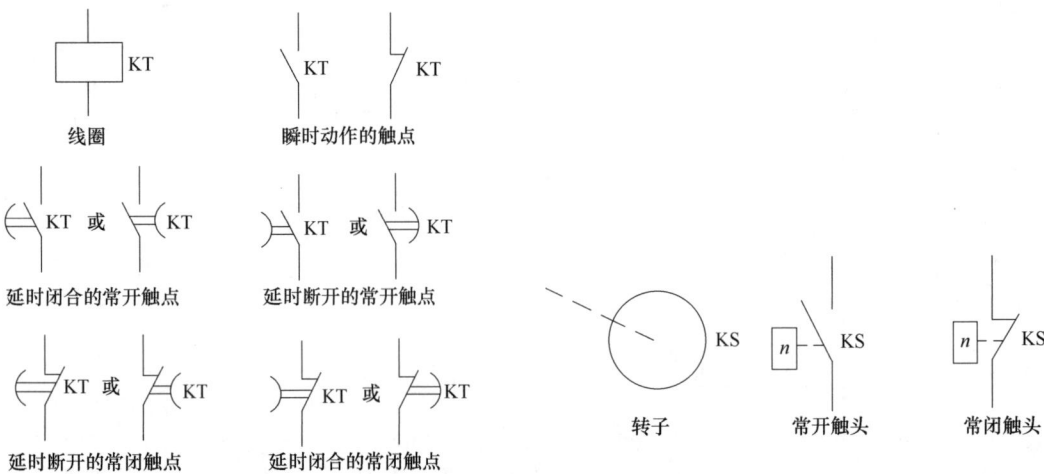

图 6-14　时间继电器符号图　　　　图 6-15　速度继电器的符号

第二节　典型电气控制电路的分析与检修

一、电动机单向运转电路

电动机单向运转主要是实现电动机正常启动、保持运作、安全停止这三个工作状态（简称起—保—停）。比如在使用车床加工元件时，刀架的进给运动就是电动机单向运转带动拖板横向运动，从而对工件进行车削加工（图 6-16）。

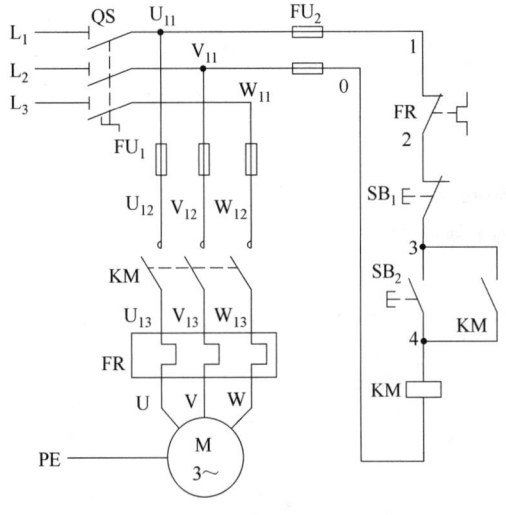

图 6-16　三相异步电动机起—保—停控制（自锁）电气原理图

（一）电路的组成

如图 6-16 所示为三相异步电动机的起—保—停控制电路，此电路采用了一个刀开关 Q，一个三相交流接触器 KM，一台鼠笼式三相交流异步电动机 M，一个热继电器 FR，启动按钮 SB_2 和停止按钮 SB_1 各一个，两组熔断器 FU_1 和 FU_2。

（二）工作原理

先将组合开关 QS 闭合，为电动机启动做好准备。当按下启动按钮 SB_2 时，交流接触器 KM 的线圈通电，动铁芯被吸合，使三个主触头闭合，电动机 M 启动。当松开 SB_2 时，它本应在弹簧作用下恢复其断开位置，但由于与启动按钮并联的辅助触头和主触头同时闭合，因此接触器线圈的电路仍然接通而使接触器触头保持在闭合位置，这个辅助触头称为自锁触头。此时电动机 M 仍然转动。

如将停止按钮 SB_1 按下，则将交流接触器线圈的电路切断，动铁芯和触头恢复到断开的位置，电动机 M 停止工作。

（三）线路中的控制保护措施

上述控制电路可实现短路保护作用、过载保护作用和零电压保护等多重保护。

（1）熔断器 FU 起短路保护作用。一旦发生短路事故，熔丝立即熔断，电动机立即停止运转。

（2）热继电器 FR 起过载保护作用。过载时，热继电器的热元件发热，常闭触头断开，使交流接触器线圈断电，主触头断开，电动机也就停下来。

（3）失电压保护就是当电源暂时停电时，电动机即自动从电源切除。因为这时接触器线圈中的电流消失，动铁芯释放而使主触头断开。当电源电压恢复后，若不重新按启动按钮，则电动机不能自行启动，因为自锁触头已经断开。

（四）接线

（1）按设备材料的要求检查工具是否齐全，检查元器件数量，用万用表检查接触器线圈及其他元件的质量。

（2）学生自己先读懂图 6-16 电气原理图，再设计布置各电器元件位置，也可参考图 6-17 做适当的调整，经教师认可后，便可用木螺钉将各电器元件固定在木电盘上。

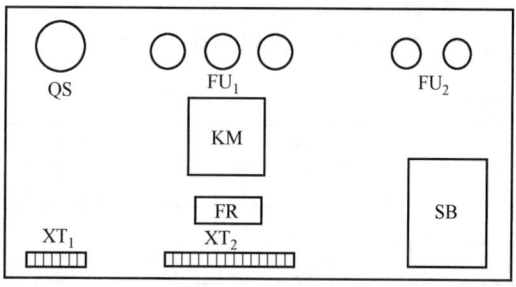

图 6-17 电动机单向连续运转元件布置图

（3）按图 6-18 所示接线图进行布线设计，其设计原则是：

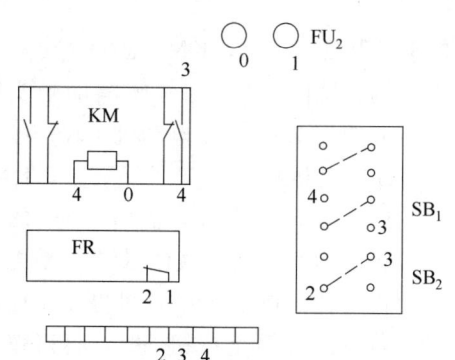

① 布线通道尽可能少，同路并行导线按主、控电路分类集中，单层密排，紧贴安装面布线。

② 同一平面导线不能交叉，非交叉不可时，只能在另一导线因进入接点而抬高时从其下空隙穿越。

③ 横平竖直，分布均匀，便于维修。

④ 布线次序一般以接触器为中心由里向外、由低向高，先主电路后控制电路，以不妨碍后继布线为原则。

⑤ 螺旋熔断器座螺壳端应接负载，电器上的空余螺钉一律拧紧。

图 6-18 电动机单向连续运转控制线路接线图

⑥ 导线与接线盒或线柱连接时，应不压绝缘层，不反圈及不露铜过长。

⑦ 一个电器元件的接线桩上的连接导线不得超过两根，如果压接圈应上正下反，如是直接头应左右各一根，组件之间的连接线应做到左进右出。

⑧ 布线时严禁损伤线芯和导线绝缘。

⑨ 每个接线桩上的连接导线只套一只编码管。

（五）对安装完毕的电路进行自检

自检：用万用表进行检查时，应选用电阻挡的适当倍率，并进行电阻调零。

（1）检查主电路时，可用手按下 KM 主触头进行检查。

（2）检查控制电路，可将万用表笔分别搭在 FU_2 的两个出端 0～1 之间，这时万用表的读数应为无穷大，按下启动按钮或接触器的辅助常开触头时，万用表的读数应为交流接触器线圈的直流电阻值，为 400～700Ω。

（3）热继电器电流的整定值，取电动机功率（千瓦计）值的 2 倍。

（六）通电试车

（1）试车顺序：先接上电动机，再接上电源，然后合上板外闸刀开关，再合上组合开关，接着用试电笔测试熔断器的五个出端，若电路已通，则可按下启动按钮。

（2）试车成功率以通电后第一次按下按钮计算。

（3）通电完毕应首先按停止按钮，断开组合开关，再断开闸刀开关，然后先拆电源线，再拆电机线。

（七）电路故障的检修（表 6-1）

表 6-1　　　　　　　　电动机单向连续运转常见故障与排除

序号	故障现象	故障范围	排除方法
1	按下 SB_1 无反应	1-2-3-4-0 之间断路	用万用表检测 1-2、2-3、3-4 并按下 SB1,4-0，如果表针不偏转，则故障就在这两个点之间
2	按下 SB_1 点动	3-KM 常开-4 之间断路	查看 3、4 接点，检查 KM 常开触点是否出现故障

二、电动机电气互锁正反转电路（图 6-19）

（一）工作原理

先将组合开关 QS 闭合，为电动机启动做好准备。当按下 SB_2，KM_1 通电吸合并自锁，同时 KM_1 的常闭辅助触头断开锁住 KM_2，使电动机正转；按下 SB_1 电机停止；当按下 SB_3，KM_2 通电吸合并自锁，同时 KM_2 的常闭辅助触头断开锁住 KM_1，使电动机反转；按下 SB_1 电机停止。此时若不按下停止按钮 SB_1，直接按下 SB_3，KM_2 将无法通电吸合，达到互锁目的。

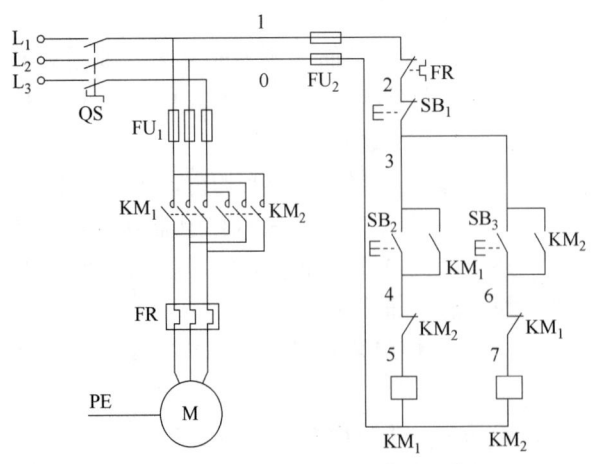

图 6-19　电机正反转电气互锁控制电气原理图

（二）接线

1．电器元件的检测

检验元器件质量：应在不通电的情况下，用万用表的欧姆挡检验各触点的分合情况是否良好。检验接触器时，应拆下灭弧罩，用手同时按下三副主触头并用力均匀,同时应检查接触器线圈电压与电源电压是否相符。

2. 布局

要求布局合理,符合电路安装时的要求,能够正确使用工具,具有一定的工艺性。如图 6-20 所示为电机正反转电气互锁控制电路元件布置图。

3. 画出电路的安装接线图

(1) 画出元件的图形符号并标注代号,电机正反转电气互锁控制电路安装接线图如图 6-21 所示。

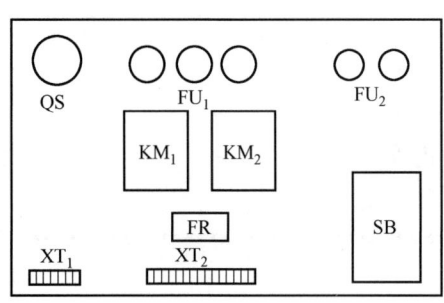

图 6-20　电机正反转电气互锁控制电路元件布置图

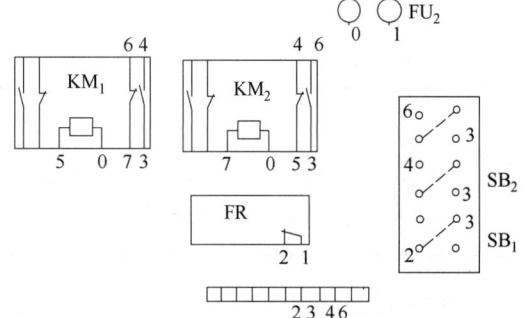

图 6-21　电机正反转电气互锁控制电路安装接线图

(2) 根据电气原理图,在元件的对应部位标注编号。

(3) 将要进入按钮的编码标注在接线端子上。

4. 根据安装接线图进行电路的安装接线

接线方法:

(1) 主电路的安装:根据原理图进行接线。

(2) 控制电路的安装:根据安装接线图进行。

(3) 具体做法:用导线将编码相同的地方连在一起。

(三) 对安装完毕的电路进行自检

自检:用万用表进行检查时,应选用电阻挡的适当倍率,并进行电阻调零。

(1) 检查主电路时,可用手按下 KM_1、KM_2 主触头进行检查。

(2) 检查控制电路,可将万用表笔分别搭在 FU_2 的两个出端 0、1 之间,这时万用表的读数应为无穷大,按下启动按钮 SB_2、SB_3 或接触器的辅助常开触头时,万用表的读数应为交流接触器线圈的直流电阻值,为 $400 \sim 700 \Omega$。

(3) 热继电器电流的整定值,取电动机功率(千瓦计)值的 2 倍。

(四) 通电试车

(1) 试车顺序:先接上电动机,再接上电源,然后合上板外闸刀开关,再合上组合开关,接着用试电笔测试熔断器的五个出端,若电路已通,则可按下正转按钮。

(2) 按下停止按钮,电机停止正转,按下反转按钮,电机反转。

(3) 试车成功率以通电后第一次按下按钮计算。

(4) 通电完毕应首先按停止按钮,断开组合开关,再断开闸刀开关,然后先拆电源线,再拆电机线。

（五）电路故障的检修（表 6-2）

表 6-2　　　　　　　　　　电动机正反转常见故障与排除

序号	故障现象	故障范围	排除方法
1	按下 SB_2 无反应	1-2-3-4-5-0 之间断路	用万用表检测 1-2、2-3、3-4，并按下 SB_1，4-5、5-0，如果表针不偏转，则故障就在这两个点之间
2	按下 SB_2 点动（正转点动）	3-KM_1 常开-4 之间断路	查看 3、4 接点，检查 KM_1 常开触点是否出现故障
3	按下 SB_2 正转正常启动，按 SB_2 无反应	3-6-7-0 之间断路	用万用表检测 3-6，并按下 SB_2，6-7、7-0，如果表针不偏转，则故障就在这两个点之间
4	正转正常，反转点动	3-KM_2 常开-6 之间断路	查看 3、7 接点，检查 KM_2 常开触点是否出现故障

（六）注意事项

（1）查找故障前首先要确定自己的电路是否安装正确。

（2）查找时要对应电气原理图。

【知识拓展】

电动机双重互锁正反转电路

工作原理：先将组合开关 QS 闭合，为电动机启动做好准备。按下 SB_2，KM_1 通电吸合并自锁，同时 KM_1 的常闭辅助触头断开锁住 KM_2，使电动机正转；按下 SB_3，KM_1 线圈失电，KM_1 常闭辅助触头恢复闭合，KM_2 通电吸合并自锁，同时 KM_2 的常闭辅助触头断开锁住 KM_1，使电动机反转。再按下 SB_2，KM_2 线圈失电，KM_2 常闭辅助触头恢复闭合，KM_1 通电吸合并自锁，同时 KM_1 的常闭辅助触头断开锁住 KM_2，使电动机正转；按下 SB_1 电机停止。该电路可以直接在正反转之间变换，如图 6-22 所示。

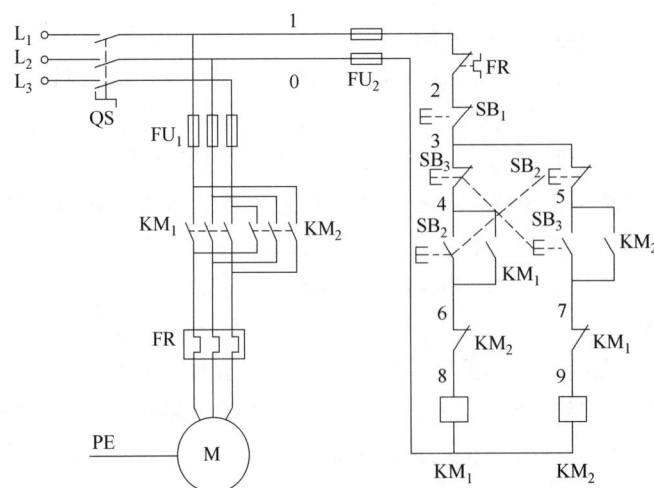

图 6-22　电机正反转双重互锁控制电路安装接线原理图

三、自动控制两台电动机顺序启动/逆序停止电路

(一) 工作原理

如图 6-23 所示,先将组合开关 QS 闭合,为电动机启动做好准备。当按下 SB_2,KM_1 通电吸合并自锁,使 M_1 运行,同时 KT_1 的线圈通电并开始计时,计时时间到后,KT_1 延时闭合,常开触点闭合,KM_2 线圈通电使 M_2 运行,完成顺序启动;按下 SB_3,KM_2 线圈断电,同时 KA、KT_2 线圈通电,KA 常闭触点断开,确保 KM_2 线圈断开,M_2 停止运行,KA 常开触点闭合,确保 KT_2 线圈持续通电并计时。计时时间到后,KT_2 延时断开常闭触点断开,KM_1 线圈断电使 M_1 停止运行,完成逆序停止。SB_1 为紧急停止按钮,按下 SB_1 两台电机均停止运行。

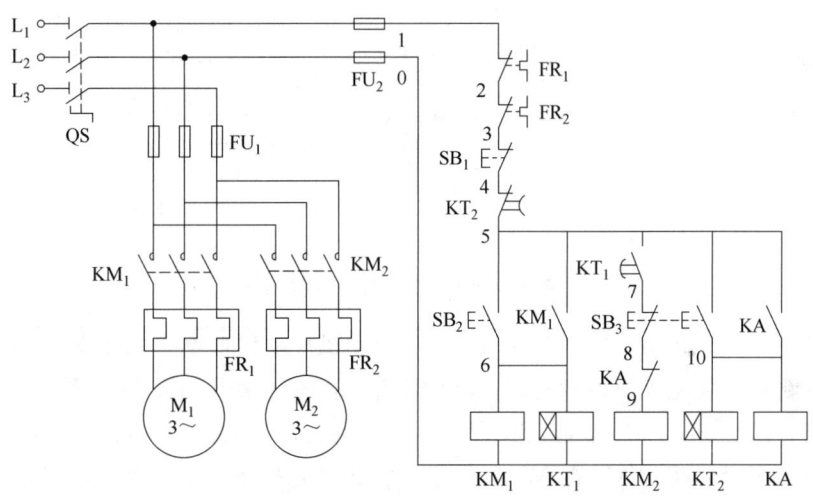

图 6-23 自动控制两台电动机顺序启动/逆序停止电气原理图

(二) 电路故障的检修 (表 6-3)

表 6-3 两台电动机顺序启动/逆序停止常见故障与排除

序号	故障现象	故障范围	排除方法
1	按下 SB_2 无反应	1-2-3-4-5-6-0 之间断路	用万用表检测 1-2、2-3、3-4、4-5,并按下 SB_2 检测 5-6、6-0,如果表针不偏转,则故障就在这两个点之间
2	按下 SB_2 第一台点动	5-KM_1 常开-6 之间断路	查看 5、6 接点,检查 KM_1 常开触点是否出现故障
3	按下 SB_3,M_2 停止,M_1 无法停止	5-10-0 之间断路	按下 SB_3,检测 SB_3 常开触头两端,闭合 KA_1 常开辅助触头检测其两端,如果表针不偏转,则故障就在这两个点之间
4	按 SB_2,M_1 启动,M_2 无法启动	5-7-8-9-0 断开	闭合 KT_1 延时断开触头,用万用表检测 5-7、7-8、8-9、9-0,如果表针不偏转,则故障就在这两个点之间

【知识拓展】

手动控制顺序启动、顺序停止的控制电路

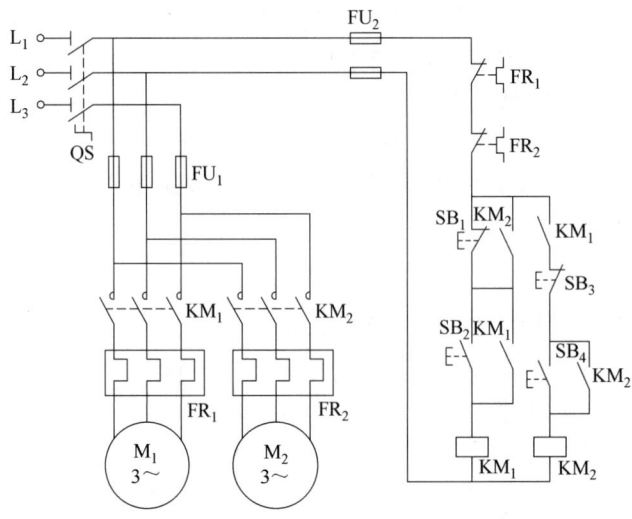

图 6-24 手动控制顺序启动、顺序停止的控制电路电气原理图

工作原理：先将组合开关 QS 闭合，为电动机启动做好准备。按下 SB_2，KM_1 通电吸合并自锁，使电动机 M_1 运行，同时 KM_1 的另一常开辅助触头闭合，为 M_2 启动做准备；按下 SB_4，KM_2 通电吸合并自锁，使电机 M_2 运行，同时 KM_2 的另一常开辅助触头闭合，防止 M_1 在 M_2 之前停止。此时若按下 SB_1，电路仍然是 M_1、M_2 均运行。按下 SB_3，KM_2 线圈失电，M_2 停止，KM_2 常开辅助触头断开，为 M_1 停止做准备，再按下 SB_1，KM_1 线圈失电，M_1 停止，其原理图如图 6-24 所示。

四、降压启动

（一）定子回路串电阻降压启动工作原理

如图 6-25 所示，先将组合开关 QS 闭合，为电动机启动做好准备。按下启动按钮 SB_2，接触器 KM_1 通电并自锁，电动机定子绕组串入电阻 R 进行降压启动。经一段时间延时后，时间继电器 KT 的常开延时触点闭合，接触器 KM_2 通电，KM_1 线圈断电，三对主触点断开将主电路中的启动电阻 R 断开，电动机进入全电压运行。KT 的延时长短根据电动机启动过程时间长短来调整。

（二）Y-△降压启动工作原理

先将组合开关 QS 闭合，为电动机启动做好准备。按下启动按钮 SB_2，KT 线圈得电开始计时，KM_3 接触器线圈得电，KM_3 主触头闭合，KM_3 常开辅助触头闭合，KM_1 线圈得电并自锁，KM_3 常闭辅助触头断开，防止此时 KM_2 线圈得电。此时电动机 Y 形降压启动。经过一段时间之后，KT 计时时间到，KT 常闭触头断开，KM_3 线圈失电，KM_3 常开辅助触头断开，KM_3 常闭辅助触头闭合，KM_2 线圈得电，KM_2 常闭辅助触头断开，

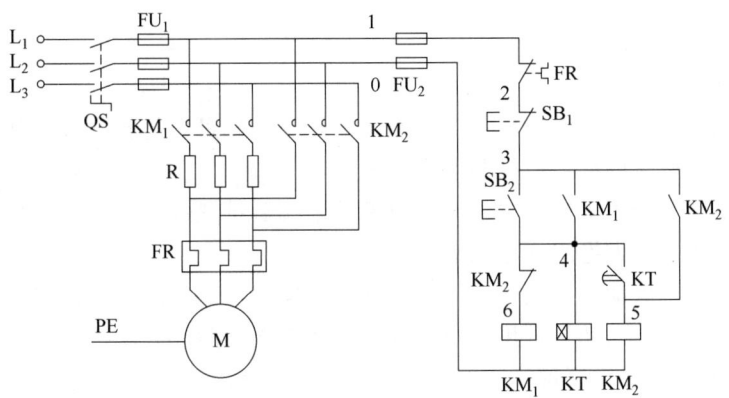

图 6-25 串电阻降压启动电气原理图

KT 线圈失电，计时结束。此时电动机△形全压运行，如图 6-26 所示。

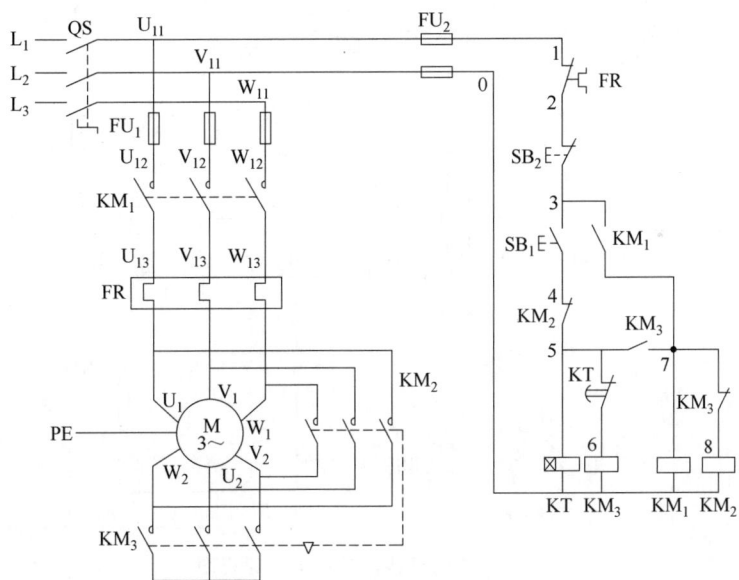

图 6-26 Y-△降压启动电气原理图

（三）两种降压启动的比较

（1）Y-△换接启动。正常运行△形连接的笼型三相异步电动机，启动时改接成 Y 形，使电枢电压降至额定电压的 $1/\sqrt{3}$，待转速接近额定值再改成△形连接，电动机全压正常运行。Y-△换接实际启动电流和启动转矩降至直接启动的 1/3，只能轻载启动。优点：启动设备结构简单，经济便宜，可以频繁启动，应用较广泛，应优先采用。缺点：启动转矩较低，只适用于正常运行△形接电动机。

（2）定子回路串电阻降压启动。这种启动电路，由于启动时转矩较小，一般只适用于空载启动的电动机。启动过程中把电阻短接，电阻损耗大，电阻容量限制启动次数不能频繁，较少采用。

五、制动

(一) 制动的方法

制动：就是给电动机一个与转动方向相反的转矩使它迅速停转（或限制其转速）。

制动的方法一般有两类：机械制动和电气制动。

(1) 机械制动。利用机械装置使电动机断开电源后迅速停转的方法称为机械制动。机械制动常用的方法有电磁抱闸和电磁离合器制动。

(2) 电气制动。电动机产生一个和转子转速方向相反的电磁转矩，使电动机的转速迅速下降。三相交流异步电动机常用的电气制动方法有能耗制动、反接制动和回馈制动。

(二) 反接制动的工作原理

反接制动是利用改变电动机电源的相序，使定子绕组产生相反方向的旋转磁场，因而产生制动转矩的一种制动方法。

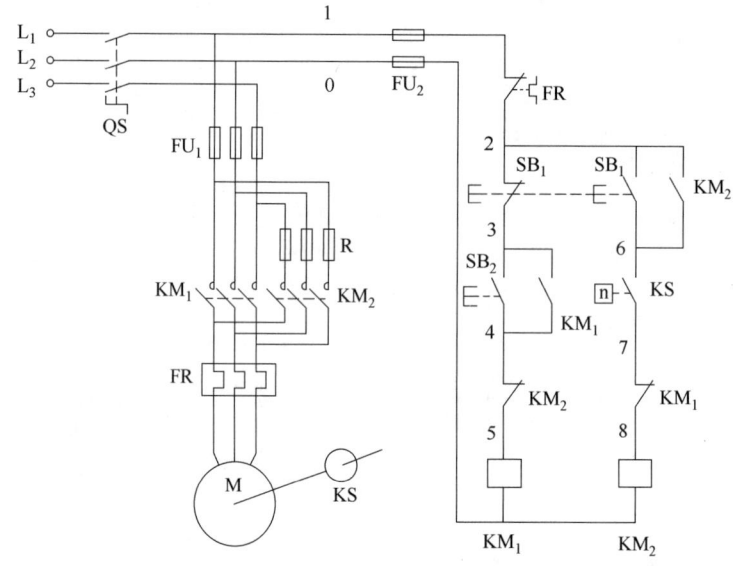

图 6-27 单向反接制动的电气原理图

图 6-27 为单向反接制动控制线路，先将组合开关 QS 闭合，为电动机启动做好准备。按下 SB_2，KM_1 线圈得电并自锁，KM_1 常闭辅助触头断开，使 KM_2 线圈现在不得电，电动机启动运行。当电动机转速达到一定值（120r/min 左右）时，KS 常开触头闭合，为制动做准备。按下 SB_1，KM_1 线圈失电，主触头断开，常开辅助触头断开解除自锁，常闭辅助触头闭合为制动做准备；KM_2 线圈得电并自锁，KM_2 常闭辅助触头断开，使 KM_1 线圈现在不得电，电动机串接 R 反接制动。当电动机转速下降到一定值时，KS 常开触头断开，KM_2 线圈失电解除自锁，电动机脱离电源停转，制动结束。

(三) 能耗制动

1. 能耗制动的方法

当电动机切断交流电源后，立即在定子绕组的任意两相中通入直流电，迫使电动机迅速停转的方法称为能耗制动。

先断开电源开关,切断电动机的交流电源,这时转子仍沿原方向惯性运转。随后向电动机两相定子绕组通入直流电,使定子中产生一个恒定的静止磁场,这样做惯性运转的转子因切割磁力线而在转子绕组中产生感应电流,又因受到静止磁场的作用,产生电磁转矩,正好与电动机的转向相反,使电动机受制动迅速停转。

2. 能耗制动工作原理

对于10kW以上容量较大的电动机,多采用有变压器全波整流能耗制动控制线路。如图6-28所示为有变压器全波整流单向启动能耗制动控制线路,该线路利用时间继电器来进行自动控制,其中直流电源由单相桥式整流器VC供给,TC是整流变压器,电阻R是用来调节直流电流的,从而调节制动强度。

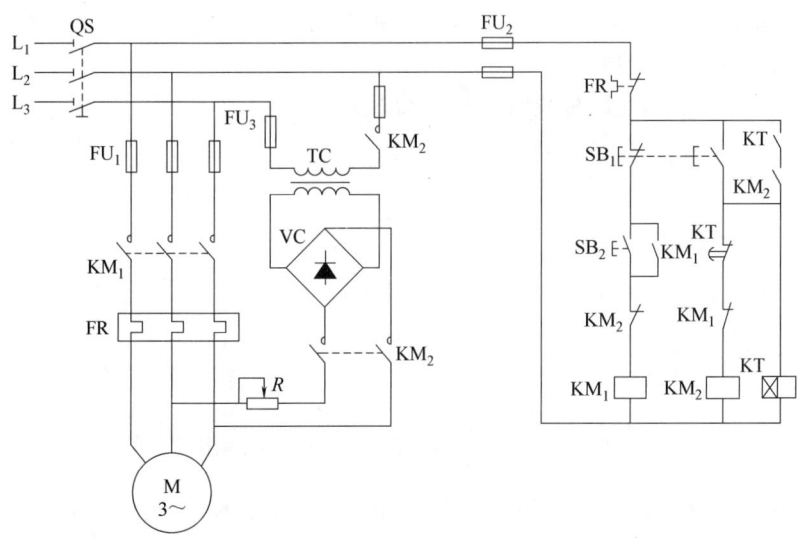

图6-28 能耗制动的电气原理图

线路工作原理分析如下:

先将组合开关QS闭合,为电动机启动做好准备。按下SB_2,KM_1线圈得电并自锁,KM_1常闭辅助触头断开,使KM_2线圈现在不得电,电动机启动运行。按下SB_1,KM_1线圈失电,主触头断开,常开辅助触头断开解除自锁,常闭辅助触头闭合为制动做准备;KT线圈得电,瞬时常开触头闭合,为KM_2自锁做准备。KM_2线圈得电并自锁,KM_2常闭辅助触头断开,使KM_1线圈现在不得电,电动机接入直流能耗制动。KT计时时间到后,KT常闭延时触头断开,KM_2线圈失电解除自锁,KT线圈失电,电动机切断直流电源停转,能耗制动结束。

(四)两种制动方式的比较

反接制动的优点是制动力强,制动迅速。缺点是制动准确性差,制动过程中冲击强烈,易损坏传动零件,制动能量消耗大,不宜经常制动。因此反接制动一般适用于制动要求迅速、系统惯性较大、不经常启动与制动的场合。

能耗制动的优点是制动准确、平稳,且能量消耗较小。缺点是需附加直流电源装置,设备费用较高,制动力较弱,在低速时制动力矩小。所以,能耗制动一般用于要求制动准确、平稳的场合。

六、双速电机控制电路

（一）电动机的转速

根据异步电动机的转差率 S 表达式：

$$S=\frac{n_1-n}{n_1} \tag{6-1}$$

可知交流电动机转速公式如下：

$$n=\frac{60f}{p}(1-S) \tag{6-2}$$

式中：n_1——电动机旋转磁场转速，电动机同步转速；n——电动机的转子实际转速，r/min；p——电动机极对数；f——供电电源频率，Hz；S——异步电动机的转差率。

（二）双速电动机的控制

双速电动机的定子绕组的接线图如图 6-29 所示。

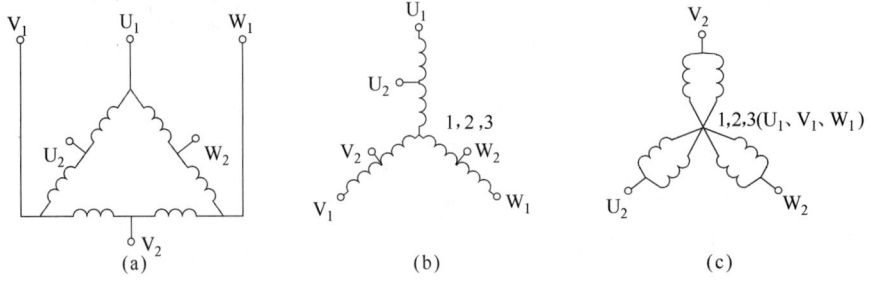

图 6-29 双速电动机的定子绕组的接线图

如图 6-30 中 KM_1 为三角形接法（△）接触器，KM_2、KM_3 为双星形接法（YY）接

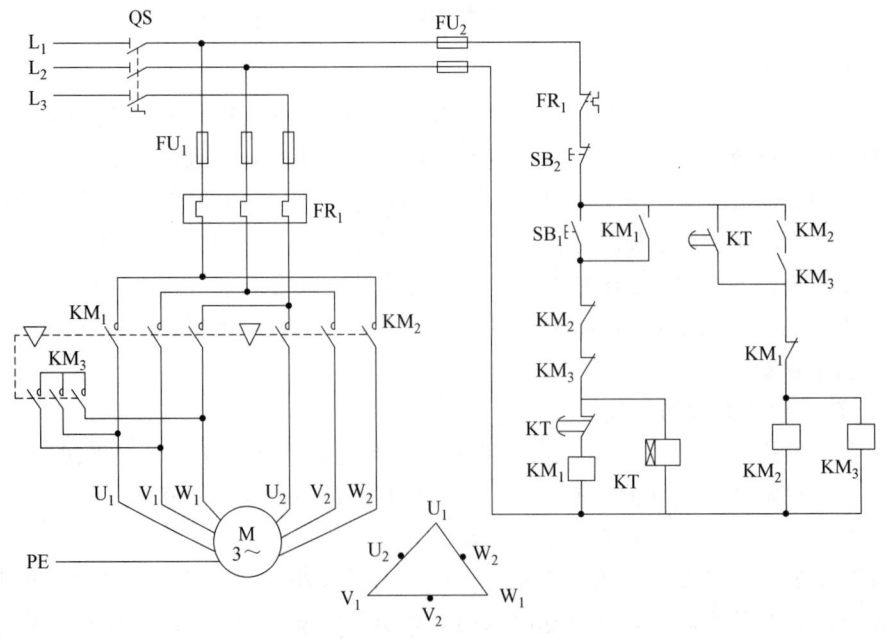

图 6-30 双速电动机电气原理图

触器。合上电源开关,按启动按钮 SB_1,接触器 KM_1、KT 线圈相继得电吸合并自保,电动机定子绕组接成三角形接法(△)4 极启动。经一定时间延时后,KT 的通电延时断开的动断触点断开,KM_1 断电释放,KT 的通电延时闭合的动合触点闭合,KM_2、KM_3 线圈得电吸合并自保,电动机定子绕组接成双星形接法(YY)2 极运转。由于双速电动机定子绕组的接线原因,换极的同时应改变电源的相序。

第三节 典型车床电气控制电路的分析与检修

一、C650 车床的主要结构及运动情况

1. 组成

C650 车床由床身、主轴变速箱、进给箱、溜板箱、刀架、尾架、丝杆和光杆组成,如图 6-31 所示。

2. 运动

车床的主运动为工件的旋转运动,它是由主轴通过卡盘带动工件旋转。主轴要求有变速功能。普通车床一般采用机械变速。车削加工时,一般不要求反转,但在加工螺纹时,为避免乱扣,要求反转退刀,再以正向进刀继续进行加工,所以要求主轴能够实现正反转。

车床的进给运动是溜板带动刀具(架)的横向或纵向的直线运动,其运动方式有手动、机动两种。加工螺纹时,要求工件的切削速度

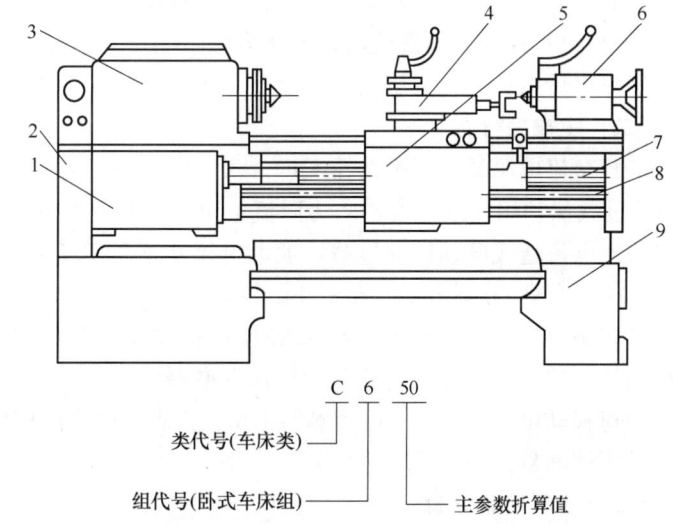

图 6-31 C650 车床的结构示意图
1—进给箱 2—挂轮箱 3—主轴变速箱 4—溜板与刀架
5—溜板箱 6—尾架 7—光杆 8—丝杆 9—床身

与刀架横向进给速度之间应有严格的比例关系。所以,车床的主运动与进给运动由一台电动机拖动并通过各自的变速箱来改变主轴转速与进给速度。

C650 车床的溜板还能快速移动,这种运动称为辅助运动。

二、C650 车床对电气控制的要求

根据 C650 车床运动情况及加工需要,共采用三台三相笼型异步电动机拖动,主轴与进给电动机 M_1、冷却泵电动机 M_2 和溜板箱快速移动电动机 M_3。各台电动机的控制要求是:

(1) 主轴与进给电动机(简称主电动机)M_1,功率 20kW,允许在空载情况下直接

启动。主轴与进给电动机要求实现正、反转，从而经主轴变速箱实现主轴正、反转，或通过挂轮箱传给溜板箱来拖动刀架实现刀架的横向左、右移动。

为便于进行车削加工前的对刀，要求主轴拖动工件作调整点动，所以要求主轴与进给电动机能实现单方向旋转的低速点动控制。

主电动机停车时，由于加工工件转动惯量较大，故需采用反接制动。

主电动机除具有短路保护和过载保护外，在主电路中还应设有电流监视环节。

（2）冷却泵电动机 M_2。功率为 0.15kW，用以在车削加工时供给冷却液，对工件与刀具进行冷却。采用直接启动，单向旋转，连续工作。具有短路保护与过载保护。

（3）快速移动电动机 M_3。功率为 2.2kW，由于溜板箱连续移动是短时工作，故 M_3 只要求单向点动、短时运转，不设过载保护。

（4）电路还应有必要的连锁和保护及安全可靠的照明电路。

三、C650 型车床电气控制电路分析

图 6-32 为 C650 型普通车床电气控制原理图。

（一）电气控制原理图的阅读分析方法

①先机后电；②先主后辅；③化整为零；④集零为整、统观全局；⑤总结特点。

（二）主电路分析

三相交流电源经低压断路器 QF 引入，FU_1 为主电动机 M_1 短路保护用熔断器，FR_1 为 M_1 过载保护用热继电器，R 为限流电阻，限制反接制动时的电流冲击，防止在点动时连续启动电流造成电动机的过载，通电电流互感器 TA 接入电流表来监视主电动机的线电流。KM_1、KM_2 分别为主电动机正、反转接触器，KM_3 为主电动机制动限流接触器。

冷却泵电动机 M_2 通过接触器 KM_4 的控制来实现单向连续运转，FU_2 为 M_2 的短路保护用熔断器，FR_2 为其过载保护用热继电器。

快速移动电动机 M_3 通过接触器 KM_5 控制实现单向旋转点动短时工作，FU_3 为其短路保护用熔断器。

（三）控制电路分析

控制电路电源为 110V 的交流电压，由控制变压器 TC 供给控制电路。同时 TC 还为照明电路提供 36V 的交流电压，FU_5 为控制电路短路保护用熔断器，FU_6 为照明电路短路保护用熔断器，车床局部照明灯 BL 由主令开关 SA 控制。

1. 主电动机 M_1 的点动调整控制

主电动机 M_1 的点动调整控制包括 M_1 电动机的正转点动降压启动和反接制动。

按下 SB_2 不松→KM_1＋（KM_1 主触头闭合，M_1 定子绕组经限流电阻 R 与电源接通）电动机 M_1 定子串电阻作正转减压点动。

若点动时速度达到速度继电器 KS 动作值 140r/min，KS 正转触头 KS-1 将闭合，为点动停止时的反接制动做准备→松开 SB_2→KM_1（KM_1 触头复原），若 KS 转速大于其释放值 100r/min 时，触点 KS-1 仍闭合→KM_2＋（M_1 接入反相序三相交流电源，并串入限流电阻 R 进行反接制动），当 KS 转速达到 100r/min 时，KS-1 触头断开，反接制动结束，电动机自然停车。

2. 主电动机 M_1 的正转控制及反接制动控制

第六章 典型设备电气控制电路的分析与检修

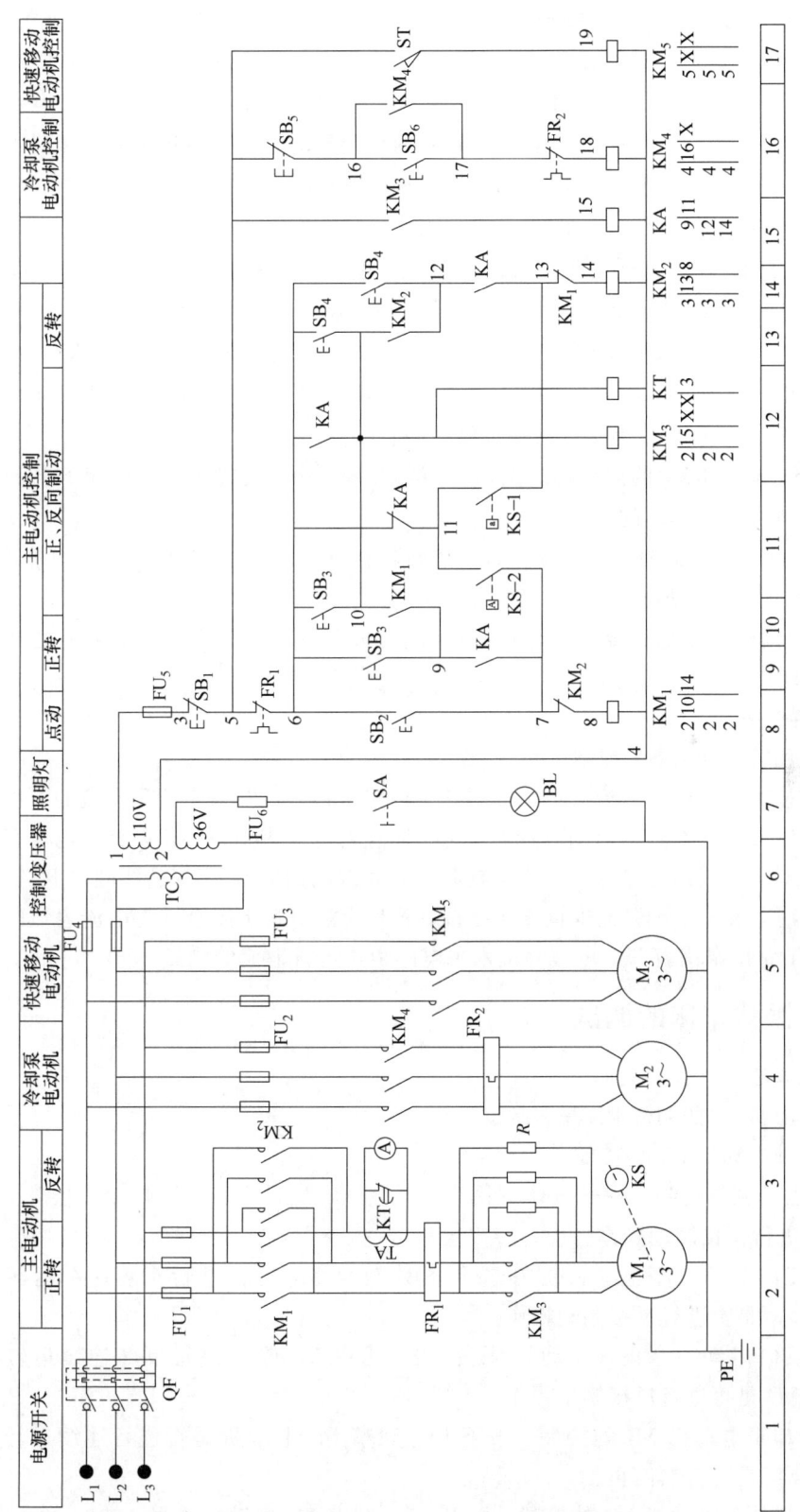

图 6-32 C650 型普通车床电气控制原理图

按下 SB_3→KM_3^+（常开主触头闭合，将限流电阻 R 短接）→（触头 KA5～KA15 闭合）KA^+→KM_1^+（则 M_1 进入全压起动正转连续运转状态，当速度达到 KS 动作值 140r/min 时）→KS-1 闭合（为反接制动做准备）→按下 SB_1→KM_1^-、KM_3^-、KA^-→R 串入主电路中→SB_1 松开→($KM_1$13-14 闭合) KM_2^+，正转的反接制动开始→当运转速度降到 100r/min 时 KS-1⁻ 断开→KM_2^-，正转的反接制动结束→自然停车。

3. 主电动机 M_1 的反转控制及反接制动控制

按下 SB_4→KM_3^+（常开主触头闭合，将限流电阻 R 短接）→（触头 KA5～KA15 闭合）KA^+→KM_2^+（则 M_1 进入全压启动反转连续运转状态，当速度达到 KS 动作值 140r/min 时）→KS-2 闭合（为反接制动做准备）→按下 SB_1→KM_2^-、KM_3^-、KA^-→R 串入主电路中→SB_1 松开→($KM_2$7-8 闭合) KM_1^+，反转的反接制动开始→当运转速度降到 100r/min 时 KS-2⁻ 断开→KM_1^-，反转的反接制动结束→自然停车。

接触器 KM_1 与 KM_2 的常闭触头串接在对方线圈电路中，实现电动机 M_1 正反转的互锁。

4. 冷却泵电动机 M_2 的控制

按下 SB_6→KM_4^+ 自锁，冷却泵电动机连续运转→按下 SB_5，KM_4^-，M_2 自然停车。

5. 刀架的快速移动电动机 M_3 的控制

M_3 的启动和停止是靠转动刀架手柄压动行程开关 ST 来控制 KM_5 接触器的吸合进而控制 M_3 电动机的。

6. 辅助电路

照明灯用转换开关 SA 控制。

为了监控主回路中的电流大小，往往在主回路中接入电流表来检测电流的大小。但主回路负载的电流往往在刚刚启动时较大，为了防止对电流表造成冲击，保护电流表，就要在电流互感器 TA 线路中接入一个通电延时型时间继电器 KT，KT 的线圈与 KM_3 线圈并联。当启动时，在 KT 的延时时间未到之前，KT 的常闭触头闭合，将电流表短路，延时时间到，KT 常闭触头打开，电流表接入主电路中，进行电流的测量。

四、C650 卧式车床的调试

（1）机床通电，合上 QF。

（2）合上 SA，照明灯 BL 亮。

（3）主轴电动机 M_1 的控制。

M_1 的点动调整控制：按下 SB_2 不松手，观察 M_1 是否进行降压启动，松开 SB_2，观察 M_1 是否进行反接制动操作。

M_1 的正向启动、停止（制动）：按下 SB_3 观察 M_1 是否进行正转连续运转，按下 SB_1，观察 M_1 是否进行反接制动操作。

M_1 的反向启动、停止（制动）：按下 SB_4 观察 M_1 是否进行反转连续运转，按下 SB_1，观察 M_1 是否进行反接制动操作。

（4）冷却泵电动机 M_2 的控制：按下 SB_6 观察 M_2 电动机是否进行连续运转，按下 SB_5，观察 M_2 是否自然停止。

（5）刀架快移电动机 M_3 的控制：压下 ST，观察 M_3 电动机是否运转。

(6) 机床断电，断开 SA，断开 QS。

五、C650 机床常见故障分析与处理

(1) 按下主电动机点动启动按钮，主电动机 M_1 不能启动，KM_1 不吸合。

故障分析与排除：从故障现象中可以判断问题可能存在于主电动机 M_1、主电路电源、控制电路 110V 电源以及与 KM_1 相关的电路上，可从以下几个方面进行分析检查并排除：

① 先检查主电路和控制电路的熔断器 FU_1、FU_5 是否熔断，用万用表的电阻挡进行检测，若发现所测的电阻无穷大，则熔体被熔断，更换熔断器的熔体。

② 若未发现熔断器熔断，检查热继电器 FR_1 的触头或接线是否良好，或热保护是否动作过。如果热继电器已动作，则应找出工作的原因；热继电器动作的原因有：规格选择不当或可能机械部分被卡住或频繁启动的大电流使电动机过载，则让热继电器复位并将整定电流调大些，但一般不超过电动机的额定电流。

③ 若热继电器未动作，检查停止按钮 SB_1、启动按钮 SB_2 的触头或接线是否良好，用万用表的电阻挡进行检测，如所测电阻无穷大，则表示未接好，需用改锥拧紧。

④ 检查接触器 KM_1 的线圈或接线是否良好，用万用表的电阻挡进行检测，如所测电阻无穷大，则表示未接好，需用改锥拧紧。

⑤ 主电路中接触器 KM_1 的主触头或接线是否良好，用万用表的电阻挡进行检测，如所测电阻无穷大，则表示未接好，需用改锥拧紧。

⑥ 检查主电路中 R 是否被损坏（开路），用万用表的电阻挡进行检测，如所测电阻无穷大，则表示 R 已被损坏，需换 R。

⑦ 若控制电路、主电路都完好，电动机仍然不能点动启动，故障必然发生在电源及电动机上，如电动机断线、电源电压过低，都会造成主轴电动机 M_1 不能启动，KM_1 不吸合。用万用表的电阻挡进行电动机断线检测。用万用表的交流电压挡检测控制电路部分的工作电压是否为 110V，注意此时要通电检测，注意安全。

(2) 主电动机点动启动时启动电流过大，相当于全压启动时的情况。

故障分析与排除：结合电路分析其原因可能有两个方面：

① 短接限流电阻 R 可能被击穿短路，用万用表的电阻挡进行检测，如所测电阻为 0，则表示 R 已被击穿，更换 R。

② 短接限流电阻 R 的接触器 KM_3 线圈虽未通电吸合，但由于其主触头发生粘连而断不开，造成 R 被短接，使 M_1 处于全压启动。应检查 KM_3 接触器是否存在触头粘连或衔铁机械上卡住而不能释放等情况，拆开 KM_3 观察并用万用表的电阻挡进行检测，如所测电阻为 0，则表示存在触头粘连或衔铁机械卡住的现象。

(3) 主电动机正反向启动时，检测电动机定子电流的电流表读数较大。

故障分析与排除：这是由于时间继电器 KT 延时过短，主电动机启动尚未结束，而延时时间已到，造成过早地接入电流表，使电流表读数较大。可以调节 KT 的延时时间，使其保证在主电动机 M_1 启动结束后延时间再结束，这样对电流表的冲击就不会太大，电流表的读数就不会较大。

(4) 主电动机反接制动时制动效果差。

故障分析与排除：如果这一情况每次都发生，一般来说是由于速度继电器触头反力弹

簧过紧（即速度继电器的下限速度值偏大），使触头过早复位断开了反接制动电路，造成反接制动效果差，此时就把速度继电器触头的反力弹簧调松一些，延长一些触头复位时间，就会增加反接制动的时间，从而使反接制动真正起到作用。

若这种情况属于偶然发生，往往是由于操作不当造成的。如按下停止按钮时间过长，只有当松开 SB_1 后，其常闭触头复位才接入反接制动电路，才能对 M_1 进行反接制动。

（5）按下启动按钮 SB_6，冷却泵电动机 M_2 转动很慢，并发出嗡嗡声响。

故障分析与排除：遇到这种情况，应马上切断电动机的电源，否则电动机要烧坏。从故障现象中可以判断出这种状态为缺相运行，问题可能存在于冷却泵电动机 M_2、主电路电源及 KM_4 的主触头上，可从以下几个方面进行分析检查并排除：

① 先检查总电源是否正常，用万用表的交流电压挡测量三相电压是否稳定。

② 检查主电路 FU_2 是否熔断，用万用表的电阻挡进行检测，如果已熔断，更换熔断器的熔体。

③ 再检查 KM_4 的主触头或接线是否良好，用万用表的电阻挡进行检测。

④ 检查电动机定子绕组是否正常。采用万用表电阻挡检查相间直流电阻是否平衡。

第四节　VMC850/1 立式加工中心电气控制电路分析与检修

一、主要结构工作原理及性能

VMC850/1 立式加工中心系列机床 X、Y 两向运动集中在床鞍上，Z 向运动在立柱上，X 轴的运动由工作台移动实现，Y 轴的运动由床鞍移动实现，Z 轴的运动由主轴箱在立柱上移动实现。机床的机械部分主要由床身、床鞍、工作台、立柱、主轴箱、外管路、冷却、操纵站等部件组成。

1. 机床结构特点

X、Y、Z 三个进给方向均采用矩形副，其承受单位压力较高，运动低速性能好，保证机床具有较高的灵敏度和较高的运动精度。

2. 床身

床身是机床的基础部件，床身通过垫铁放置在地基上。床身 Y 向导轨为两导轨，跨距为 660mm，保证了机床 Y 向运动的平稳性和高精度。

3. 床鞍

床鞍在床身导轨上作前后（Y 向）运动，横向进给滚珠丝杠安装在床身两导轨之间，驱动交流伺服电机安装在床身前端，电机通过弹性联轴器与滚珠丝杠直连。滚珠丝杠安装时采用了预拉伸，以提高传动刚性，消除热膨胀误差，确保高精度。在床鞍前后装有导轨防护罩，床鞍右端装有行程开关，与床身上的槽板接触，床身右侧装有 Y 向拖链。

4. 立柱

立柱是支承主轴箱垂向运动的部件。垂向进给滚珠丝杠安装于立柱两导轨之间，驱动电机置于立柱顶部，电机通过弹性联轴器与滚珠丝杠直联。主轴箱的平衡采用机械平衡。

主轴箱在立柱导轨上作上下（Z 向）运动。立柱左侧装有外管路走线槽和分油器，后端装有集中润滑装置及气动装置,左侧装有刀库。立柱的行程中间位置装有行程开关,主轴箱右端装有撞块。

5. 主轴箱及拉刀机构

主轴箱是机床的重要部件,它由一个箱体组成。主轴箱顶端装有伺服主轴电机,通过 1∶1 的齿形带传递到主轴组件的主轴上,主轴转速范围为 20~8000r/min。松刀汽缸装在主轴箱顶部。

主轴组件采用台湾主轴,具有转速高、刚性好、精度高的特点,主轴定向易调,保证主轴在准确的位置停止,以便换刀。主轴内有自动拉刀的碟簧紧刀机构,拉刀杆上有通气孔槽,供拔刀时吹气用。

主轴箱前面装有换刀按钮,换刀按钮是控制汽缸运动的按钮,拉刀机构采用碟形弹簧拉紧刀具,拉紧力约 7kN。手动松刀时注意一定要用手托住刀再按换刀按钮进行换刀。

主轴箱右侧装有行程撞块的槽板,主轴箱上面有润滑用的分油器,底面右边还装有可调整的冷却喷头。

6. 滚珠丝杠进给系统

X、Y、Z 三个坐标采用的丝杠进给系统结构相同。它们装有数字交流式进给伺服电机,Z 向为带制动型。通过弹性联轴器与螺距为 10mm 的滚珠丝杠直连,实现进给传动。滚珠丝杠副采用双螺母垫片式预加载荷结构,公称直径为三向 $\phi 40$mm。

滚珠丝杠支承在具有高刚度、高精度的复合轴承上,并预拉伸载荷,提高传动链刚度。在丝杠两端支承座上装有耐油橡胶环,用于减轻发生故障时的撞击。

7. 工作台

工作台在床鞍上作左右(X 向)运动,由装在床鞍右端的交流伺服电机通过弹性联轴器与滚珠丝杠直连,驱动工作台左右运动。床鞍前端上面装有行程开关撞块与工作台的行程开关接触,左端装有外管路走线槽,内有油管等。

8. 气动装置

气动装置由各种气动元件构成,安装于立柱后端,供给主轴松刀汽缸、主轴吹气、清洁主轴轴承、切屑清除喷枪压力气,从而实现机床的各种动作。本机床需要压力为 0.6~0.7MPa 的外接气源。

9. 自动润滑装置

本机床采用集中润滑装置,共对 X、Y、Z 三个方向的导轨、滚珠丝杠、滑块等进行定时定量润滑。每次润滑的油量由定量阀控制,润滑的间隔时间由电气控制。

10. 机床外管路

为了使机床美观整齐,机床的走线及管路都采用了拖链、护套及走线槽。

11. 操作站

操作面板安装在机床前端,和通过机床防护罩右上部的走线槽相连。

二、VMC850/1 机床电器功能和操作

1. 总电源开关 QS

总电源开关 QS 位于电柜门右侧,用来接通/切断机床的总电源。机床采用带手柄的断路器作为总电源开关。手柄在水平位置时为断开(OFF)状态,此时可以打开电柜门。

手柄垂直放置时处于接通（ON）状态，此时不可打开电柜门。

2. RS232C 转接盒

此转接盒安装在操作站和电柜侧，串行接口可与计算机串口 COM_1 连接，实现系统与计算机的外部通信以及 DNC 功能。

3. 三色指示灯

三色指示灯位于防护罩顶部，由红、黄、绿三个指示灯组合而成。绿色灯亮表示机床处于正常运行状态。黄色灯亮表示机床处于等待状态。红色灯亮表示机床处于异常状态，机床不能正常运行，须及时排除故障。

4. 松刀按钮（SB_3）

松刀按钮板位于机床主轴箱前端偏右侧，其上有一个白色按钮，它的功能作用叙述如下：当同时满足操作方式为 JOG 方式、主轴处于停止状态、X、Y、Z 三轴均没有运动、无急停输入 4 个条件时，按住此按钮，使拉刀机构（见机械部分）处于松刀吹气状态，此时可装/卸刀具，松开按钮后，拉刀机构又处于紧刀状态。

5. 操纵站

操纵站位于机床前部，是机床的主操纵部分，其控制部分由 FANUC 提供的 LCD/MDI 控制面板和机床操作面板组成。

6. 程序保护锁开关

写入程序时使用，防止零件程序、偏移值、参数和设定数据被错误地存储、修改或删除。

7. 主轴倍率开关

对主轴转速进行 50%～120% 范围内的修调。

8. 进给倍率、快速倍率开关

对 X、Y、Z、A 轴的实际进给速度进行 0%～120% 范围内的修调。

9. 紧停按钮

紧停按钮位于操纵台机床操作面板上。在紧急情况下，压下紧停按钮，Z 轴将立即抱闸，NC 延时后处于急停状态（$X8.4$ 为 "0"）并切断伺服电源，机床将不能运行。

练 习 题

1. 三相异步电动机能耗制动的过程可用（　　）来控制。
   A. 电压继电器　　B. 电流继电器　　C. 热继电器　　D. 时间继电器
2. 三相异步电动机能耗制动时，机械能转换为电能并消耗在（　　）回路的电阻上。
   A. 励磁　　　　　B. 控制　　　　　C. 定子　　　　D. 转子
3. 三相异步电动机反接制动时，速度接近零时要立即断开电源，否则电动机会（　　）。
   A. 飞车　　　　　B. 反转　　　　　C. 短路　　　　D. 烧坏
4. 三相异步电动机倒拉反接制动时需要（　　）。
   A. 转子串入较大的电阻　　　　　　B. 改变电源的相序
   C. 定子通入直流电　　　　　　　　D. 改变转子的相序

5. 三相异步电动机再生制动时，将机械能转换为电能，回馈（　　）。
   A. 负载　　　　　　B. 转子绕组　　　　C. 定子绕组　　　　D. 电网
6. 三相异步电动机能耗制动时（　　）中通入直流电。
   A. 转子绕组　　　　B. 定子绕组　　　　C. 励磁绕组　　　　D. 补偿绕组
7. 三相异步电动机能耗制动的过程可用（　　）来控制。
   A. 电流继电器　　　B. 电压继电器　　　C. 速度继电器　　　D. 热继电器
8. 三相笼型异步电动机电源反接制动时需要在（　　）中串入限流电阻。
   A. 直流回路　　　　B. 控制回路　　　　C. 定子回路　　　　D. 转子回路
9. 三相异步电动机能耗制动时定子绕组中通入（　　）。
   A. 直流电　　　　　B. 单相交流电　　　C. 三相交流电　　　D. 逆序交流电
10. 三相异步电动机能耗制动的控制线路至少需要（　　）个按钮。
    A. 2　　　　　　　B. 1　　　　　　　C. 4　　　　　　　D. 3
11. 三相异步电动机的各种电气制动方法中，能量损耗最多的是（　　）。
    A. 反接制动　　　　B. 能耗制动　　　　C. 回馈制动　　　　D. 再生制动
12. 三相异步电动机采用（　　）时，能量消耗小，制动平稳。
    A. 发电制动　　　　B. 回馈制动　　　　C. 能耗制动　　　　D. 反接制动
13. 三相异步电动机的启停控制线路由电源开关、（　　）、交流接触器、热继电器、按钮等组成。
    A. 时间继电器　　　B. 速度继电器　　　C. 熔断器　　　　　D. 电磁阀
14. 三相异步电动机的位置控制电路中，除了用行程开关外，还可以用（　　）。
    A. 断路器　　　　　B. 速度继电器　　　C. 热继电器　　　　D. 光电传感器
15. 下列器件中，不能用作三相异步电动机位置控制的是（　　）。
    A. 磁性开关　　　　B. 行程开关　　　　C. 倒顺开关　　　　D. 光电传感器
16. 工厂车间的行车需要位置控制，行车两头的终点处各安装一个位置开关外，两个位置开关要分别（　　）在电动机的正转和反转控制电路中。
    A. 短接　　　　　　B. 混联　　　　　　C. 并联　　　　　　D. 串联
17. 同步电动机采用变频启动时，转子励磁绕组应该（　　）。
    A. 接到规定的直流电源　　　　　　　B. 串入一定的电阻后短路
    C. 开路　　　　　　　　　　　　　　D. 短路
18. 同步电动机可采用的启动方式是（　　）。
    A. 转子串三级电阻启动　　　　　　　B. 转子串频敏电阻启动
    C. 变频启动法　　　　　　　　　　　D. Y-△启动法
19. 同步电动机采用异步启动法启动时，转子励磁绕组应该（　　）。
    A. 接到规定的直流电源　　　　　　　B. 串入一定的电阻后短接
    C. 开路　　　　　　　　　　　　　　D. 短路
20. 多台电动机顺序控制的线路是（　　）。
    A. 既包括顺序启动，又包括顺序停止　　B. 不包括顺序停止
    C. 包括顺序启动　　　　　　　　　　D. 通过自锁环节实现
21. 下列不属于位置控制线路的是（　　）。

A. 走廊照明灯的两处控制电路　　　　　B. 龙门刨床的自动往返控制电路
C. 电梯的开关门电路　　　　　　　　　D. 工厂车间里行车的终点保护电路

22. 位置控制是利用生产机械运动部件上的挡铁与（　　）碰撞来控制电动机的工作状态。

A. 断路器　　　　B. 位置开关　　　　C. 按钮　　　　D. 接触器

23. 多台电动机的顺序控制线路（　　）。

A. 只能通过主电路实现

B. 既可以通过主电路实现，又可以通过控制电路实现

C. 只能通过控制电路实现

D. 必须要主电路和控制电路同时具备该功能才能实现

24. 控制两台电动机错时停止的场合，可采用（　　）时间继电器。

A. 通电延时型　　B. 断电延时型　　C. 气动型　　D. 液压型

25. 控制两台电动机错时启动的场合，可采用（　　）时间继电器。

A. 液压型　　　　B. 气动型　　　　C. 通电延时型　　D. 断电延时型

26. 将接触器 KM_1 的常开触点串联到接触器 KM_2 线圈电路中的控制电路能够实现（　　）。

A. KM_1 控制的电动机先停止，KM_2 控制的电动机后停止的控制功能

B. KM_2 控制的电动机停止时 KM_1 控制的电动机也停止的控制功能

C. KM_2 控制的电动机先启动，KM_1 控制的电动机后启动的控制功能

D. KM_1 控制的电动机先启动，KM_2 控制的电动机后启动的控制功能

27. 行程开关的文字符号是（　　）。

A. QS　　　　　　B. SQ　　　　　　C. SA　　　　　　D. KM

28. 三相异步电动机的启停控制线路中需要有（　　）、过载保护和失压保护功能。

A. 短路保护　　　B. 超速保护　　　C. 失磁保护　　　D. 零速保护

29. 交流接触器的作用是可以（　　）接通和断开负载。

A. 频繁地　　　　B. 偶尔　　　　　C. 手动　　　　　D. 不需

30. 接触器的额定电流应不小于被控电路的（　　）。

A. 额定电流　　　B. 负载电流　　　C. 最大电流　　　D. 峰值电流

31. 接触器的额定电压应不小于主电路的（　　）。

A. 短路电压　　　B. 工作电压　　　C. 最大电压　　　D. 峰值电压

32. 对于 Y-△接法的异步电动机应选用（　　）结构的热继电器。

A. 四相　　　　　B. 三相　　　　　C. 两相　　　　　D. 单相

33. 中间继电器的选用依据是控制电路的（　　）、电流类型、所需触点的数量和容量等。

A. 短路电流　　　B. 电压等级　　　C. 阻抗大小　　　D. 绝缘等级

34. 对于工作环境恶劣、启动频繁的异步电动机，所用热继电器元件的额定电流可选为电动机额定电流的（　　）倍。

A. 0.95～1.05　　B. 0.85～0.95　　C. 1.05～1.15　　D. 1.15～1.50

35. 对于电动机负载，熔断器熔体的额定电流应选为电动机额定电流的（　　）倍。

A. 1～1.5　　　　B. 1.5～2.5　　　　C. 2.0～3.0　　　　D. 2.5～3.5

36. 中间继电器的选用依据是控制电路的（　　）、电流类型、所需触点的数量和容量等。
A. 电压等级　　　B. 阻抗大小　　　C. 短路电流　　　D. 绝缘等级

37. 根据机械与行程开关传力和位移关系选择合适的（　　）。
A. 电流类型　　　B. 电压等级　　　C. 接线形式　　　D. 头部形式

38. 用于指示电动机正处在旋转状态的指示灯颜色应选用（　　）。
A. 紫色　　　　　B. 蓝色　　　　　C. 红色　　　　　D. 绿色

39. 一般电气控制系统中宜选用（　　）断路器。
A. 塑壳式　　　　B. 限流式　　　　C. 框架式　　　　D. 直流快速

40. 断路器中过电流脱扣器的额定电流应该大于等于线路的（　　）。
A. 最大允许电流　B. 最大过载电流　C. 最大负载电流　D. 最大短路电流

第一章 练习题答案

1～5　BDBAD　6～10　AAACB　11～15　BBBDA　16～20　BCABA　21～25　CBCAB　26～30　BBACC　31～32　BC

第二章 练习题答案

1～5　ABCCB　6～10　BBBDB　11～15　AADBD　16～20　BCAAD　21～25　ACBBB　26～30　BAADD　31～32　BC

第三章 练习题答案

一、判断题

1-5　×√√××　6-9　√×√√

二、选择题

1～5　ACBCA　6～10　DACDB　11～15　DBDAA　16～20　AAADB　21～25　BACDC

第四章 练习题答案

一、判断题

1. √　2. ×　3. √　4. ×　5. ×　6. ×　7. ×　8. √　9. √　10. ×

二、选择题

1～5　BACDA　6～10　DDACA　11～15　DBDAC　16～20　CACDA

第五章 测试题答案

一、判断题

1. ×　2. ×　3. ×　4. √　5. ×　6. ×

二、选择题

1～5　BBADA　6～10　BDBAD　11～15　AABBA　16～20　BDCDA　21～25　CBCAC　26～30　CDDCD　31～35　ABCDD　36～40　ACDBB　41～45　BDDCC　46～47　AB

第六章 练习题答案

1～5　DDBAD　6～10　BCCAA　11～15　ACCDC　16～20　DBCBA　21～25　ABBBC　26～30　DBAAA　31～35　BBBAB　36～40　ADDAC

参 考 文 献

[1] 秦曾煌. 电工技术：第 6 版 [M]. 北京：高等教育出版社，2004.
[2] 秦曾煌. 电工技术学习辅导与习题选解：第 6 版 [M]. 北京：高等教育出版社，2004.
[3] 唐介. 电工学：第 3 版 [M]. 北京：高等教育出版社，2009.
[4] 张绪光，刘在娥. 电路与模拟电子技术 [M]. 北京：北京大学出版社，2009.
[5] 江缉光. 电路原理（上册）[M]. 北京：清华大学出版社，2005.
[6] 刘介才. 工厂供电：第 4 版 [M]. 北京：机械工业出版社，2004.
[7] 俞云强. 传感器与检测技术 [M]. 北京：高等教育出版社，2013.
[8] 实用电工电子技术手册编委会. 实用电工电子技术手册 [M]. 北京：机械工业出版社，2003.
[9] 王煜东. 传感器应用电路 400 例 [M]. 北京：中国电力出版社，2008.
[10] 于彤. 传感器原理及应用 [M]. 北京：机械工业出版社，2008.
[11] 中国就业培训技术指导中心组织. 维修电工：第 2 版 [M]. 北京：中国劳动社会保障出版社，2012.
[12] 张红莲. 电机与电力拖动控制系统 [M]. 北京：机械工业出版社，2013.
[13] 刘星平. PLC 原理及工程应用：第 2 版 [M]. 北京：中国电力出版社，2019.
[14] 王赛，张强. PLC 控制系统组装与调试 [M]. 北京：机械工业出版社，2015.
[15] 陈惠群. 电工仪表与测量 [M]. 北京：中国劳动社会保障出版社，2001.